Découvrez l'histoire par les archives de presse

RETRONEWS

Le site de presse de la BnF

www.retronews.fr

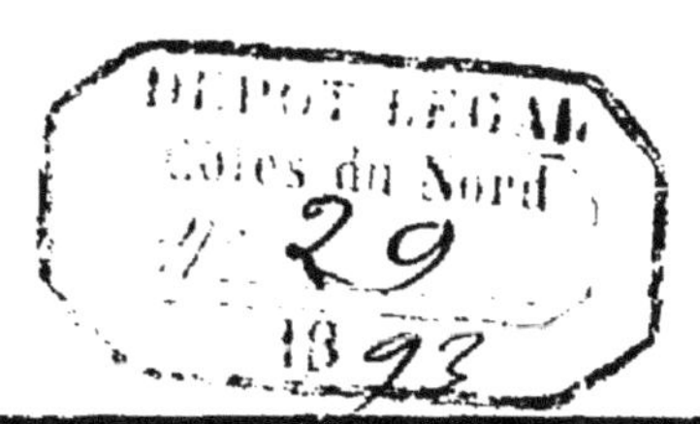

BULLETIN
ARCHÉOLOGIQUE
DE L'ASSOCIATION BRETONNE

PUBLIÉ

PAR LA CLASSE D'ARCHÉOLOGIE

TROISIÈME SÉRIE

TOME ONZIÈME

Trente-Quatrième Congrès, tenu à Vannes

DU 12 AU 17 SEPTEMBRE 1892

SAINT-BRIEUC
IMPRIMERIE-LIBRAIRIE RENÉ PRUD'HOMME
PLACE DE LA PRÉFECTURE.
1893

BULLETIN ARCHÉOLOGIQUE

DE

L'ASSOCIATION BRETONNE

BULLETIN ARCHÉOLOGIQUE

DE L'ASSOCIATION BRETONNE

PUBLIÉ

PAR LA CLASSE D'ARCHÉOLOGIE

TROISIÈME SÉRIE

TOME ONZIÈME

Trente-Quatrième Congrès, tenu à Vannes

DU 12 AU 17 SEPTEMBRE 1892

SAINT-BRIEUC

IMPRIMERIE-LIBRAIRIE RENÉ PRUD'HOMME

PLACE DE LA PRÉFECTURE.

1893

PROCÈS-VERBAUX

DES

SÉANCES

OUVERTURE DU TRENTE-QUATRIÈME CONGRÈS

DE

L'ASSOCIATION BRETONNE

——————

DISCOURS *prononcé par* M. AUDREN DE KERDREL, *Sénateur du Morbihan, Directeur Général de l'Association Bretonne, à la séance solennelle d'ouverture du Congrès de Vannes, le 12 septembre 1892.*

MESDAMES, MESSIEURS,

Tous les ans, à l'ouverture du Congrès breton, mes fonctions m'appellent à prendre la parole au nom des deux sections d'agriculture et d'archéologie qui, fraternellement unies depuis près d'un demi-siècle, forment notre chère Association.

Bien qu'éloigné depuis longtemps de mes premières et chères études par les occupations absorbantes de la vie publique, sur le terrain de l'archéologie et de l'histoire je ne me trouve pas trop dépaysé. Il n'en est pas de même lorsque j'ai à parler d'agriculture, et je le disais l'an dernier à Saint-Servan, ce qui cause surtout mon embarras, c'est le souvenir que je garde et que sans doute vous avez tous gardé, de mon éminent prédécesseur.

Lorsque Jules Rieffel exprimait une opinion, c'était vraiment la sienne, acquise par une longue expérience, basée sur une pratique de tous les jours et de toutes les heures. Mon opinion, à moi, au contraire, ne m'appartient pas en propre.

Faute d'une science suffisante, je butine dans la presse agricole, dans les bulletins des Sociétés d'agriculture ; et c'est ce que je recueille çà et là que je suis réduit à vous apporter. C'est n'être, je l'avoue franchement, qu'un simple écho, mais au demeurant, ne vaut-il pas mieux un écho fidèle d'autorités incontestées, qu'une voix incompétente et téméraire ?

L'an dernier, j'ai parlé de la pomme de terre, de sa culture, de ses maladies, des moyens de les guérir, ou même de les prévenir. Je disais, en particulier, que les injections de bouillie bordelaise n'avaient pas réussi partout. J'ajoutais que des pluies abondantes avaient pu délayer la bouillie et en détruire l'efficacité. Or, l'expérience a montré que ma supposition était fondée ; mais, heureusement, des agronomes persévérants ont trouvé le moyen de donner au fameux spécifique, encore discuté, une adhérence qui en assurera probablement le succès.

Quoi qu'il en soit, d'après M. Aimé Girard, célèbre par ses expériences sur la pomme de terre, voici comment il faut composer la bouillie pour qu'elle puisse résister aux pluies les plus torrentielles et produire par conséquent toute l'action préservatrice dont elle est capable : Sulfate de cuivre, 2 kilogrammes ; chaux, 2 kilogrammes ; mélasse, 2 kilogrammes ; eau, 100 litres. La recette est de M. Michel Perret, mais c'est M. Aimé Girard qui l'a préconisée devant la Société nationale d'agriculture.

Cette année, dans nos contrées, les pommes de terre, en compensation de nombreux échecs de la culture, ont généralement échappé à la maladie qui trop souvent les décime. Mais auront-elles toujours le même bonheur, et n'est-il pas sage de profiter d'une trève, peut-être passagère, pour s'armer contre un ennemi qui nous réserve probablement de nouvelles attaques ? C'est pendant la paix, dit le proverbe, qu'on doit se préparer à la guerre : *Si vis pacem para bellum.*

Un autre ennemi de l'agriculteur, plus terrible encore que celui qui a si fréquemment ravagé ses pommes de terre et qui, jusqu'à présent, s'est montré assez débonnaire pour la Bretagne, menace, dit-on, d'envahir nos champs et nos prairies. On a du moins signalé sa funeste présence dans l'arrondissement de Redon, déjà si éprouvé par la maladie des châtaigniers. Je veux parler de la larve du hanneton, du ver blanc ou man qui dans l'Ouest, n'a encore guère attaqué que trois départements, le Maine-et-Loire, la Sarthe et la Mayenne. Là, j'ai vu des récoltes complètement anéanties, des prairies naturelles réduites à l'état de paillassons, où l'herbe était, en quelques jours, séparée de sa racine ; et je frémis à la pensée qu'un pareil fléau, qui sévit à nos portes, n'a plus qu'un pas à faire pour s'abattre sur nous. Je frémis, non-seulement parce que le danger est grand, mais, faut-il le dire, parce que nos cultivateurs, moins prévoyants, moins industrieux que ceux des pays voisins, ne feront peut-être pas, pour le détourner, les efforts dont j'ai été témoin et dont, heureusement, j'ai pu constater le succès.

Ce succès, ce n'est pas en un jour et d'un seul bond qu'on y est parvenu. Les primes données à la destruction des hannetons, la collaboration des volailles lâchées dans les champs, des volailles très friandes du ver blanc, — avec ou sans préjudice pour leur chair, ceci est une question, — avaient déjà atténué le mal dans une certaine mesure ; mais il était réservé à la science, que l'on raille trop souvent, de découvrir un préservatif qui paraît souverain contre un ennemi jusqu'ici réputé invincible.

Cette découverte, comme beaucoup d'autres, a été le fait du hasard, mais du hasard aidé par ces observations persévérantes sur les infiniment petits, sur les animalcules, qui sont l'une des plus belles conquêtes scientifiques de notre siècle.

Un de ces hommes privilégiés qui sont doués d'une sorte d'instinct divinatoire, un chimiste de Saint-Quentin, M. Vivien, s'était dit que, comme tous les êtres vivants, le ver blanc avait certainement sa maladie particulière qui, un jour ou l'autre, devait lui devenir mortelle ; et que, cette maladie une fois connue, il ne s'agirait plus que de mettre des vers malades en contact avec leurs congénères bien portants, pour avoir plus ou moins vite raison de ceux-ci. La théorie, assurément, était ingénieuse ; mais ce n'était qu'une théorie, il restait à la faire passer dans la pratique, et d'une idée arriver à une réalité. Et d'abord, en quoi consistait la maladie supposée du ver blanc ? A M. Le Moult, conducteur des Ponts et chaussées, revient l'honneur de l'avoir découvert. C'est dans l'Orne, à Céaucé, au milieu d'une prairie, qu'il trouva, en 1890, une vingtaine de vers couverts d'une moisissure blanche, sorte de champignon composé d'un nombre infini de spores. M. Le Moult se hâta d'envoyer ces vers à MM. Prillieux, inspecteur général de l'enseignement agricole, et Delacroix, chef des travaux de pathologie végétale à l'Institut national agronomique. Ces savants, munis de la matière première, isolèrent la maladie, la reproduisirent artificiellement dans des milieux idoines, et l'inoculèrent à des vers sains qui la contractèrent bientôt et ne tardèrent pas à mourir. Ce point obtenu et la démonstration faite de la puissance mortifère du champignon découvert par M. Le Moult, des chimistes en ont recueilli les spores dans des tubes où ils les ont mêlés à de la farine pour en faciliter l'épandage, pardon du mot. Et aujourd'hui, ou les cultivateurs se procurent des tubes dont ils répandent çà et là le contenu dans les terres infestées, ou, au moyen des spores que renferment les tubes, ils communiquent la maladie à un nombre limité de vers rassemblés dans une terrine sous une couche de terre ; et ceux-ci, une fois malades, sont déposés dans les champs parmi leurs redoutables congénères, qu'ils contaminent et détruisent. Par l'un ou l'autre de ces procédés, on parvient en peu de temps à se débarrasser d'un implacable ennemi, et pour toujours, car la maladie une fois établie dans une pièce de terre, la santé n'est plus possible pour le ver, là où il régnait auparavant dans une parfaite sécurité. Toutefois, je tiens de mon gendre, M. Desvalettes, qui habite la Mayenne, que l'emploi direct des tubes est préférable au second moyen, parce que les vers contaminés dans des terrines sont souvent trouvés morts au moment de les transporter au lieu de leur destination ; or, on comprend qu'il importe qu'ils y soient déposés vivants, pour qu'avant de succomber, ils aient eu le temps de se mouvoir et d'aller porter la contagion sur le plus grand nombre de points possible.

Des savants, je le répète, ont une grande part dans l'obtention de l'admirable résultat auquel sont arrivés déjà bien des agriculteurs ; mais l'inventeur de l'agent destructeur du ver blanc, celui qui en a le premier et le principal mérite, c'est M. Le Moult, et c'est avec fierté que j'ai appris qu'il est Breton.

Dernièrement la croix du mérite agricole est venue le chercher dans sa retraite de Goron, gros bourg de la Mayenne, où il s'est fixé. Assurément jamais récompense ne fut plus méritée, mais je me demande si elle est à la hauteur du service rendu à l'agriculture par notre ingénieux compatriote.

J'oubliais de vous dire que chacun des tubes vraiment magiques, aujourd'hui dans le commerce, coûte la modique somme de six francs, qu'il est livré aux cultivateurs pour un franc seulement par divers syndicats agricoles, notamment dans la Mayenne, et suffit, dit-on, pour opérer avec succès dans une trentaine d'ares, le tiers ou à peu près d'un hectare.

En voilà bien long sur un ennemi qui est près de nous, mais qui n'est encore chez nous qu'en trop petite quantité pour nous causer un notable préjudice. N'eussè-je pas mieux fait de vous entretenir d'un insecte qui pullule depuis longtemps en Bretagne et qui, inconsciemment d'accord avec une certaine école financière, toujours à la recherche d'impôts nouveaux, aurait bientôt rendu improductive la culture du pommier, si on lui laissait le champ libre. J'ai nommé l'anthonome.

Assurément j'ai manqué là une belle occasion de vous intéresser ; mais voici mon excuse près de vous et ma justification à mes propres yeux :

Le programme de la Section d'Agriculture contient trois questions relatives à la fabrication du cidre, parmi lesquelles celle-ci : les ennemis du pommier, l'anthonome et même l'astéromamali. Si ce dernier insecte est pour moi une nouvelle connaissance, si j'ai quelque peine à prononcer son nom, il y a ici des spécialistes pour lesquels il n'a pas de secrets et qui ont déjà rompu des lances contre son terrible devancier l'anthonome. Le Président du syndicat pomologique de l'Ouest, M. le vicomte de Lorgeril, Directeur de notre Section Agricole, qu'un devoir municipal retient malheureusement jusqu'à mardi soir dans l'Ille-et-Vilaine, vous dira avec une compétence incontestée tout ce qu'on peut dire sur ces redoutables parasites ; et si, par impossible, il oubliait quelque chose, le cher Frère Abel, ce défenseur incomparable du pommier, réparerait l'omission et vous charmerait en vous instruisant, comme il a charmé la Société des Agriculteurs de France.

Le programme de l'Agriculture ne se borne pas à la question pomologique ; il touche à tous les intérêts agricoles. On dirait que ses rédacteurs (je ne suis pas l'un d'eux) ont voulu, en se montrant si complets, nous dédommager de l'absence d'un Concours qui, vu l'état de nos modestes finances, ne peut avoir lieu que tous les deux ans.

Le programme de la Section d'Archéologie n'est ni moins étendu, ni moins varié que celui de la Classe d'Agriculture. Les monuments de tout âge et de toute sorte, l'histoire, depuis ses sources premières jusqu'à 1789, notre limite volontairement extrême, les temps préhistoriques eux-mêmes, enfin la philologie appliquée à la langue et à la littérature bretonnes, tout y fait appel aux travailleurs qui se partagent, en Bretagne, le vaste champ de l'érudition.

Ai-je besoin de dire que la période préhistorique et l'époque celtique occupent le premier rang dans ce programme, non seulement par ordre de date, mais par l'importance locale de leurs monuments. Nulle part ces temps reculés n'ont laissé autant de si notables traces que dans le Morbihan. Le terrain s'y prête plus que tout autre à la moisson ; mais quelle persévérance, quelle sagacité n'ont pas déployées les moisonneurs. Après Louis et René Galles, et le docteur Fouquet qui ont laissé parmi eux un si grand vide, après Alfred Lallemand qui se partageait si heureusement entre l'histoire et l'archéologie, le Morbihan ne possède-t-il pas les Closmadeuc, les Le Mené, les Chauffier, les Luco, les Guyot-Jomard, les Rialan, les Gaillard ? C'est par eux qu'ont été dirigées ces fouilles qui ont fourni au musée de Vannes ses incomparables collections et au musée de Saint-Germain ces *fac-simile* qui font l'admiration des visiteurs. Et voici qu'un nouveau venu, un Lorientais, M. Le Pontois, capitaine de frégate, vient se joindre à cette pléiade d'érudits, et que des fouilles entreprises par lui, par lui seul, rien que dans les communes de Plœmeur et de Guidel, lui ont procuré une collection qu'envieraient bien des musées publics.

Moins riche que la période dite, à tort ou à raison, celtique, la période romaine n'a pas été oubliée dans notre programme. En dehors des voies, des substructions, des villas, des enceintes qui ont déjà été signalées, nous appelons spécialement l'atten-

tion des archéologues sur les retranchements, sur les fortifications en terre dont quelques-unes semblent avoir eu un but
spécial, au point de vue de la défense du sol. Il reste encore
beaucoup à dire à ce sujet.

Les constructions du moyen-âge, déjà observées par M. de
Fréminville, par MM. Cayot-Delandre et Rosenzweig, méritent
encore d'être étudiées. Si M. Rosenzweig les a à peu près
toutes énumérées et décrites, il n'a peut-être pas assez fait
ressortir la valeur relative des unes et des autres. On dirait à
le lire qu'elles ont une importance égale. Quant à leur âge,
il est aujourd'hui fixé d'une manière définitive. Il fut un temps,
encore peu éloigné, où des discussions interminables se
livraient à ce sujet ; mais l'archéologie a fait de tels progrès
que les archéologues, aussi unis que les antiquaires d'autrefois
étaient divisés, n'ont plus guère de discussion sur la chrono-
logie monumentale.

En fait d'édifices religieux, le Morbihan n'a rien de compa-
rable aux basiliques de Chartres, du Mans, de Paris, d'Amiens,
de Bourges, de Rouen et de tant d'autres qui n'ont pu être
élevées que dans des contrées plus riches que la Bretagne ;
rien même qui approche des cathédrales bretonnes de Quimper, de Saint-Pol, de Tréguier et de Dol. Il n'est pas jusqu'à
ses chapelles qui ne soient généralement inférieures à celles
du Finistère et des Côtes-du-Nord ; il peut cependant montrer
avec un légitime orgueil plusieurs églises de différents âges,
plus ou moins importantes, celles par exemple de Saint-Gildas
de Rhuys, de Merlevenez, de Ploërmel, de Notre-Dame de
Quelven, en Guern, de Langonet, de Kernascleden, cette
rivale du Folgoat, celles de Saint-Nicodème, en Pluméliau, de
Saint-Laurent à Silfiac, de Saint-Yves de Bubry, de Notre-
Dame des Fleurs à Languidic, et d'autres qui, sinon par leur
ensemble, au moins par des détails plus ou moins notables,
présentent un réel intérêt. Ainsi à Ambon, à Brech, à Ploer-
dut, à Lantiern, en Arzal, à la Trinité-Porhoët, à Ploemeur,
ce sont des nefs romanes aux piliers quadrangulaires surmontés d'un simple chanfrein ou aux colonnes dont les cha-
piteaux historiés, sont trop souvent empâtés par un malen-
contreux badigeon, qu'enveloppe un extérieur relativement
moderne ; ici, comme à Saint-Fiacre du Faouët, à Saint-Nicolas,

en Priziac, et à Saint-Avoye, en Plunéret, c'est un jubé ; au Gueno, c'est une chaire extérieure, chose très rare, et un calvaire ; à l'abbaye de Langonnet, au milieu de constructions récentes, c'est à la grande surprise des visiteurs, une salle capitulaire du XIIIe siècle ; ce sont, à Brandivy, des stalles, ailleurs des fresques généralement mal conservées ; ce sont enfin des vitraux, par exemple à Noyal-Muzillac, à Saint-Germain dans la chapelle de Brangolo, à Elven, à Saint-Nolff, à Sainte-Suzanne, en Sérent, à Ploërmel, à Beignon, à Saint-Columbon de Locminé, à l'église paroissiale de Bieuzy, à Notre-Dame de Quelven, à Saint-Mériadec, en Stival, à la Trinité, à Langonnet ; ce sont, dis-je, en grande quantité, des parties d'églises ou de chapelles plus ou moins considérables, puis des œuvres d'art qui ont une incontestable valeur et qui du reste ont été signalées par M. Cayot-Delandre dans un livre trop oublié, par l'infatigable Rosenzweig dans son répertoire archéologique, et, ce matin, à la cathédrale, par Monseigneur l'Evêque de Vannes.

Notre programme passe des édifices religieux aux constructions militaires, fortifications de villes et châteaux anciens dont la plupart, malheureusement, n'existent plus. Où sont les fortifications d'Auray, de Ploërmel, de Vannes et même de Josselin ? Nous ne possédons plus en ce genre que les murs de Vannes et quelques parties de ceux d'Hennebont. Quant aux châteaux, que sont devenus ceux de Lisle, de Rieux, de Mauron, de Tro, de Rohan, de Spinefort, de Pontcallec ? Il n'en reste guère plus pierre sur pierre. La raison d'Etat et le vandalisme ont mis le même acharnement à les détruire. Nous n'avons, à vrai dire, conservé que quatre châteaux du moyen-âge : Josselin, si bien habité et si bien restauré, mais fort diminué ; Pontivy, Guémené et Succinio, ces deux derniers à l'état de ruines, mais de ruines imposantes.

C'est peu, bien peu, auprès de ce qui fut jadis. C'est assez cependant pour donner une haute idée de ce qui a disparu et des personnages illustres dont ces antiques murailles rappellent le souvenir et qui s'appellent Rieux, Rohan, Duguesclin, Clisson, Richemont, Charles de Blois, Jean de Montfort et Jeanne la Flamme, dont Jeanne d'Arc seule a pu éclipser les exploits.

La troisième et dernière partie du programme est comprise sous ce titre : Philologie et histoire littéraire.

La philologie est chose trop sérieuse, trop aride pour les séances du soir. On s'en occupera dans nos modestes réunions du matin, ouvertes à tous, mais généralement fréquentées par les seuls adeptes. Un maître en cette matière, M. Loth, doyen de la Faculté des lettres de Rennes, nous apportera un précieux concours dont je le remercie à l'avance, car, mieux que personne, il peut nous guider dans la recherche des solutions qu'attendent encore, après de grands progrès réalisés, les différents idiomes de la famille celtique.

Les séances du soir, moins instructives peut-être que celles du matin, seront, en revanche, plus accessibles à la généralité des personnes qui nous feront l'honneur d'y assister. — On y parlera des saints du pays, ces pieux et grands civilisateurs dont on peut dire qu'ils ont fait la Bretagne, comme les évêques, suivant le mot d'un célèbre historien protestant, ont fait la France, et on s'efforcera de faire sortir de leur obscurité les moins connus d'entre eux ; on y parlera de saint Vincent Ferrier, cet incomparable thaumaturge qui appartient à l'Espagne par sa naissance, mais à l'évêché de Vannes par son dernier apostolat et par sa mort ; on y parlera des terribles guerres du XIVe siècle, en particulier de la destinée de Jeanne de Montfort, dont la fin reste entourée de mystères ; on y parlera enfin de nos poètes, de nos écrivains, de Le Sage entre autres, dont l'inauguration de la statue, par une délicate attention de M. le Maire de Vannes, d'accord avec les promoteurs de son érection, a été fixée au dimanche 18, de telle sorte que les membres de l'Association Bretonne y pourront facilement assister.

Vous voyez que les séances du soir seront bien remplies, et nous espérons y avoir un auditoire nombreux et bienveillant comme celui que nous avons toujours trouvé à Vannes, où nous siégeons pour la quatrième fois. Ce n'est pas seulement le souvenir du passé qui nous donne cette garantie, c'est aussi l'accueil que nous ont fait les autorités actuelles de cette ville, autorité religieuse, autorité civile, autorité judiciaire.

Ce matin, n'est-ce pas Monseigneur l'Evêque de Vannes qui, entouré d'un nombreux clergé, a daigné célébrer lui-même la

messe du Saint-Esprit et nous adresser des paroles éloquemment affectueuses et savantes; qui sont pour l'Association
Bretonne la plus flatteuse des récompenses et le plus précieux des encouragements.

M. le Maire de Vannes, avec l'assentiment empressé de son
Conseil municipal, ne nous a-t-il pas prêté le plus gracieux et
le plus généreux concours.

M. le Président du tribunal, avec une charmante courtoisie,
ne nous a-t-il point livré, pour nos séances, son Palais, où le
caractère sérieux de nos travaux ne jurera pas avec la gravité
de la justice qui y est journellement rendue.

Et ce ne sont pas seulement les autorités qui nous ont
comblés. Je vous ai dit que l'état de notre modeste caisse ne
nous avait pas permis de nous donner le luxe d'un concours
agricole. Eh bien, M. le Docteur Mauricet a bien voulu, pour
atténuer nos regrets à cet égard, faire coïncider l'exposition
du Comice de Vannes, qu'il préside, avec notre réunion.
M. le marquis de l'Estourbeillon, l'un des membres les plus
actifs et les plus fidèles de l'Association, aidé de MM. le docteur de Closmadeuc, comte de Limur, l'abbé Nicol et de
Gourdon, a été, de son côté, assez bon pour organiser, et cela
avec un bonheur inespéré, une exposition rétrospective de
meubles et de curiosités de toutes sortes, qui ajoutera à
l'éclat du Congrès.

Enfin, puisque j'en suis à payer, trop imparfaitement, je le
reconnais, les dettes de la reconnaissance, je ne saurais
oublier les voix harmonieuses admirablement accompagnées,
qui, ce matin, à la cathédrale, tout en chantant les louanges
du Seigneur, m'ont semblé, — est-ce présomption de ma
part, — acclamer d'intention l'Association Bretonne.

Voilà les témoignages de sympathie qui nous ont déjà été
prodigués ; il ne nous reste rien à désirer, si ce n'est votre
assiduité à nos séances publiques. Elles offriront, je l'espère,
quelque attrait, et je puis affirmer qu'elles ne donneront à
personne l'occasion, je ne dis pas d'une critique, ce serait une
prétention exagérée, mais d'un grief. Là rien que de l'étude,
de l'érudition pure, et pas de questions irritantes, pas de politique surtout. J'ai personnellement de vieilles idées bien
connues dans le Morbihan. Je ne saurais les renier sans lâcheté

et sans ingratitude ; mais il est entendu que je les laisse à la porte du congrès. Vous en ferez tous, Messieurs, autant des vôtres, que je respecte, comme vous voulez bien sans doute honorer les miennes ; et nous ne poursuivrons en commun qu'un double but : le progrès agricole qui importe tant à la prospérité de notre province, et celui des recherches historiques sur un passé qui a son intérêt et qui ne fut pas sans gloire.

L'Assemblée, heureuse de retrouver à Vannes, sur ce terrain du Morbihan dont il est une des gloires, le toujours jeune et brillant orateur, témoigne sa sympathie par d'unanimes applaudissements.

———————

M. de La Villemarqué, membre de l'Institut, président de la Section d'Archéologie, prend ensuite la parole :

DISCOURS *prononcé par* M. DE LA VILLEMARQUÉ, *membre de l'Institut, Président de la Section d'archéologie, à la séance solennelle d'ouverture du Congrès de Vannes, le 12 septembre 1892.*

———————

MONSEIGNEUR,
MESSIEURS,

L'Association Bretonne revient à son point de départ: voilà un demi-siècle qu'elle partait de Vannes, l'année même où naissait M. le président de la Société polymathique du Morbihan. Il ne tiendrait donc qu'à elle de célébrer ses noces d'or. Mais a-t-elle lieu de sonner de la trompette, au souvenir de son entrée dans la terre promise ? Vous en jugerez, Messieurs. Un sérieux examen de conscience conviendrait peut-être mieux à des travailleurs modestes. Quant à leur bonne volonté, ils vont vous la prouver en vous disant en toute simplicité ce qu'ils ont fait. Un rapport impartial existe d'ailleurs dans les procès-verbaux et les mémoires imprimés de la Société depuis sa fondation ; y recourir est facile ; déjà on y a puisé pour le compte-rendu fait en 1879, à notre vingt-deuxième session : le reproduire serait nous répéter ; bornons-nous à le continuer, en indiquant les résultats généraux.

Quelle a été la marche des études archéologiques en Bretagne depuis douze ans ?

Laissez-moi d'abord vous dire, Messieurs, qu'il y a dans ce monde des joies que le monde ne comprend pas : c'est le cas d'en parler dans cette année *jubilaire* de notre association. Ces joies, je ne crains nullement de les signaler : *trahit sua quemque voluptas,* « chacun prend son plaisir où il le trouve. » Le mien, Messieurs, est de me trouver au milieu de vous.

Nos joies sont doublées d'une bonne fortune : nous comptons aujourd'hui dans nos rangs M. l'abbé Duchesne. A son exemple, on ne vole pas, on marche. Comment oublier le conseil adressé au bœuf comme à l'homme : « *Trace ton sillon jusqu'au bout, Kas da ero da benn.* »

Les travailleurs du champ de l'archéologie, en gardant la même ardeur qu'autrefois, ont acquis une sage prudence. Voilà, au pays où nous sommes, le champ des pierres mystérieuses qui s'étend devant nous. « Ces vieux monuments, peut-être les plus vieux du monde, je les ai observés, décrits, dessinés, fouillés et refouillés, » s'écrie ce docteur morbihannais qui joint à la passion de son sujet le sang-froid de la critique la plus prudente. Malgré tout il n'a pas perdu courage ; il a continué ses expériences ; il attend qu'un nouveau Champollion explique les signes qu'il a constatés.

Exploitant un domaine moins hypothétique, les géographes de la péninsule armoricaine, grâce à des textes grecs ou latins, éclairés par des observations topiques, ont obtenu des résultats plus satisfaisants. Le dernier mot de la science a été dit dans un grand ouvrage dont la classe d'archéologie de l'Association Bretonne se plaît à proclamer la valeur, en souhaitant longue vie à son éminent doyen. Précédemment il avait été couronné par l'Académie des inscriptions ; sa statistique monumentale, dont nous avons eu la primeur, devait frayer la voie à des travaux d'hier dont un autre pionnier de la science, M. de Keranflec'h, a droit aux mêmes éloges que M. de la Monneraye.

Si des textes dans la langue du pays font malheureusement défaut pour les époques gauloise et romaine, et même pour le moyen-âge, antérieurement au xvᵉ siècle, les anciens noms de lieux et de personnes indiqués par les cartulaires, les inscriptions bretonnes, les vieux canons, et surtout les glossaires en vieil armoricain y ont en partie suppléé. Un accord, sinon parfait, du moins unanime, *uno animo*, s'est établi entre les celtisants, et les philologues de l'Association Bretonne n'ont pas été les derniers à reconnaitre l'importance des Chartes de Redon, révélées par notre confrère M. A. de Courson, des inscriptions de Lomarec et de Stival, et des gloses qu'un écolier du monastère de Saint-Méen mit sur quelques vers de Virgile : vous remarquerez, Messieurs, que le Morbihan actuel est en droit de réclamer comme sa propriété la source originale.

L'histoire de Bretagne au moyen-âge a le même avantage ; Châteaubriand en était si frappé qu'il fut plusieurs fois tenté, dit-il, d'écrire l'histoire de cette époque : heureusement qu'il n'a pas succombé à la tentation. Je dis *heureusement,* et je ne me rétracterai pas ; ceux d'entre vous qui ont assisté au Congrès du Croisic ou qui se sont trouvés au cours libre de la Faculté des lettres de Rennes ou aux séances de l'Institut, ne seront pas scandalisés.

J'ai même la prétention de vous édifier. Avant d'inspirer les pages émues que vous savez, le héros, le martyr de la guerre de vingt-trois ans dont je viens de visiter le théâtre, avait été béatifié.

En attendant l'histoire que prépare M. de la Borderie, Augustin du Paz avait écrit sur la tombe de Charles de Blois :

« Ce prince fut l'un des plus beaux hommes de France, et

aussi vaillant preux et généreux qu'il en fut oncques. Durant sa vie il combattit en dix-huit batailles. Il estoit homme affable, courtois et d'un humeur doux ; et se délectoit à la musique, chantoit et jouoit des instruments ; il escrivoit des vers et rythmes en françois ; et de sa personne fort religieux, et consciencieux, regrettant fort le tort qui se faisoit au peuple. »

Ce témoignage de regret et d'amour pour le peuple, l'Eglise l'a ratifié, et je suis heureux de vous annoncer une nouvelle qui ne fera pas plaisir à un seul parti, comme la victoire du 29 septembre 1364, mais à tous les catholiques.

On écrit de Rome en date du 22 août 1892: « Le 30 courant, la Sacrée Congrégation des Rites va reprendre la cause de béatification du vénérable Charles de Blois, duc de Bretagne.»

Et je ne m'étonne nullement de voir notre ancien duc placé sur les autels, quand je vois nos hermines, surmontées de la Croix, arborées par un évêque de Vannes, dont Léon XIII sait bien le nom : *Lumen de cœlo !*

Oui, Monseigneur, ce sera une des joies de votre épiscopat ; et, avec votre permission, l'Association Bretonne en prend sa part : elle unit dans ses hommages le digne magistrat que la ville de Vannes s'est donné, toute la municipalité qui nous reçoit si cordialement, M. le Président du tribunal dont la bienveillance a mis cette salle à notre disposition.

Ces paroles, où l'on retrouve comme toujours l'élan de l'âme ardente et si noblement enthousiaste du poète que la Bretagne honore, et l'heureuse nouvelle qu'il annonce en terminant, ont vivement ému l'assistance qui applaudit chaleureusement l'orateur.

Les discours prononcés, M. de Kerdrel explique en quelques mots le fonctionnement de la Société. Les bureaux formés par le Comité directeur sont soumis à la ratification de l'Assemblée, qui approuve ces choix.

Voici les noms proclamés :

PRÉSIDENTS D'HONNEUR.

Monseigneur l'Evêque de Vannes.
MM. le Préfet du Morbihan.
le général de division Rollet.
du Bodan, député.
le maire de Vannes.
le président du Tribunal civil.

PRÉSIDENT.

M. Albert Caradec, conseiller général, ancien député.

SECTION D'AGRICULTURE

PRÉSIDENT D'HONNEUR.

M. Dumoulin de Paillart, président de la Société d'agriculture de l'arrondissement de Vannes.

PRÉSIDENT.

M. le docteur Mauricet, président du Comice agricole de Vannes.

VICE-PRÉSIDENTS :

MM. Le Floch, du Minimur.
le Vicomte de Saint-Georges, conseiller général.
le Comte de Gourdon.
le Baron de la Gatinerie.

SECRÉTAIRES.

MM. Alfred Vincent, trésorier de la Sociéte d'agriculture
de Vannes.
Ernest Mottel.
Terrien de la Haye.

SECTION D'ARCHÉOLOGIE

PRÉSIDENTS D'HONNEUR.

MM. de Limur.
de Closmadeuc.

PRÉSIDENT.

M. Audren de Kerdrel.

VICE-PRÉSIDENTS.

MM. l'abbé Le Mené, conservateur du musée de la Société
polymathique.
l'abbé Nicol, président de la Société polymathique
Guyot-Jomard, rue Richemont.
le chanoine Guillotin de Corson.
l'abbé Chauffier.

SECRÉTAIRES.

MM. le marquis de l'Estourbeillon.
Estienne, archiviste départemental.
Janvier, des Côtes-du-Nord.
Charles de Calan.
Léon Lallement.

M. le Président remercie l'assistance d'avoir honoré de sa
présence cette première réunion, et il invite le public à venir

aussi nombreux que possible aux séances publiques du soir, qui se tiendront à 8 heures.

Les dames sont très particulièrement invitées par M. le sénateur de Kerdrel, et nous sommes certains que beaucoup d'entre elles se rendront à une invitation si galamment formulée.

M. le Président rappelle que l'an dernier, à Saint-Servan, à la section d'agriculture, un conférencier remarquable, dont il déplore la mort prématurée, charma pendant de longues heures l'assistance nombreuse qui l'écoutait, et il souhaite que jeudi soir le public vannetais éprouve le même charme.

Quant à moi, ajoute M. le Président, je n'eus pas le plaisir d'assister à cette conférence, car, parti avec quelques membres de l'Association pour une excursion archéologique, afin de visiter d'antiques ruines, non seulement je ne vis rien du tout, mais encore mes compagnons, savants, archéologues, bibliophiles et moi fûmes transformés accidentellement en pompiers. Le feu venait de se déclarer dans une ferme au moment de notre passage, force nous fut de porter secours aux incendiés ; chacun fit son devoir ; pour ma part, conclut M. de Kerdrel, au lieu de contempler de vieilles ruines, ou d'assister à l'intéressante conférence du regretté M. Jardin-Macé, je dus me contenter prosaïquement de transmettre à un anglais sans fin les seaux que me passait une dame monumentale. Le public sourit à l'amusante anecdote si spirituellement racontée par M. de Kerdrel et la séance est levée.

Les deux sections d'agriculture et d'archéologie se sont ensuite réunies dans leurs bureaux respectifs pour arrêter le programme de leurs travaux.

PREMIÈRE SÉANCE

Lundi 12 Septembre 1892, à 3 heures et demie de l'après-midi.

Président : M. DE KERDREL.
Secrétaire : M. DE CALAN.

Aussitôt après la séance générale, les membres de la Section d'Archéologie se réunissent pour arrêter le programme de leurs travaux.

M. de Kerdrel donne lecture du programme du Congrès ainsi conçu :

PROGRAMME DES QUESTIONS PROPOSÉES
Pour le Congrès de Vannes

I. — Archéologie.

1. — Résultats généraux des fouilles, des recherches, des travaux de toute sorte qui ont eu pour objet les monuments de l'époque préhistorique et de l'époque celtique dans le département du Morbihan.

2. — Les dolmens sont-ils d'origine celtique ?

3. — Existe-t-il en Bretagne, particulièrement dans le département du Morbihan, des fortifications antiques (gauloises ou romaines) constituant par leur ensemble un système de défense dans un but déterminé ?

4. — Liste générale des monuments de l'époque gallo-romaine dans le département du Morbihan ; description de l'enceinte gallo-romaine de Vannes.

5. — Indiquer les monuments de toute espèce (1) d'origine bretonne-armoricaine se rattachant à la période comprise entre le milieu du vᵉ siècle et la fin du xᵉ.

6. — Etude historique et archéologique des principaux monuments de l'architecture militaire du moyen-âge dans le département du Morbihan, entre autres, des murailles de Vannes et d'Hennebont, des châteaux de Sucinio, d'Elven, de Josselin (2), etc.

7. — Présenter une étude d'ensemble sur les vitraux du moyen-âge existant dans le département du Morbihan. A quelles époques appartiennent-ils ? Quels sujets y sont le plus souvent traités ? Quels défauts, quelles qualités y peut-on relever ? Où ont-ils été fabriqués ? Indiquer autant que possible.les peintres verriers.

II. — Histoire.

8. — Sources de l'histoire de Bretagne. — Ecrits de S. Gildas de Ruis. Utilité d'en donner une édition critique.

9. — L'émigration bretonne dans le pays de Vannes du vᵉ au ixᵉ siècle. — Relations des émigrés bretons avec les indigènes armoricains.

10. — Les saints du pays de Vannes :

1ᵒ Examen des anciens documents hagiographiques ;

2ᵒ Saints oubliés ou peu connus ;

3ᵒ Saint Vincent Ferrier en Bretagne, spécialement dans le Vannetais.

11. — Les anciens monastères, abbayes et prieurés du diocèse de Vannes.

12. — Les anciens monuments de la liturgie vannetaise.

13. — Histoire et description des principales seigneuries de

(1) Sculpture : lec'hs, croix, sarcophages ; architecture : ruines d'anciens monastères ou ermitages, d'églises et de forteresses, murailles de villes ; paléographie : anciens manuscrits, etc.

(2) Diverses questions historiques ou archéologiques récemment soulevées sur plusieurs de ces monuments (entre autres Elven, Josselin), seront utilement traitées ici.

Broërech et de la partie de la Bretagne aujourd'hui comprise dans le département du Morbihan.

14. — Histoire du Tiers-Etat en Bretagne. — Institutions paroissiales ; institutions municipales ; confréries d'arts et métiers.

15. — Signaler les colonies plus ou moins importantes formées à diverses époques par les Bretons en dehors de leur province, dans diverses parties de la France ; en indiquer, autant que possible, l'origine et en esquisser l'histoire.

16. — La guerre de Blois et de Montfort dans le pays de Vannes. — La destinée de Jeanne de Montfort.

17. — Documents biographiques sur les personnages illustres et les personnages marquants d'origine bretonne. — — Livres de raison et journaux de famille, imprimés ou inédits.

III. — Philologie, histoire littéraire.

18. — *Vannetais breton :* les différences qui existent entre les dialectes bretons-armoricains, notamment entre celui de Vannes et les trois autres, ont-elles été de tout temps aussi profondes qu'aujourd'hui ?

19. — Chants populaires du Vannetais breton : ont-ils une physionomie particulière, un caractère qui les distingue de ceux des autres dialectes ?

20. — Bibliographie du breton de Vannes : liste des ouvrages, imprimés ou inédits, écrits dans ce dialecte ou qui s'y rapportent (dictionnaires, grammaires, colloques, livres de piété, œuvres littéraires, etc.) ; en apprécier la valeur.

21. — *Vannetais gallo :* patois, contes et chansons populaires.

22. — Poètes et écrivains français originaires du pays de Vannes.

Après cette lecture, M. le Président inscrit sur chaque question le nom des personnes qui se proposent de prendre la parole ; l'ordre du jour général, d'ailleurs susceptible de modifications suivant les opportunités du moment, est ainsi dressé :

Une excursion aura lieu, le jeudi 15 septembre, ayant pour but principal le donjon d'Elven en passant par Saint-Avé, et différents retranchements gallo-romains, ou chapelles remarquables.

Il y aura, comme de coutume, deux séances par jour : une le matin pour les études et les discussions plus abstraites ; une le soir pour les lectures moins arides ; toutes deux d'ailleurs ouvertes au public.

La séance est levée à cinq heures.

DEUXIÈME SÉANCE

Mardi 13 septembre 1892, à 8 heures du matin.

Président : M. DE KERDREL.
Secrétaire : M. DE CALAN.

M. le Comte de Limur fait hommage à l'Association Bretonne de son *Catalogue raisonné des minéraux du Morbihan.*

M. Janvier, répondant à la question n° 13 du programme, lit une très complète monographie de la paroisse de Saint-Jouan-de-l'Isle, près Caulnes, où de curieux détails, tirés des anciens aveux, permettent à l'auditoire d'écouter, avec un intérêt soutenu, l'histoire de toutes les seigneuries importantes de cette paroisse (1).

M. l'abbé Nicol a la parole sur la question n° 10 : « *Les Saints du pays de Vannes ; Examen des anciens documents hagiographiques ; Saints oubliés ou peu connus* » ; pour donner communication d'un travail qui lui a été envoyé par M. Le Gouvello sur le patron de la paroisse de Saint-Dolay. Ce saint personnage, dont le nom s'écrivait anciennement Elvoy, et dans le Cartulaire de Redon Ælunodus, lui paraît être saint Elwod ou Ethelwold, évêque de Lindisfarne, au VIIe siècle.

M. l'abbé Nicol signale un autre saint peu connu, mais dont le culte est assez généralement répandu en Bretagne : c'est saint Colombier. Faut-il y voir saint Coulm ou saint Colomban ?

M. de la Borderie pense qu'étant données les relations suivies entretenues par les moines bretons avec le premier de ces saints personnages, c'est à lui qu'il faut attribuer toutes les églises ou chapelles dédiées à saint Coulm, Colombe ou Colombier.

M. de la Borderie parle ensuite à l'assemblée de deux *Vies latines inédites de saint Gobrien et de saint Léry*, et essaie d'en déterminer la valeur historique. Le légendaire manuscrit de Vannes, aujourd'hui disparu, avait donné sur le premier de

____

(1) Ce travail est reproduit à la fin du volume.

ces saints quelques détails dont on retrouve les principaux traits dans les bréviaires de Dol, 1519 ; Saint-Malo, 1537 ; et Vannes, 1589. La vie débute par un prologue soi-disant historique sur les changements de noms qui ont fait de la Letavia, devenue Britannia, puis Armorica, la minor Britannia : Ce prologue est en complet désaccord avec les renseignements historiques les plus certains. On y parle de prébende, d'élection épiscopale faite par les chanoines et les seniores, du mal des ardents, ce qui semblerait prouver que ce manuscrit a été composé vers le XIIe ou le XIIIe siècle. Evêque de Vannes, saint Gobrien fut sacré à Dol, ce qui le reporte probablement au Xe siècle. Sa réputation de thaumaturge attira tant de malades dans sa ville épiscopale, que les habitants, craignant la contagion, le chassèrent de leur cité et l'obligèrent de se retirer à l'endroit qui porte aujourd'hui son nom et où il mourut.

Quant à la vie de saint Léry, en latin *Laurus*, elle semble écrite au VIIIe siècle, à une époque où la liturgie romaine commençait à prédominer en France. Saint Léry était un pieux solitaire, contemporain du roi Judicaël, qui vint s'installer au pays de Porhoët, dans un ermitage que saint Eloco venait de quitter, pour un autre que lui avait donné la reine de Domnonée, femme de Judicaël. Cette vie est malheureusement fort sobre de détails. On y trouve cependant un épisode d'un véritable intérêt, par les renseignements qu'il fournit sur l'aménagement des anciennes églises de bois et sur l'organisation toute monastique de l'église bretonne qu'il nous fait connaître : Il y est question d'une grande paroisse, probablement Mauron, desservie par une trentaine de moines et ayant pour enclave le *monasteriolum* de saint Léry. *M. de la Borderie* résume le récit de l'assassinat du moine chargé de desservir ce petit oratoire, et de la découverte des coupables, épisode dans lequel l'auteur de la *Vie* semble avoir joué un rôle très important, probablement comme supérieur du monastère de Mauron (1).

L'assemblée écoute avec la plus grande sympathie ces curieuses révélations sur un passé si peu connu, et se sépare à 10 heures et demie.

____

(1) Ces mémoires sont reproduits à la fin du volume.

TROISIÈME SÉANCE

Mardi 13 septembre, à 8 heures du soir.

Président : M. DE KERDREL.
Secrétaire : M. JANVIER.

M. de la Villemarqué, membre de l'Institut, répond à la question 19 du programme : « *Chants populaires du Vannetais breton.* »

Il fallait un poète pour traiter ce sujet et personne ne pouvait le faire avec plus d'autorité que M. de la Villemarqué. Il s'excuse d'avoir moins de voix que de cœur, mais l'assemblée n'a cependant pas perdu une seule de ses chaleureuses paroles, et son cœur a répondu à celui de l'éminent orateur par d'unanimes applaudissements, surtout quand M. de Kerdrel l'a invité à communiquer à ses auditeurs sa traduction du *Cantique du Paradis*, qui est, dit-il, un chef-d'œuvre. Les émouvants souvenirs que ce cantique rappelle à l'auteur le lui font interrompre trop tôt ; mais nous sommes assez heureux pour pouvoir le reproduire en entier à la fin de ce volume.

M. de Kerdrel donne ensuite la parole à M. de la Borderie sur la 22ᵉ question du programme : « *Poètes et écrivains français originaires du pays de Vannes.* »

Le savant historien parle de Lesage : mais ce n'est ni Gil Blas, ni le diable Boiteux, ni Turcaret qui vont faire le sujet de cette causerie. Ils sont connus de tout le monde.

Ce que M. de la Borderie veut analyser aujourd'hui, ce sont les derniers ouvrages que l'écrivain produisit entre l'âge de 70 et celui de 80 ans : *La Valise trouvée, Le Mélange amusant*, et *Le Théâtre de la Foire*, œuvres à peu près ignorées, même de ses admirateurs.

Dans la *Valise trouvée*, un jeune marquis partant pour la

chasse, trouve le cadavre d'un courrier assassiné, et la valise
de ce courrier pleine de lettres. Ce sont ces lettres supposées
qui font le sujet du livre, et inspirent à Lesage les plus fines
satires et les plus amusants tableaux de mœurs. C'est d'abord
l'histoire de *Dorimont*, financier, qui a acheté les titres de
D'Orimont, officier pauvre et noble et veut passer pour être
de sa famille ; puis ce sont les mésaventures d'un libraire joué
par un auteur qu'il voulait lui-même tromper ; ou enfin la
déception d'un joueur d'échecs qui fut battu à ce noble jeu
par un singe bien dressé et plus habile que lui, etc. etc.

Le Mélange amusant est un recueil d'anecdotes inédites sur
Bossuet, Santeuil, Scarron, sur La Fontaine qui n'avait pu
entendre son Astrée tant il le trouvait ennuyeux, et sur bien
d'autres.

Avant de terminer cette charmante causerie, M. de la Borderie disculpe Lesage de l'accusation portée contre lui de
n'être pas resté breton. Il montre que l'illustre enfant de Sarzeau n'a jamais oublié La Bretagne, que dans ses livres il fait
plusieurs allusions aux souvenirs de son pays, et surtout qu'il
garda toujours la dignité de caractère et les autres qualités
spéciales aux Bretons.

Cette communication de M. de la Borderie, qui elle aussi
peut être appelée « *Le Mélange amusant* », est écoutée avec
infiniment d'intérêt et de plaisir, et vivement applaudie.

M. de Kerdrel en le remerciant au nom de tous, fait remarquer comment l'éminent conférencier a su faire de l'archéologie et non de la littérature, tout en parlant de Lesage, et
rester ainsi fidèle aux usages de l'Association Bretonne.

La séance est levée à 10 heures.

QUATRIÈME SÉANCE

Mercredi 14 septembre 1892, 8 heures du matin.

Président : M. DE KERDREL.
Secrétaire : M. DE CALAN.

M. de Calan a la parole sur la question n° 8 du programme :
« *Histoire et description des principales seigneuries de la partie
de la Bretagne aujourd'hui comprise dans le département du
Morbihan.* »

Après quelques détails généalogiques sur la famille de Toulbodou, qui a eu ses principales possessions aux pays de Mor-
laix et de Guémené, *M. de Calan* communique au Congrès
trois anciens titres :

1° Acte du 25 octobre 1453, en latin, de l'évêque de Vannes
Yves de Pontsal, par lequel il intervient dans le procès mû
entre Maître Guillaume Coëtmeur, chanoine de Vannes, recteur de Plouray, et Olivier de Toulbodou, seigneur de Guitfos,
qui s'était introduit une nuit, la veille de l'Assomption, à force
ouverte dans l'église, pour enlever d'une tombe et enfeu qu'il
prétendait lui appartenir, le corps d'un prêtre qu'on y avait
enterré ;

2° Acte du 20 octobre 1482, par lequel Mestre Guy de Les-
quelen, recteur, « et la plus saine et mère voix des paroessiens
« de Plouray, congrégués ensambles à jour de dimanche en
« prosne de la grant messe dominicalle en ordonnant de leurs
« négoces et affaires, concédent à Olivier de Toulbodou lieu et
« placze pour fere et construire une chapelle jouxte le cuer et
« chancel de l'iglise paroechial, avec ratification du vicaire-
« général de l'évêque de Vannes. »

3° Aveu du 11 avril 1600, relatant l'obligation pour le seigneur de Toulbodou, comme propriétaire de la terre de ce

nom en Locmalo, de faire garde, alternativement avec le sieur de Kerarffran, de tous prisonniers accusés de crime en la juridiction de Guémené, aussy tost qu'ils sont condampnés en quelque peine corporelle par santance, acquiescée ou arrest de la cour, et pour exécutter lesdites sentances ou arrest fournir et payer l'exéculteur de la haute justice.

M. de Kerdrel rappelle que la famille de Toulbodou a bien mérité des arts, en faisant élever la curieuse chapelle Sainte-Barbe, au Faouët, sur le lieu où l'un de ses membres avait été, par l'intercession de cette sainte, miraculeusement préservé de la foudre.

La parole est ensuite donnée à *M. de la Borderie* sur la question n° 12 : « *Les anciens monuments de la liturgie vannetaise.* » Il entretient successivement le Congrès, de l'intérêt que présentent les anciens livres liturgiques, les leçons des saints locaux n'étant en général que le résumé des anciennes légendes ; du Missel de 1535, auquel dom Plaine attribue à tort la date de 1530, et dont l'éditeur, Guillaume Brunel, est plutôt un libraire roulant du diocèse de Vannes qu'un imprimeur établi dans cette ville. Ce Missel offre cette particularité curieuse, qu'il contient encore l'oraison *pro duce* du bréviaire de 1589, imprimé à Vannes ; enfin, d'un curieux sermon prononcé au XIIe siècle, lors de l'installation dans la cathédrale de Vannes des reliques dont l'évêque Guéthenoc lui fit don, et qui renferme sur la vie de saint Patern et les bons rapports qu'il entretint successivement avec le chef des Bretons émigrés et avec le roi Clovis, des renseignements très intéressants.

M. le Marquis de l'Estourbeillon a la parole sur la question n° 7 : « *Vitraux du moyen-âge existant dans le département du Morbihan* », pour lire une note très complète sur les vitraux qui ornaient autrefois la chapelle de Burgault, près Grandchamp, et les écussons qui les décoraient (1).

M. Kerviler communique au Congrès une histoire manuscrite du couvent des Carmes d'Hennebont, par le Père Alexis de Sainte-Anne. Le chapitre relatif aux fondations fournit de nombreux renseignements sur les familles du pays ;

(1) Nous reproduisons ce travail à la fin du présent volume.

mais le plus intéressant est sans contredit celui qui relate l'incendie de 1743, et les multiples difficultés que les bons religieux éprouvèrent lorsqu'il leur fallut s'adresser à la charité de leurs confrères ou des fidèles pour rebâtir leur couvent.

M. Kerviler prend ensuite la parole sur la question n° 17 : « *Documents biographiques sur les personnages marquants d'origine bretonne.* » Il lit à l'Assemblée de curieux extraits d'une correspondance inédite de l'abbé de la Blettrie, né à Rennes en 1696, qui fut élu Membre de l'Académie française, mais écarté par le roi pour ses opinions jansénistes.

Ces deux travaux, où l'on retrouve les qualités habituelles de l'auteur, sont reproduits dans les mémoires que nous publions.

M. l'abbé Guilloux a la parole sur la question n° 10 : « *Les Saints du pays de Vannes.* » Il lit au Congrès une notice sur le Bienheureux Ruaud, premier abbé de Lanvaux, et les épitaphes latines dont la reconnaissance de ceux qu'il avait guéris enrichit la tombe du thaumaturge.

M. l'abbé Guilloux est un de ces prêtres zélés dont le clergé rural du diocèse de Vannes possède un si bon nombre, et que l'Association Bretonne est heureuse de voir suivre avec tant d'assiduité ses séances. Ces intelligents travailleurs s'occupent d'élucider l'histoire locale du pays où ils sont placés. Ils poursuivent leurs recherches savantes avec beaucoup d'ardeur, et rencontrent très souvent des documents inédits et curieux. M. l'abbé Guilloux a pu voir par les applaudissements de l'assemblée quel intérêt sympathique elle portait, et à la vie du Bienheureux Ruaud, et au zèle dont son historien a fait preuve pour la remettre en lumière (1).

La séance est levée à 11 heures.

(1) Ce travail prendra place dans nos mémoires publiés in-extenso.

CINQUIÈME SÉANCE

Mercredi 14 septembre 1892, 8 heures du soir.

Président : M. DE KERDREL.
Secrétaire : M. le marquis DE L'ESTOURBEILLON.

La séance débute par un remarquable travail de *M. l'abbé Chauffier*, qui entretient le congrès de la 17ᵉ question du programme : « *Documents biographiques sur les personnages illustres et les personnages marquants d'origine bretonne* », et raconte avec de curieux détails inédits le séjour d'Edouard VI en Bretagne et sa captivité à la tour d'Elven.

A l'issue de cette communication, *M. le Président* félicite M. l'abbé Chauffier de son intéressante lecture. Il exprime le regret que l'orateur ne se fasse pas entendre plus souvent. Il regrette surtout que chaque année le Congrès ne puisse profiter de son érudition. Beaucoup de membres ont gardé le souvenir des communications de M. l'abbé Chauffier au Congrès de Vannes, et notamment d'une remarquable notice sur un coffret du XIIIᵉ siècle appartenant à la Cathédrale de Vannes, que M. de Kerdrel regrette de ne pas voir figurer à l'exposition rétrospective. Il a donc été heureux de retrouver ce soir le brillant élève de l'école des Chartres et le remercie de cette page d'histoire au fond sérieux et à la forme élégante qu'il a bien voulu donner à ses collègues.

M. Jeanniard du Dot, pour répondre à la question nº 21 « *Contes et Chansons populaires* », raconte avec une gaieté partagée par l'assistance, la légende très répandue dans le pays de Campbon, du soldat Sans-Quartier qui dupa le diable et trois petites lingères envoyées par celui-ci pour le perdre. Le diable s'enfuit, les lingères furent pendues, et Sans-Quartier demeura maître du terrain.

En remerciant M. Jeanniard du Dot, M. de Kerdrel fait remarquer qu'un des caractères des contes du pays gallo, est d'être plus compliqués et plus gais que ceux du pays breton.

Après lecture de l'ordre du jour du lendemain, M. le Président annonce la messe habituelle célébrée pour les défunts de l'Association : Elle aura lieu le vendredi à 9 heures 1/2 à la Cathédrale.

La séance est levée à 10 heures.

SIXIÈME SÉANCE

Vendredi 16 septembre 1892, 8 heures du matin.

Président : M. DE KERDREL.

Secrétaire : M. DE CALAN.

M. l'abbé Nicol a la parole sur la question n° 22 « *Poètes et écrivains français originaires du pays de Vannes.* »

Résumant un travail précédemment publié par lui dans les Mémoires de la Société polymathique du Morbihan, M. l'abbé Nicol énumère rapidement les œuvres des auteurs, vannetais de naissance ou d'habitation, qui, depuis S. Gildas et Valiésin jusqu'à la fin du siècle dernier, ont conquis la renommée ou se sont simplement efforcés d'y parvenir.

M. le comte de Limur, possesseur de cette admirable galerie que tous connaissent, et dont il fait les honneurs avec tant de grâce, fait une communication sur la fabrication des fausses haches en pierre polie, devenue aujourd'hui une véritable industrie, et sur les moyens de les distinguer des véritables. Nous reproduisons en entier ce petit traité, éminemment pratique pour tous les collectionneurs, et auquel le nom de M. de Limur donne une véritable autorité. Ses explications, éclairées par l'exhibition de nombreux spécimens des fraudes dont il semble avoir surpris tous les secrets, sont suivies par l'assemblée avec le plus grand intérêt, et la plus vive curiosité.

M. de Closmadeuc communique au Congrès un travail sur les fouilles qui se poursuivent en ce moment au dolmen des Pierres plates, à Locmariaker (1). De nombreux dessins représentant les mystérieux signes gravés en divers endroits du

---

(1) Question n° 1 du programme. Nous reproduisons ce remarquable mémoire.

monument et le plan général de celui-ci complètent heureusement cette communication qu'une gracieuse légende termine
de la manière la plus poétique.

M. l'abbé Le Mené lit un mémoire en réponse à la même
question : « *Résultats généraux des fouilles, des recherches, des
travaux de toute sorte qui ont eu pour objet les monuments de
l'époque préhistorique et de l'époque celtique dans le département
du Morbihan.* »

M. de Closmadeuc considère, contrairement à l'opinion
émise par M. l'abbé Le Mené, que la présence d'objets gallo-
romains au pied des monuments mégalithiques, ne prouve pas
qu'on ait continué à en élever à l'époque romaine. Beaucoup de
monuments ont été fouillés après leur érection, dans d'autres
les objets ont été trouvés aux environs, parfois enfin certains
archéologues ont pu être victimes des fraudes de leurs
ouvriers.

M. Loth est du même avis. Rien n'indique qu'on ait continué
à élever des monuments mégalithiques après la conquête. La
race qui inhumait sous dolmens ne connaissait pas le bronze,
puisqu'on ne le rencontre en Bretagne qu'à fleur de terre.

M. l'abbé Le Mené lit un second mémoire sur la question
n° 2 « *Les dolmens sont-ils d'origine celtique ?* (1) »

Sur la même question, M. Ballu lit un travail fort complet
sur les diverses réponses que les archéologues ont données à
cette question, et fait admirer l'érudition avec laquelle il les
a étudiées et condensées dans ce consciencieux résumé.

La séance est levée à onze heures et demie.

(1) Nous reproduisons les deux Mémoires de M. l'abbé Le Mené ainsi que
celui de M. Ballu.

SEPTIÈME SÉANCE

Vendredi 16 septembre 1892, 8 heures du soir.

Président : M. AUDREN DE KERDREL.
Secrétaire : M. le Mᶦˢ DE L'ESTOURBEILLON.

Au début de cette séance, l'une des plus brillantes du Congrès, *M. l'abbé Nicol* vient entretenir l'assistance de *Brizeux*, le poëte aimé de la Bretagne, et raconte, avec une élégance et un charme infini, une foule d'épisodes peu connus de sa jeunesse et de sa vie intime.

Cette parole éloquente captive absolument l'assemblée; aussi *M. de Kerdrel* peut-il dire avec raison que jamais, plus que dans cette soirée, il n'a envié les auditeurs de l'Association Bretonne, n'ayant pu applaudir, *lui*. Il y a deux sortes de poëtes, ajoute-t-il : ceux qui s'encensent mutuellement et ceux qui se dénigrent. M. l'abbé Nicol n'a aucun de ces travers. N'est-il pas lui-même le poëte charmant que chacun a pu apprécier maintes fois ? « Il s'est contenté ce soir d'une biographie exacte, touchante, absolument vécue, du chantre de la Bretagne, de Brizeux, tel que l'ont connu ses amis survivants encore, *lui*, dit-il, en se tournant vers M. de la Villemarqué, et *moi !* » L'amour de l'Art et l'amour de l'homme ont seuls guidé M. l'abbé Nicol dans son remarquable travail. Les applaudissements de tous ne sont-ils pas dès lors le plus éclatant hommage rendu au mérite de l'orateur. Il ne saurait rien y ajouter.

Dans une curieuse étude pleine d'érudition, *M. de la Borderie* fait connaître ensuite toutes les péripéties des dernières années de Jeanne de Montfort, dont la fin malheureuse était demeurée inconnue jusqu'ici, et qui, d'après les recherches que M. Lemoine, élève de l'Ecole des Chartes, inspiré par

M. de la Borderie, a faites aux archives de Londres, serait morte folle en Angleterre après de longues années d'exil.

Appréciant cette communication, *M. de Kerdrel* dit qu'il éprouve toujours de spéciales difficultés à louer son vieil ami; M. de la Borderie vient de prouver une fois de plus qu'il n'aime pas les sentiers battus, et en faisant connaître la dramatique destinée de Jeanne la Flamme, il a démontré de nouveau qu'aucun détail de notre histoire ne lui était inconnu, fallût-il aller le chercher jusque sur la terre étrangère. Aussi bien, veut-il terminer par un vœu auquel il prie tout le monde de s'associer hautement. « Nous n'avons pas encore d'*Histoire de Bretagne*, quoique nous ayons des *Histoires de Bretagne*. M. de la Borderie seul est armé pour cette grande œuvre et capable de l'accomplir. Qu'il élève donc au pays ce monument filial ! »

La salle tout entière s'associe à ce vœu avec un enthousiasme dont M. de la Borderie a pu apprécier la sympathique énergie.

M. le Président fait connaître le programme des deux séances du lendemain, et de celle des Bibliophiles bretons qui aura lieu l'après-midi, et la séance est levée à 10 heures.

HUITIÈME SÉANCE

Président : M. Audren de Kerdrel.
Secrétaire : M. l'Abbé Robert.

M. de Kerdrel prend la parole sur la question n° 3 du programme : « *Existe-t-il en Bretagne, particulièrement dans le* « *département du Morbihan, des fortifications antiques (Gauloi-* « *ses ou Romaines), constituant, par leur ensemble, un système de* « *défense dans un but déterminé ?* » Il s'exprime en ces termes :

A Monterblanc, où M. Rosenzweig signale des ruines romaines, il existe un camp important près du village de Mangolerian, qui est certainement, par métathèse, pour Mangolerian ou Magoer Aurelian, mur d'Aurelien. D'autre part, le cartulaire de Redon témoigne de l'existence d'un Macoer Aurilian, dans la paroisse de Molac. Le savant éditeur de ce cartulaire, M. de Courson, ne dit pas que ce retranchement, que ce mur, fût situé dans cette paroisse, mais d'après certains rapprochements, qu'il est facile de faire, entre plusieurs textes de cet antique manuscrit, la chose n'est pas douteuse.

En 820, Uurgost vend à Maencomin et à Mailon Runhoiarn et Hoccretan, *in plebe Mullaco* (Molac). Retenons que parmi les limites de cette propriété se trouve le fossé de Buduuore.

En 849, Catmoet donne à Alvrit Ranbuduuere, c'est-à-dire, une propriété bordée par le fossé de Buduuere, et parmi les limites, on remarque Ranmacoer. Le titre de la charte est *de Molac* et la charte porte : *factum est hoc in condita plebe Mullaco*. Ran macoer est donc dans Molac, mais ce macoer est-il le même que macoer Aurilian ?

En 850, Maencomin et Mailon vendent à Albrit, mactiern, ce qu'ils ont acheté de l'héritage de Uuorethoc et en paient le prix à Uurgost, fils de Uuorethoc, à cause de la partie (ran) de Ronhoiarn et Hoccretan. L'acte est passé à Molac et la charte porte, en titre, de Mollac.

Poursuivons. En 852, le mactiern Alfrid dónne à l'abbaye de Saint-Sauveur ran Macoer Aurélian et ran Buduuere. La charte ne porte pas, en titre, de Mollac, mais Buduuere qui, on l'a vu, est voisin de Macoer, figure parmi les limites de Macoer Aurilian, et, comme Macoer, tout court et Buduuere sont en Molac, il est clair que Macoer Aurilian est le même que Macoer et que, comme Monterblanc, Molac possédait un mur d'Aurélien.

Peut être y en avait-il un troisième dans Elven ; toujours est-il, qu'à côté du village de Lez Castel, il s'y trouve une colonne votive souvent signalée et dédiée au même empereur (Aureliano).

Ces différents murs, ces macoer, ces fortifications, avaient-elles un but et lequel ?

J'avais d'abord cru qu'elles avaient bien pu être une défense pour la ville de Vannes, d'autant plus que, tout près de cette ville, se trouvait un mangoer ou macoer Vennec mentionné sur toutes les cartes et dont M. Rosenzweig signale la triple enceinte ; et que Vennec ou Uennec pourrait bien être pour Uennet, Vannes, comme Faouet pour Faouec, Kerdaffret pour Kerdaffrec, à moins que ce ne soit une variante de Menec, c'est-à-dire, en pierre, appliquée au mur ; mais ces anciennes fortifications, ces murs, ces mangoer ou macoer étaient presque tous en terre.

A la réflexion, je me figure que l'ensemble des Macoer, Vennec et Aurilian ont plutôt eu pour but la défense d'une ou de plusieurs voies, voie de Vannes à Corseul traversant Saint-Avé, non loin de Mangoer Vennec, voie de Vannes à Rennes, traversant Monterblanc et Elven.

Quant à Molac, on n'y a pas, que je sache, signalé de voie, mais il est possible que le Macoer qui s'y trouvait au ixe siècle et qui est peut être le Maguero d'aujourd'hui, fût destiné à défendre quelque gué de la rivière d'Arz.

L'ordre du jour amène ensuite l'assemblée à traiter la question n° 10. *« Les Saints du pays de Vannes : examen des anciens* *« documents hagiographiques ; Saints oubliés ou peu connus :* *« Saint Vincent Ferrier en Bretagne, spécialement dans le* *« Vannetais. »*

M. l'abbé Nicol émet le vœu que, dans les cinq diocèses de
Bretagne, il se forme des Comités pour rechercher et étudier
les saints Bretons inconnus, ou peu connus.

M. l'abbé Chauffier lit sur saint Vincent Ferrier et ses reliques, un très intéressant mémoire qui sera inséré dans le
Bulletin. A ce propos, M. le Président exprime le désir que les
curieuses tapisseries qui représentent la vie et les miracles
du saint Apôtre, et que le chapitre de Vannes a bien voulu
prêter pour l'exposition archéologique, soient réparées le plus
promptement possible. Ce vœu est appuyé par toute l'assistance, qui, en admirant ces panneaux remarquables, a déploré
l'état dans lequel ils se trouvaient.

M. Loth, doyen de la faculté des lettres de Rennes, fait une
très savante conférence (1) sur la question n° 18. « *Vannetais*
« *Breton : les différences qui existent entre les dialectes Bretons-*
« *Armoricains, notamment entre celui de Vannes et les trois*
« *autres, ont-elles été de tout temps aussi profondes qu'aujour-*
« *d'hui ?* »

L'éminent professeur est écouté avec un grand intérêt par un
auditoire composé en grande partie d'ecclésiastiques bretons-
bretonnants, parmi lesquels nous citerons, M. le vicaire
général Jegouzo qui occupait le fauteuil de vice-président.

Après avoir rendu hommage à la science de M. Loth qu'il
appelle un « breton-pratiquant », M. le Président engage avec
lui une discussion savante sur certains mots bretons et sur
leur prononciation.

M. de la Villemarqué émet le vœu : 1° qu'il soit formé une
Commission chargée d'observer et de suivre les modifications
de la langue bretonne ; 2° que les airs des chants bretons
soient recueillis tels qu'ils sont chantés dans le peuple.

M. l'abbé Buléon, professeur à Saint-Anne, complétant les
désirs exprimés par les orateurs précédents, demande que
l'enquête sur les Saints Bretons proposée par M. l'abbé Nicol,
soit faite dans les paroisses par les prêtres qui noteront soi-
gneusement le nom du saint avec la prononciation locale,
ainsi que le costume des vieilles statues qui les représentent.
Quant à l'étude des modifications et des particularités de la

---

(1) Cette conférence est publiée *in extenso* dans le Bulletin.

langue bretonne, il conseille de se défier des noms portés au cadastre, qui ne sont pas donnés tels qu'ils sont prononcés par le peuple.

M. de la Borderie rend compte de trois mémoires envoyés au Congrès : 1° *François de la Couldraye, sénéchal de Hennebont, poète latin et français*, par M. Trévédy : le *Bulletin* publie en entier cette étude : 2° *Notice historique sur un ancien document relatif aux Cordeliers de Guingamp*, communiqué par M. Tempier, archiviste des Côtes-du-Nord ; 3° *Bataille de Chramne et de Clotaire Ier, en 560*, par M. de Keranflec'h.

Ces deux derniers travaux font aussi partie des publications du Congrès.

Cette séance, qui au point de vue de la philologie bretonne, a été la plus intéressante de la session, est levée à 11 heures.

NEUVIÈME SÉANCE

Samedi 17 septembre 1892, 8 heures du soir

Président : M. Audren de Kerdrel.
Secrétaire : M. le Mᶦˢ de l'Estourbeillon.

Cette dernière séance du Congrès est ouverte par une remarquable étude de *M. l'abbé Guillotin de Corson*, sur la Commanderie du Saint-Esprit d'Auray, dont l'histoire est fort peu connue de nos jours, malgré son glorieux passé et les éminents services qu'elle a rendus, notamment au XIIIᵉ siècle, alors que ses membres allaient fonder de nouvelles feillettes dans toutes les parties de la France et jusque dans le Languedoc et le Périgord.

De nombreux applaudissements ayant accueilli cette communication, *M. Audren de Kerdrel* dit qu'il y a quelque vingt ans, il aurait été obligé de présenter M. l'abbé Guillotin de Corson, mais qu'aujourd'hui notre savant confrère n'est un inconnu pour personne. Son Pouillé du diocèse de Rennes l'a, depuis plusieurs années, déjà placé au premier rang de nos travailleurs bretons, et constitue l'un des monuments de notre histoire nationale. Après une œuvre semblable, M. le chanoine Guillotin eût pu se reposer ; mais il se repose en parcourant tous les cantons de notre Bretagne, pour en étudier les mœurs, les légendes et surtout les touchants et curieux pardons dont il est devenu depuis quelque temps l'un des historiens les plus autorisés.

Dans une charmante causerie, *M. de la Borderie* vient rétablir ensuite le véritable rôle historique de Périnaïc, l'amie et la compagne de Jeanne d'Arc, à laquelle il est question d'élever une statue et qui, d'après notre érudit confrère, n'eut qu'un rôle fort effacé.

M. de Kerdrel pense que l'auditoire partage absolument le sentiment de M. de la Borderie et que beaucoup de héros bretons tels que : Nominoë, Richemond, Duguesclin, mériteraient une statue bien avant Perrinaïc.

La parole est donnée ensuite à *M. l'abbé Buléon*, qui dans un rapport plein de charme et de finesse, fait à l'assistance le récit de l'excursion à Saint-Avé d'Embas, Mangolerian, Saint-Nolff, la Tour d'Elven, la chapelle Saint-Mathieu en Treffléan, le château de Salarun et les retranchements gallo-romains de Talhoët en Theix.

Après les applaudissements qui accueillent cette lecture, *M. de Kerdrel* dit que partout où va l'Association, les prêtres sont nombreux à ses séances et par d'excellents travaux contribuent à leur éclat. Mais nulle part à coup sûr, ils ne se sont montrés aussi laborieux qu'à Vannes, où MM. les abbés Le Mené, Chauffier, Nicol, Guilloux, sont venus donner un nouveau témoignage de l'érudition du clergé du Morbihan. Seul, M. l'abbé Buléon n'avait pas fait ses preuves ; M. de Kerdrel a voulu dès lors prendre sa revanche ; il a condamné M. l'abbé Buléon à faire le rapport sur l'excursion de l'Association. C'était un *pensum* infligé à l'auteur ; après cette lecture, M. de Kerdrel ne croit pas en avoir infligé un à l'Assistance.

La Société polymathique ayant offert aux membres du Congrès une excursion dans le canton de Sarzeau, un de ses plus anciens membres, *M. Guyot-Jomard*, demande la parole pour préparer les excursionnistes à l'intelligence du tableau qu'ils allaient avoir sous les yeux. Ce tableau devait se dérouler, en effet, depuis les ruines du château de *Succeniou* (devenu *Sucinio*), jusqu'à Saint-Gildas de Rhuys, et de ce point aux monuments préhistoriques dits La Butte de Tumiac et le grand Galgal du Petit-Mont.

Mais, vu l'abondance de l'ordre du jour, M. Guyot ne veut parler que de Rhuys. Le canton de Sarzeau s'appelle encore, en effet, la *Presqu'île de Rhuys* ; on disait jadis l'île de Rhuys. D'où vient ce nom ? Quelle est l'origine de la modification d'*île* en *presqu'île* ?

Pour les uns, Rhuys est pour Rhoe-inis = Ile du Roy ! pour d'autres, ce serait Rôw is, dons de blé ! Mais, Rowis est écrit dans le cartulaire de Redon dès l'an 856 (*Plebicula Ardon Rowis*). Peut-il être question ici d'un roi quelconque au IXe

siècle ou d'une production de blé, quand on sait que la majeure partie de ce canton était couverte d'une forêt luxuriante prodiguant ses ombrages aux hôtes du grand parc de *Succeniou* ?

Il faut donc chercher ailleurs ; or, il y a dans la région, un lieu qui a conservé le nom de *Rowis*, c'est celui d'un *Roc*, d'une *Roche*, d'un *Rocher*, et comme de ce *roc*, c'est la cîme qui se montre le plus longtemps au-dessus des flots, le village du littoral adjacent a pris le nom de *Pen-Huis* contracté de *Pen-er-Huis* = la tête du rocher dit Rowis = la tête de la Truie : en français, *Pen-Huis* est devenu Pen-vins, ou pis encore *Penvime*, forme qui ne signifie plus rien.

Ce bloc de la *Truie* présente une singularité qui n'a pas été signalée, croit M. Guyot-Jomard, c'est qu'il n'adhère point à la plature rocheuse qui le supporte. Avec sa longueur de six mètres, sa largeur d'un mètre 50 centimètres, son épaisseur d'une dimension analogue, il affecte la forme ovalaire d'un superbe *menhir* qui a pu être dressé au lieu où il se voit, sur un terrain tenant au continent, dont, du reste, il n'est séparé que par une distance de 2 à 300 mètres.

Plus au loin, quand la mer est extrêmement basse, à la pointe d'un reste de presqu'île, on voit la plature de l'Isle dite de Rowis, où la tradition place le siège d'une paroisse dite de Saint-Demètre, qui aurait subi le sort de la ville d'Is.

Il y a lieu de supposer que cette *Isle* abritait une crique dont le *Menhir* marquait l'entrée et que, dans le pays, on appelle encore le *Goh Lenn*, le vieil étang.

L'état du littoral vient d'ailleurs appuyer cette supposition : dans ce détour de la côte de Rhuys, le rivage de Penvins était jadis le seul abordable pour les navigateurs surpris par la tempête en sortant du Croisic ou de la Loire.

L'existence de cette station maritime a pu se prolonger jusqu'à l'époque où la fin du monde semblait approcher, du IXe au XIe siècle, quand, au dire de la Chronique de Saint-Brieuc, (commencée en 1394) « *Terra tremuit per spatium quadraginta dierum per totam Britanniam, pluvies tam de die quam de nocte et maxime apud Venetum, quia ibi tremuit continuo et fuerunt ibi multa damna et multa ædificia corruerunt.* »

En submergeant ce territoire, au sud-est du canton dit de Sarzeau, mais dont le nom n'est pas cité avant le XIe siècle,

la mer, pénétrant par Port-Navalo, au-delà de ses anciennes
limites dans le Morbihan, transformait en estuaires les terrains
de l'Ile d'Arz, à Bernon, à Truscat, à Kerlevenan par Duer, à
Lamé, à Prorozat ou Saint-Armel, etc. Elle faisait disparaître
sur l'Océan *l'Isle de Rowis* et créait sur le Morbihan la
Presqu'île de Rhuys !

Mais au milieu de ces bouleversements de l'Océan démonté,
qu'étaient devenus les habitants de l'Ile de Rowis, les paroissiens de Saint-Demètre ?

On dit qu'effrayés par l'envahissement des flots et aussi par
les ravages séculaires des hommes du Nord, ils se transpor-
tèrent par groupe, au centre du canton, à l'abri de tout danger, sur la *hauteur* du *Bindo*, village qui s'agrandit sous le
nom de *S'Arthau*, prononcez *Sarzeau*. En accueillant ces
nouveaux venus, les paroissiens de Sarzeau admirent aussi
leur Patron, saint Demètre, plaçant sa fête, le 29 janvier, le
même jour que la fête de saint Saturnin, leur patron spécial.

Ce détail a sa valeur à l'appui de cette thèse de transmi-
gration.

M. de Kerdrel, en remerciant M. Guyot-Jomard de sa communication, lui exprime de nouveau toute la gratitude des
membres du Congrès auxquels il a bien voulu servir de guide
dans l'intéressante excursion faite le mercredi à travers le
vieux Vannes.

M. le Président lit ensuite une note de M. Léon Seché,
annonçant qu'un banquet aura lieu le lendemain soir à l'occasion des fêtes de Le Sage.

La séance touche à sa fin ; *M. Albert Caradec*, ancien député,
Président du Congrès, prend la parole pour adresser à l'assemblée ses remerciements et ses adieux. Puis, *M. de Kerdrel*, en
quelques paroles émues, remercie à son tour le Président du
Congrès, et les habitants de Vannes de leur profonde sympathie. Ces deux discours figurent en entier dans le bulletin dont
ils seront à coup sûr un des ornements les plus appréciés.
L'assistance a vivement applaudi le premier, plein de délica-
tesse et de grâce ; le second est, comme toujours, d'un charme
infini, dont l'émotion communicative est ressentie par tous
ceux qui ont pu entendre cette chaude et vibrante parole.

Sous ces impressions très vives, la séance est levée à 10 h. 1/4.

MÉMOIRES

CLASSIFICATION ET AGE

MONUMENTS MÉGALITHIQUES

———

MESSIEURS,

La première question du programme concerne « *les résultats généraux des fouilles, des recherches, des travaux de toute sorte, qui ont eu pour objet les monuments de l'époque préhistorique et de l'époque celtique dans le département du Morbihan.* »

Ainsi la question est bien délimitée ; il ne s'agit que du Morbihan : je ne sortirai pas du pays ; il ne s'agit que des résultats généraux des fouilles et des travaux : je ne vous fatiguerai pas de détails minutieux. Je me contenterai de vous présenter un tableau sommaire de nos monuments, de manière que l'homme le plus étranger à nos études, puisse s'en faire une idée exacte.

§ Iᵉʳ. — Classification.

Nos monuments antiques peuvent se classer en deux séries distinctes : Les *tumulus* et les *menhirs*, ou en d'autres termes, les tertres factices et les pierres levées.

Pour commencer par les *tumulus*, on en distingue plusieurs types :

1° Il y a d'abord les tumulus gigantesques de Saint-Michel et du Moustoir, en Carnac, de Mané-er-Hroeg et de Mané-Lud en Locmariaquer, de Tumiac en Arzon, etc., dont le grand axe varie de 115 à 80 mètres, et la hauteur de 15 à 5 mètres. Ils recouvrent une ou plusieurs chambres sépulcrales ou dolmens, de forme généralement rectangulaire et sans galerie ; on a trouvé dans ces cryptes des fragments d'os humains, les uns brûlés, les autres intacts, puis des grains de collier et de magnifiques haches en pierre polie, mais pas de poteries ni de métaux ;

2° Il y a ensuite les tumulus de moyenne grandeur, dont l'axe varie de 60 à 20 mètres et au-dessous, comme Gavr'iniz en Baden, Roh-Guyon en Plouharnel, Kercado en Carnac, Kergonfalz en Bignan, Keryaval en Carnac, etc. Ils renferment un dolmen ou une grotte sépulcrale, ornée parfois de signes gravés, notamment à Gavr'iniz et à Keryaval, et précédée souvent d'une allée. On y a trouvé des débris d'ossements, quelques haches en pierre commune, des éclats de silex et des poteries, ainsi que deux colliers en or, deux liens et une petite lame du même métal ;

3° Il y a enfin les tumulus de petite dimension, trouvés à Quiberon ou dans le voisinage, et notamment à Beker-nôz, à Beg-er-vil, à Thinic, à Hœdic, au Puço en Erdeven, etc. Le dolmen intérieur, véritable coffre de pierre, stone-cist, est aplati ; le corps est parfois allongé, et parfois replié et couché sur le côté. Les ossements sont généralement assez bien conservés : ce qui peut provenir de la nature du sol, ou de la date moins ancienne des sépultures. On n'y a guère trouvé que des éclats de silex et des fragments de poteries ;

4° Quelques tumulus sont dépourvus de dolmen intérieur, mais possèdent un ou deux murets circulaires et concentriques, comme les monuments du Rocher en Plougoumelen, de Nignol, de Coet-atous et de Kerhouant en Carnac. Ils ont donné des urnes cinéraires en terre et en cuivre, des ossements brûlés, des charbons, du bronze et même du fer ;

5° Quelques autres tumulus sont privés de tout monument intérieur, et ne se composent guère que de terre, comme à Kerandrun en Theix, à Bellevue en Sarzeau, à Lanvaux en Pluherlin, à Mélan en Lizio, etc. Ils ont donné des charbons, des pierres brûlées, des fragments de poteries, et parfois du bronze, du fer et des briques romaines ;

6° Enfin, quelques sépultures sont entourées d'un talus ou d'un mur quadrilatéral, comme à Mané-Botgad en Plœmel, à Clud-er-yèr, à Mané-Pochad-en-uieu et à Mané-Tyec en Carnac. Les fouilles y ont fait trouver du charbon, des éclats de silex et des fragments de poteries celtiques.

Sur ces six types de monuments, il est bon de remarquer que les trois premiers, qui sont les plus nombreux, forment la règle générale, et que les trois derniers, qui sont plus rares, constituent l'exception. En d'autres termes, l'existence d'une crypte ou d'un dolmen à l'intérieur du tumulus est la règle, son absence l'exception.

Quant aux dolmens isolés, sans aucun tumulus, ce sont en général des restes de monuments, dont l'enveloppe a disparu. Il n'est resté que le squelette ou la charpente.

A la suite des tumulus, viennent les *menhirs*, ou longues pierres brutes plantées en terre. Leur hauteur varie de dix mètres à un mètre environ, et quelquefois moins. Le plus grand des menhirs connus se trouve près du Mané-Lud, en Locmariaquer : il mesure 21 mètres de longueur, et doit peser environ 250.000 kilos ; il est aujourd'hui couché sur le sol et brisé en quatre fragments.

Quelle était la destination de ces pierres ?

Des fouilles pratiquées à Pleucadeuc, à Plaudren et ailleurs, ont amené la découverte de phosphate de chaux, de charbons et de granits brûlés... c'est-à-dire des traces de sépulture par incinération, au pied de plusieurs menhirs. Homère fait dire à Ulysse : « Quand le corps fut brûlé avec ses armes, nous enterrâmes ses cendres, nous lui élevâmes un tombeau, et nous y dressâmes une colonne. » Voilà le menhir ou la pierre longue. Un des héros d'Ossian dit aussi : « Place-moi sous quelque pierre mémorable, qui parle de ma renommée aux temps à venir. »

Souvent aussi le menhir était, non plus un tombeau, mais l'ornement d'un tombeau. Il couronnait un tumulus, comme au Moustoir en Carnac ; ou bien il formait un cercle on *crom-lech* autour d'une sépulture, comme à Kerbistoret en Plœmeur, à Boued en Séné, à Croen-Linden en Sarzeau. Certains cromlechs, et les plus considérables, comme le Ménec en Carnac, Kergonan en l'Ile-aux-Moines, Er-lannig dans l'îlot de ce nom, ont perdu leur tumulus ou leur menhir central, si jamais ils en ont eu.

Quant aux célèbres alignements de Carnac et d'Erdeven, ils sont en rapport certain avec des tumulus et des cromlechs, et dès lors on est porté à leur attribuer une destination funéraire et religieuse. Je me contente de cette simple indication, car je ne veux pas refaire ici un travail que j'ai publié dans le *Bulletin* de la Société polymathique, en 1888.

§ 2. — Age.

Après la classification plus ou moins aride des monuments antiques du Morbihan, vient la question si intéressante de leur âge. A quelle époque remontent-ils ? Quand a-t-on commencé à les construire ? Quand a-t-on cessé d'en élever ?

Il est malheureusement difficile, pour ne pas dire impossible, de répondre d'une manière certaine à toutes ces questions, si l'on reste dans les limites du département. Il existe cependant un petit indice chronologique, découvert en 1877 par M. Miln, dans les alignements de Kermario en Carnac. Un menhir a été trouvé par lui, couché dans le talus d'un *camp romain*, et portant à une de ses extrémités de profondes rigoles dues à la pluie et aux autres agents atmosphériques. Or, il n'a pas pu se creuser ainsi depuis qu'il est resté couché en long et recouvert de terre dans le talus de ce camp. Donc, antérieurement il était debout, et c'est dans cette position qu'il a reçu sur la tête les blessures qu'il porte ; et pour les avoir si profondes, il a reçu pendant des siècles les coups de la grêle, de la pluie et de ses autres ennemis. Tout cela prouve qu'il est bien antérieur à la conquête romaine, et c'est déjà quelque chose, mais cela ne donne pas la date de son érection.

Et lors même que nous aurions la date approximative des alignements de Carnac, aurions-nous pour cela la date des plus anciens tumulus, des plus anciens dolmens du Morbihan ? — Evidemment non. Leur origine, suivant la formule consacrée, se perd dans la nuit des temps. Qu'elle soit très ancienne, qu'elle soit plus rapprochée de l'ère chrétienne, nous l'ignorons absolument.

A défaut de dates précises, on a proposé des dates relatives. En généralisant le résultat de certaines fouilles, on a rangé le mobilier funéraire dans l'ordre chronologique suivant : 1º âge de la pierre éclatée ; 2º âge de la pierre polie ; 3º âge du bronze ; 4º âge du fer. Cette classification, séduisante au premier abord, vraie peut-être pour certains pays, trouve chez nous de très nombreuses exceptions. Ainsi, nos haches polies, qui devraient appartenir au second âge, sont presque toujours accompagnées d'éclats de silex, qui appartiennent au premier âge. De même au Rocher, en Plougoumelen, on a trouvé du bronze et du fer associés, c'est-à-dire les témoins simultanés de deux âges différents. Bien plus, dans le tumulus de Saint-Galles en Arradon, on a rencontré les traces de trois âges différents : une hache en pierre polie, des bracelets en bronze et des fragments de fer. Tous ces objets, et beaucoup d'autres, sont conservés au musée archéologique et rangés par ordre de fouilles. Ils prouvent que la division des âges de la pierre, du bronze et du fer n'est pas si tranchée qu'on l'a dit, et que souvent les produits caractéristiques d'un âge se retrouvent dans un autre ; il faut donc marcher avec précaution.

Un autre moyen de connaître l'âge de quelques-uns de nos monuments, et spécialement de ceux qui renferment du bronze et du fer, serait de savoir la date de l'introduction de ces métaux dans notre pays. Cette date une fois connue serait une barrière au délà de laquelle il serait inutile de remonter, et en deçà de laquelle il faudrait chercher. — Or, d'après un bon nombre d'antiquaires, et d'après la *Revue archéologique* elle-même, on incline à croire que le *bronze* a pénétré en Gaule au VIIIe siècle avant Jésus-Christ, et le *fer* au VIe. Sans doute, ces chiffres ne sont pas absolument certains, ni hors de contestation ; mais au moins ils donnent une date approximative, et ils pourront servir peut-être un jour à trouver la véritable date. Quant aux monuments qui ne renferment pas de métaux, et c'est le plus grand nombre dans le Morbihan, leur âge est encore un mystère.

Il y aurait encore un autre moyen de connaître l'âge approximatif des dolmens : ce serait de savoir le nom du peuple qui les a élevés, et alors, avec les données générales de l'histoire, on pourrait dire : « Ce peuple a paru dans le pays à telle époque, il a disparu ou il s'est transformé à telle autre ; c'est donc entre ces deux dates qu'il faut placer ses monuments. » — Mais c'est là l'objet de la seconde question du programme, et je n'ai pas à l'examiner ici.

Toute chose a un commencement et une fin ici-bas. L'usage des dolmens et des menhirs a subi cette loi générale. Si nous ne connaissons pas encore son origine ou son commencement, nous connaissons au moins sa fin : nous avons ainsi l'un des deux termes de sa durée. Quelle que soit la date à laquelle on fasse remonter le commencement des tumulus et des menhirs, il faut aujourd'hui reconnaître que leur emploi s'est perpétué dans nos contrées jusqu'à la domination romaine.

Pour le prouver, permettez-moi de citer quelques faits particuliers, sans sortir du Morbihan.

1º A Kerandrun, en Theix, on a trouvé sous un tumulus inviolé, des fragments de meule en granit et trois monnaies romaines paraissant se rapporter à Adrien, c'est-à-dire au second siècle ;

2º A Bégasson, en Pleucadeuc, on a découvert sous un tumulus vierge des fragments de briques romaines ;

3º A Crubelz, en Belz, dans un tumulus et jusque dans la grotte sépulcrale, on a trouvé de nombreux fragments de briques à rebord ;

4º A Kergonvo, en Plœmel, un tumulus vierge recouvrait un dolmen minuscule et des briques romaines ;

5º A Mané-Pleurig, même commune, un autre tumulus, également inviolé, a donné des fragments de briques à rebord et de poterie samienne ;

6º Au Rocher, en Plougoumelen, dans l'un des tumulus, M. Lukis a découvert un fragment d'amphore romaine.

7º A la Trinité-sur-Mer, dans le domaine du Roh, on a trouvé, à côté de vases divers, une monnaie romaine fruste, et une sorte de boîte ou de bulle gallo-romaine en or.

Et remarquez bien, Messieurs, que toutes ces trouvailles sont authentiques ; vous pouvez en lire la relation dans nos

Bulletins, comme vous pouvez en voir les traces dans notre Musée archéologique.

Je pourrais encore vous citer les nombreuses statuettes et fragments de statuettes de Vénus Anadyomène, trouvés sous les dolmens de Toulvern en Baden, du Rétual en Locmariaquer, de la Migourdy en Plumelec... Mais comme ces monuments n'étaient pas intacts ni complets au moment de la fouille, on pourrait objecter que ces statuettes et autres objets romains ont été enfouis après coup dans des cryptes préexistantes.

Les faits incontestables que je vous ai cités, suffiront, je l'espère, à prouver que l'on a dressé des tumulus, des dolmens et des menhirs jusqu'à la chute de l'empire romain, c'est-à-dire jusqu'à l'introduction du Christianisme chez nous. Alors s'opéra une transformation. Les corps ne furent plus brûlés mais simplement inhumés ; le tombeau toutefois garda son vieux nom de tumulus. Le menhir fut conservé, mais reçut l'empreinte de la Croix et quelquefois une inscription ; ces menhirs chrétiens sont appelés aujourd'hui des *lechs,* et ils se rencontrent encore en assez grand nombre chez nous.

J^h-M. LE MENÉ,

Doyen du Chapitre de Vannes.

ORIGINE CELTIQUE DES DOLMENS

La seconde question est ainsi conçue : « *Les dolmens sont-ils d'origine celtique ?*

Ici, nous ne sommes plus emprisonnés dans le Morbihan comme dans la première question ; il est loisible et même nécessaire d'en sortir, pour étudier ces monuments partout où ils se trouvent.

Or les dolmens, ou chambres funéraires, enfouies sous des tumulus, se trouvent principalement dans l'Europe occidentale, et y forment quatre groupes distincts :

Le premier groupe comprend le nord de l'Allemagne, le Danemark et le sud de la Suède.

Le second groupe s'étend en Gaule depuis la Seine jusqu'à la Garonne et jusqu'au Rhône, et rarement en dehors de ces limites.

Le troisième groupe se trouve dans une partie de l'Angleterre, de l'Ecosse et de l'Irlande.

Le quatrième groupe s'étend en Espagne, le long de la mer, dans le royaume de Grenade, avec un prolongement en Algérie.

Pour être complet, il faut ajouter qu'on trouve aussi quelques rares dolmens, qui semblent perdus, dans la Russie, la Turquie, l'Inde et même l'Amérique. Nous laisserons de côté ces débris lointains, pour nous occuper des groupes occidentaux, qui nous touchent de plus près ; et nous nous posons la question de savoir à quel peuple attribuer ces monuments.

1º Quelques savants, prévenus de l'antiquité prodigieuse des dolmens, les ont attribués à un peuple préhistorique, dont ils se gardent de dire le nom, et qui après avoir habité l'Europe, aurait disparu sans laisser d'autre trace que ses tombeaux. — Avant d'adopter un pareil système, j'aimerais à avoir un commencement de preuve, et comme on ne peut le fournir, je m'en tiens à l'axiome : *Quod gratis affirmatur, gratis negatur ;*

2° Quelques écrivains ont attribué les dolmens aux Finnois, relégués aujourd'hui dans le nord de l'Europe, parce que, disent-ils, on a remarqué quelque ressemblance entre leurs crânes et ceux trouvés sous les dolmens. Cette raison est très faible, car les deux types de crânes dolicocéphale et brachicéphale se retrouvent partout, plus ou moins mélangés. De plus les Finnois, qui à la rigueur ont pu occuper le nord de l'Allemagne et le Danemarck, n'ont jamais pénétré en France, ni en Angleterre, ni en Espagne, ni en Afrique pour y élever les monuments qu'on leur attribue. D'ailleurs, les Finnois n'ont aucun dolmen dans leur froide région du nord, et ne possèdent même dans leur langue aucun terme particulier pour les désigner ;

3° Quelques auteurs ont à leur tour fait honneur aux Ibères de la construction des dolmens, parce qu'ils ont précédé les Celtes en Occident. L'histoire signale à la vérité les Ibères comme ayant précédé les Celtes en Aquitaine et en Espagne, mais ils n'ont jamais habité le Danemark ni le centre de la Gaule, ni les îles de la Grande-Bretagne. D'ailleurs, en Aquitaine et dans les parties de l'Espagne habitées exclusivement par eux, on ne trouve pas de dolmens. Enfin leur langue, conservée par les Basques modernes, ne possède aucun mot pour désigner ces sortes de monuments ;

4° Après avoir éliminé tous ces peuples, que reste-t-il ? — Les Celtes. Et ici par Celtes, je n'entends pas seulement la confédération de tribus qui a porté ce nom d'une manière spéciale, mais j'entends toute la race qui dans sa marche d'Orient en Occident a été constamment suivie par les Scythes ou Germains. Les Celtes seuls, d'après les témoignages authentiques de l'histoire, ont occupé la Germanie et la Gaule, et envoyé de nombreuses colonies dans les îles Britanniques, dans l'Italie, dans l'Espagne, et probablement dans l'Algérie. Aucun autre peuple n'a occupé simultanément ou successivement toutes ces contrées, ni avant eux, ni après eux. Les Celtes seuls, grâce à leur croyance à l'immortalité de l'âme, ont pu élever en Occident ces gigantesques tumulus à dolmens, qui font le pendant des pyramides égyptiennes.

Nous pouvons donc conclure hardiment que les dolmens, *dans l'Europe occidentale*, sont d'origine *celtique*, et les appeler monuments *celtiques*. Mais si nous voulons généraliser l'étude de ces monuments, si nous voulons comparer ceux de l'Europe avec ceux de l'Inde et de l'Amérique, nous ne pouvons plus leur donner le nom commun de celtiques, car leur origine commune n'est pas démontrée ; et alors nous nous servons d'une expression plus générale et plus vague, et nous les appelons monuments *mégalithiques* ou monuments à grandes pierres.

César partageait la Gaule en trois régions : l'Aquitaine, depuis les Pyrénées jusqu'à la Garonne ; — la Celtique ou Gaule, depuis la Garonne jusqu'à la Seine ; — la Belgique, depuis la Seine jusqu'au Rhin, sauf quelques cantons occupés déjà par des tribus germaines. — Or en Gaule, les dolmens ne se trouvent que dans la Celtique délimitée par César ; les exceptions sont très rares. N'est-ce pas une nouvelle preuve que ces monuments sont réellement celtiques ?

Ici se présente une question importante : Toutes les tribus celtiques ont-elles élevé des dolmens et des menhirs ? Pour mon compte particulier, je ne le crois pas. Les Celtes (en prenant toujours ce mot dans son acception la plus étendue), quoique sortis d'une souche commune, formaient plusieurs confédérations, souvent étrangères les unes aux autres, souvent caractérisées par des usages différents. Prenez les plus anciennes tribus qui ont pénétré dans la Gaule, vers le XVIIIe siècle avant Jésus-Christ, par exemple les Ambrons, les Allobroges, les Helvètes, les Séquanes, les Isombres, dont quelques colonies ont pénétré en Italie dès le XIVe siècle, vous ne trouverez ni dolmens ni menhirs chez eux. Prenez ensuite les tribus qui ont pénétré dans la Gaule au VIe siècle avant Jésus-Christ, par exemple les Calètes, les Ambiens, les Atrébates, les Morins, les Leuques, etc.., vous ne trouverez que par exception des monuments mégalithiques chez eux. C'est dans l'intervalle de ces deux invasions extrêmes, et à des époques peut-être éloignées les unes des autres, que paraissent devoir se placer les établissements des peuples constructeurs de dolmens en Gaule, et notamment des Armoricains, des Pictons, des Cadurques, des Rutènes, des Helviens, des Arvennes, etc. Ces peuples continuèrent à élever des dolmens et des menhirs jusqu'à l'occupation romaine, et même sous l'empire des Césars, jusqu'à l'introduction du christianisme, comme je l'ai montré pour le Morbihan.

Donc, en résumé, pour la Gaule, les dolmens sont réellement celtiques, et pour le pays de Vannes en particulier ils sont l'œuvre des anciens Vénètes.

J^h-M. LE MENÉ,
Doyen du chapitre de Vannes.

DOLMEN DES PIERRES PLATES

LOCMARIAKER

I

Le dolmen dit des *pierres plates*, bien que beaucoup moins connu et moins visité que d'autres, est certainement, sous le rapport de la construction, le plus considérable de la région du littoral armoricain.

Situé à une grande distance (1500 mètres) du bourg de Locmariaker, loin de toute habitation et sans voie d'accès, au bord d'une plage hérissée de rochers, le dolmen des *pierres plates* a dû à ces diverses circonstances d'échapper aux mutilations effroyables dont les autres monuments mégalithiques ont eu à souffrir.

Par suite de fouilles plus ou moins régulières, faites à différentes époques, le monument était resté en partie bouleversé ; des effondrements s'étaient produits. Le galgal qui enveloppait primitivement le dolmen, avait été mis largement à contribution pour la confection des clôtures du voisinage; mais les gros blocs, à peu près tous, étaient sur place, quoique tombés.

Historique.

La première mention du monument, dans les ouvrages d'archéologie, ne remonte pas au-delà de 1813, et c'est à Maudet de Penhouet que nous la devons. A cette époque, la petite société Alréenne, présidée par M. Renaud, d'Auray, avait déjà, deux ans auparavant, fouillé le *dolmen des marchands*.

Au mois de juin 1813, M. Renaud se décide à attaquer le monument des *pierres plates*. M. Bonnefoî, capitaine des garde-côtes, cantonnés à Locmariaker, mit à sa disposition une vingtaine de soldats.

C'est encore Maudet de Penhouet qui publia le premier récit de cette exploration, sur des notes qui lui furent fournies par M. Renaud. Le travail fut « long et dispendieux. » Le monument était « revêtu de terre à ses faces extérieures » et rempli intérieurement. On en fit le déblaiement aussi bien à l'extérieur qu'à l'intérieur.

M. Renaud croyait-il le monument intact? D'autres avaient-ils fouillé avant lui ? — Le président de Robien, au siècle précédent, avait-il exploré le dolmen des *pierres plates* ? — Maudet de Penhouet ne le pense pas. Ce qui est certain, c'est qu'en 1813, si on trouva le monument au complet, on ne rencontra que peu d'objets : quelques *ossements humains* et une urne en terre cuite brisée. Mais il y avait, parmi les fouilleurs, un artiste intelligent, un sieur Dubois, professeur de dessin au lycée de Pontivy, qui crayonna un plan et un croquis du dolmen. Il fit plus, il dessina le vase et les sculptures lapidaires qu'il remarqua sur cinq supports de l'allée couverte. Ces dessins ont été gravés dans une planche de l'ouvrage de Maudet de Penhouet (*Recherches historiques sur la Bretagne, imp. Mangin, Nantes, 1814*).

L'année suivante, le chevalier de Fréminville, un des plus zélés archéologues du temps, visitait Locmariaker et ses antiquités, en compagnie du même M. Renaud, qui avait dirigé les premières fouilles des *pierres plates*.

En 1814, c'est-à-dire à l'époque où M. de Fréminville visitait les *pierres plates*, qu'il est le premier à appeler de ce nom, le monument était tel que l'avait laissé M. Renaud « complet et intact, le plus entier que possédait la Bretagne » (*Antiquités de la Bretagne*, 1827-1834, Brest).

La description et les dessins de M. de Fréminville sont peut-être moins près de la vérité que ceux du livre de Maudet de Penhouet. C'est lui qui nous apprend, comme le tenant de M. Renaud, qu'on recueillit, dans la chambre du fond, une *rotule humaine*, qui a dû être déterminée par le médecin Laurent. Mais les conceptions de M. de Fréminville ne valent pas·celles de son prédécesseur. Dès le commencement du dernier siècle, le président de Robien, qu'on aime à nommer parce qu'il est le premier qui ait appelé l'attention des savants sur les monuments anciens de la Bretagne, déclare nettement, dans ses manuscrits, que les dolmens sont des *tombeaux gaulois*. Maudet de Penhouet pense aussi lui que ce sont des tombeaux. Comment se fait-il que, cent ans après le président de Robien, M. de Fréminville écrive cette phrase : « Peut-être était-ce là la demeure d'un *archidruide* et le temple métropolitain du canton de Dariorig » (page 39). — Autant d'erreurs que de mots. Les dolmens ne sont pas des maisons, mais·des constructions funéraires ; il n'est pas prouvé que les Druides aient présidé à leur érection, et encore moins que·le Dariorig de Ptolémée et le dartoritum de la table de Pentinger soient Locmariaker.

Deux ans après sa visite aux *pierres plates*, M. de Fréminville retournait à Locmariaker. Quel changement ! la superbe allée couverte, qu'il avait vue intacte, était littéralement bouleversée, et, dit-il, « presqu'entièrement détruite. »

Entre ces deux dates, 1814 et 1818, des fouilleurs, qui n'ont pas laissé leurs noms, s'étaient rués sur le monument, dans l'espoir sans doute d'y trouver des trésors, et ils avaient culbuté le plus grand nombre des supports et des tables. On a accusé les soldats garde-côtes, les mêmes qui avaient travaillé aux fouilles de 1813. Ils n'ont pas été les seuls. D'autres tentatives faites postérieurement ont encore augmenté les dégâts ; à tel point, qu'en 1843, M. Amédée de Francheville, auteur de l'article supplémentaire de la deuxième édition du dictionnaire d'Ogée, déclare qu'il a vainement cherché les figures sculptées des *pierres plates*. Deux ans plus tard, dans son grand atlas (*France pittor.*, 1845), le baron Taylor faisait une déclaration identique.

On nous a parlé, à Locmariaker, d'un officier de douanes qui aurait, vers 1864, pratiqué des fouilles aux *pierres plates*, aux frais de la princesse Bacchiochi. Il y aurait trouvé, nous a-t-on dit, un certain nombre de celtœ et un vase entier en terre·cuite.

En 1865, un explorateur étranger vint un jour m'annoncer qu'il s'installait pendant quelque temps à Locmariaker, pour

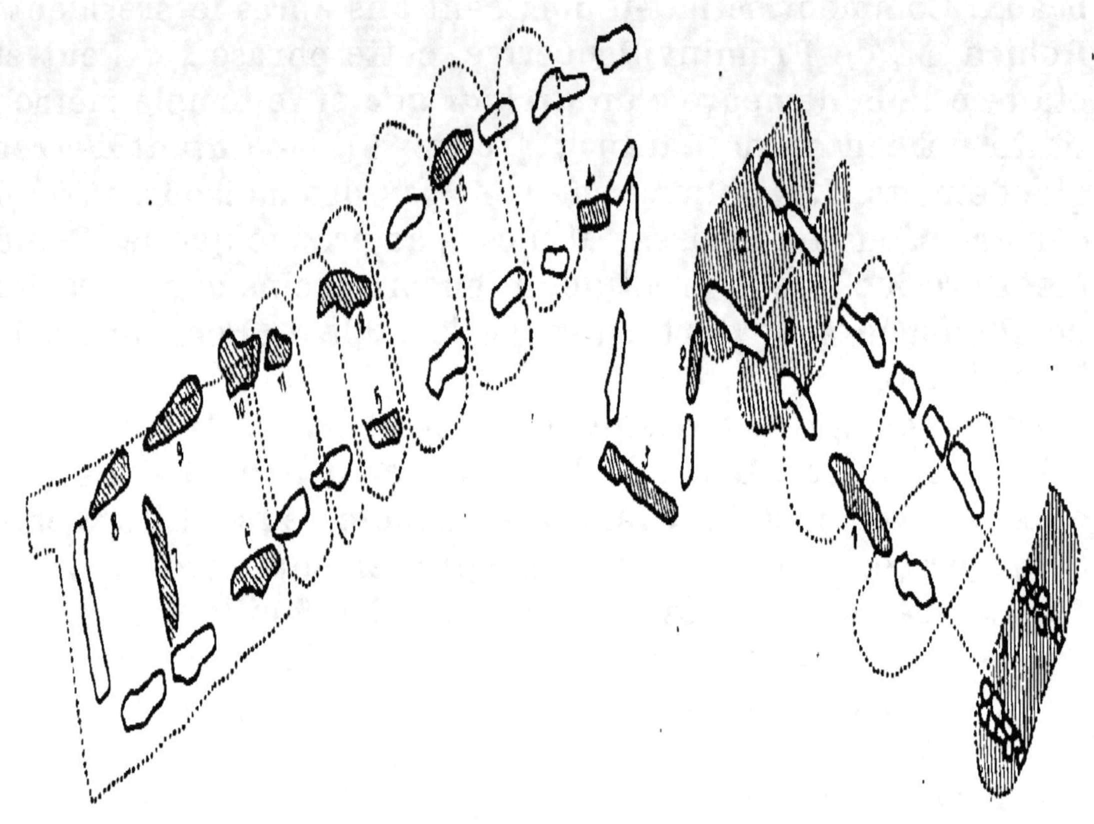
DOLMEN DES PIERRES PLATES
LOCMARIAKER
Les hachures diagonales
désignent les pierres qui portent des signes gravés.
ÉCHELLE AU $\frac{1}{200}$
LITH. RENÉ PRUD'HOMME
ST BRIEUC

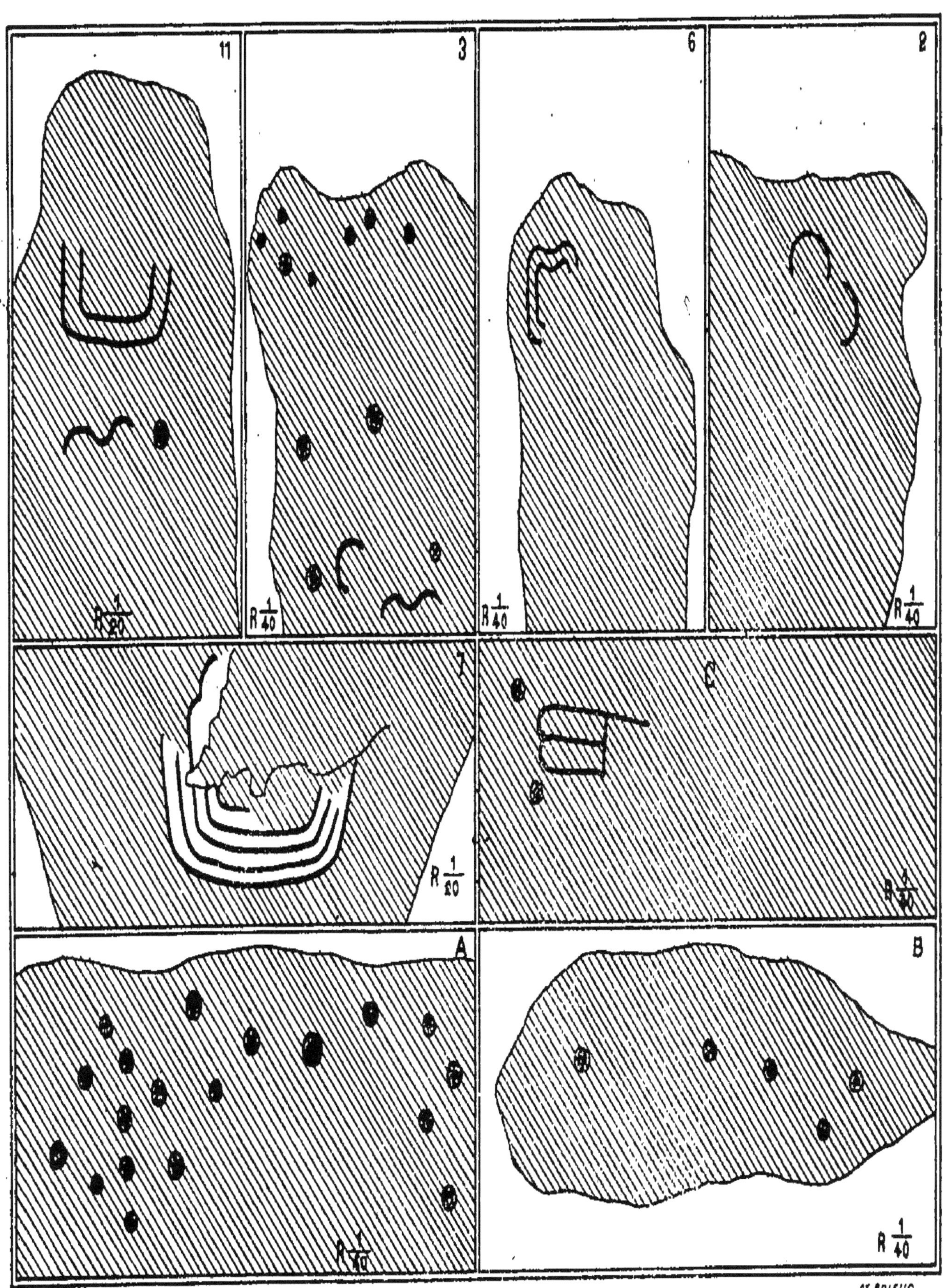

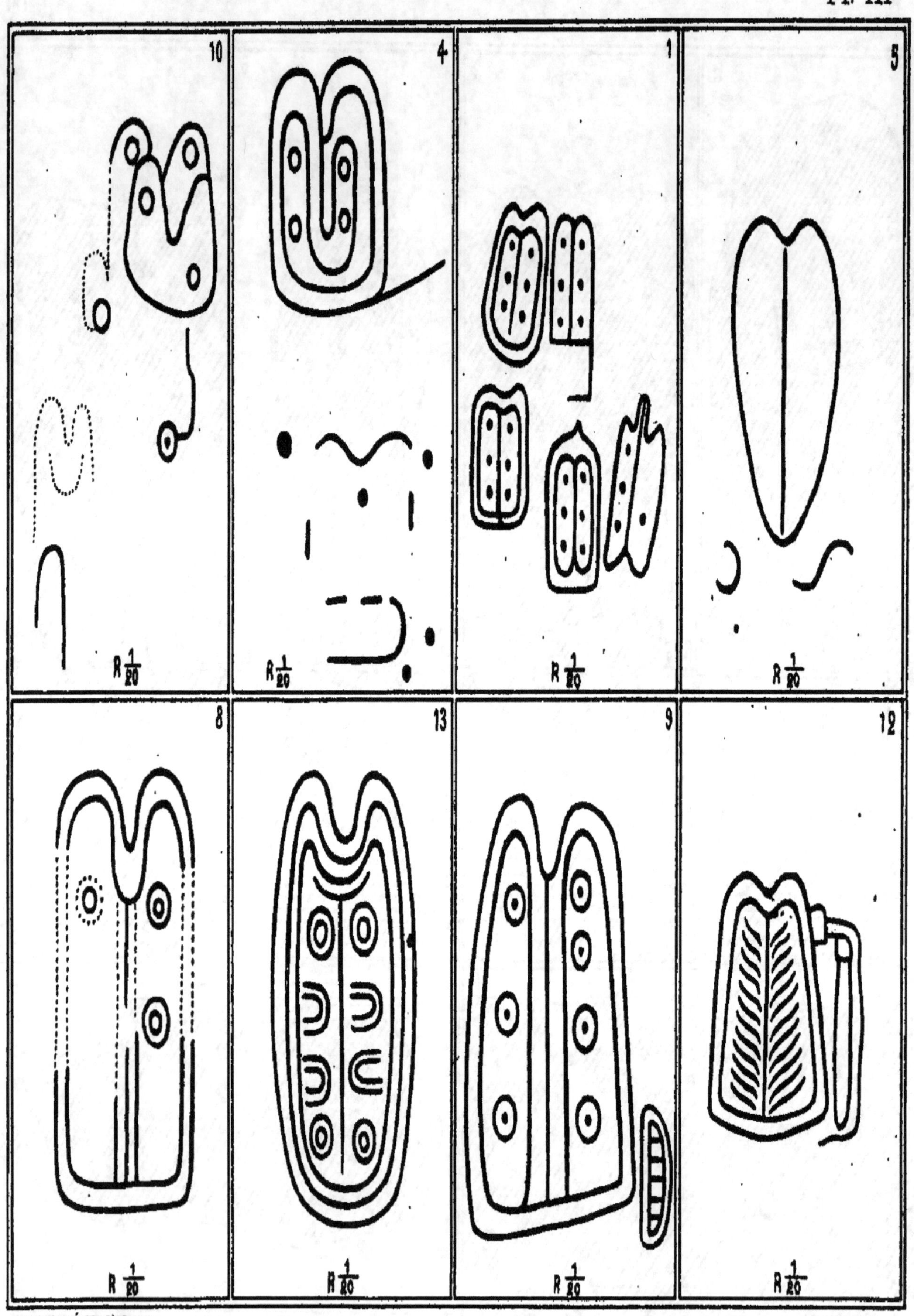
10
4
1
5
8
13
9
12
R 1/20
R 1/20
R 1/20
R 1/20
R 1/20
R 1/20
R 1/20
R 1/20

DOLMEN DES PIERRES PLATES, LOCMARIAKER

y pratiquer des fouilles. Ses fouilles portèrent principalement sur le dolmen de *Kerlud* et sur celui des *pierres plates*. Il eut l'obligeance de m'adresser, sous forme de lettre, une relation de ses fouilles. Bien qu'il paraisse avoir déblayé assez complètement l'allée des *pierres plates*, il ne découvrit que quelques poteries et des charbons. Il vit deux supports, présentant sur leur face intérieure chacun un écusson gravé. Le dessin à la plume qu'il en donne, dans sa lettre, est suffisamment exact.

Enfin, en 1866, notre regretté collègue de Cussé, aidé de Louis Galles, s'occupant de l'estampage des sculptures et signes des dolmens, ne put retrouver que deux écussons, au lieu de cinq, qu'avaient vus et dessinés M. Dubois en 1813, et de Fréminville en 1814.

Il était temps que la commission des monuments mégalithiques, au ministère des Beaux-Arts, mît fin à ces dévastations successives portant sur le plus grandiose monument de Locmariaker et même de la Bretagne.

En 1883, Henri Martin, l'illustre initiateur de la campagne entreprise pour la conservation de nos mégalithes, m'écrivait de Paris, pour me féliciter d'avoir négocié heureusement l'acquisition, par l'Etat, du dolmen des *marchands* et du *grand menhir*. Il terminait sa lettre par ces mots : « A présent nous allons rêver des pierres plates. » (Lettre, 9 décembre 1883).

Au printemps de l'année suivante, nous avions revu ensemble le monument des *pierres plates* et constaté de nouveau son triste état de délabrement. Je me chargeai de faire des démarches près de l'administration des hospices d'Auray, auxquels appartenait le sol. Ces démarches n'aboutirent pas. Je fus plus heureux pour le magnifique dolmen du Rutual, qui était la propriété de particuliers.

Cette année enfin, après bien des lenteurs, l'acte d'achat des *pierres plates* a été conclu. Les hospices d'Auray ont cédé le monument à l'Etat, au prix de 600 fr.

Il ne s'agissait plus que de procéder aux travaux de déblaiement et de restauration, comme on l'avait fait pour les dolmens des *marchands*, du *Mane-Lud* et du *Mane-Rutual*.

M. Beaupré, agent-voyer d'Auray, a été chargé de la direction du travail. J'ai bien voulu suivre et surveiller ces opérations, de concert avec notre collègue de la Société polymathique, M. Mahé, de Locmariaker, et en présence d'un savant anglais, l'amiral Tremlett, qui était de passage dans le pays et y a prolongé son séjour, dans le seul but d'être témoin de fouilles qui l'intéressaient.

M. Mahé et l'amiral n'ont pas quitté un seul jour les ouvriers. Moi-même j'ai été sur les lieux près d'une semaine, crayonnant des croquis, prenant des mesures, relevant avec soin les signes gravés, et consignant sur mon calepin des notes, qui devaient me servir pour ce compte-rendu.

Vers la fin de septembre, j'ai fait une dernière visite aux *pierres plates*, en compagnie du docteur Letourneau, professeur à l'école d'anthropologie de Paris, et de M. Robuchon, l'éditeur du magnifique ouvrage en voie de publication : *Paysages et Monuments de la Bretagne*, avec planches héliographiques. M. Robuchon en a profité pour prendre une photographie du monument, dont je mets une épreuve sous les yeux de la Société.

Les travaux de déblaiement et de restauration ont duré plus de trois semaines, août et septembre. Les bouleversements étaient considérables, les cavités dolmeniques étaient en grande partie comblées de terre et de gros moëllons, par suite de l'effondrement du galgal. Il a fallu faire un déblaiement minutieux et examiner à l'œil et à la main toutes les pelletées de déblais, puis on a procédé au relèvement des blocs tombés ou déplacés, au moyen de forts leviers et de crics. Le contre-maître, très expert, nommé Buord, de Plœmel, qui a dirigé, sous nos yeux, cette délicate opération, est le même qui a été employé au redressement des menhirs des alignements de Carnac.

Nous espérions, dans le déblaiement, rencontrer des objets laissés par les fouilleurs qui s'étaient succédés, depuis l'exploration de 1813 par M. Renaud. Nous avons été déçus.

Sauf les fragments de trois ou quatre *vases* en terre cuite, assez grossiers, deux ou trois percuteurs en quartz, quelques *silex* et un très grand nombre de cailloux roulés, nous n'avons extrait que de la terre et des pierres, parmi lesquelles se trouvaient des coquilles de toute sorte et des morceaux de tuiles modernes, provenant de parcs à huîtres, qui existaient sur cette partie de la côte, il y a une trentaine d'années.

, Une découverte important a été celle d'un cabinet latéral, annexé au côté gauche de la galerie. Malheureusement, nous n'étions pas les premiers à le visiter. Ses tables de recouvrement avaient disparu. La cavité n'était remplie que de terre et de pierres.

De plus, nous avons mis en évidence, non seulement quatre écussons gravés, sur cinq relevés déjà par Maudet de Penhouet, mais encore un certain nombre de figures sculptées sur d'autres pierres qui complètent le système décoratif extrêmement curieux du monument intérieur.

Aujourd'hui donc que le déblaiement est effectué en entier, et que tous les blocs sont remis en place, il devient facile de comprendre l'ordonnance et la composition du monument, soit qu'on en fasse la visite sur les lieux, soit qu'on jette les yeux sur les épreuves de photographie, sur les croquis et sur les plans que nous avons rassemblés pour la description.

II

Description.

Le monument des *pierres plates* est situé, nous l'avons dit en commençant, à 1,500 mètres au sud du bourg de Locmariaker ; au sud également du village de Kereré et à l'angle sud-ouest d'un champ cultivé nommé *Tehuen-Vras*, portant au cadastre le N° 341, sect.' I, 2ᵉ subdivision.

La pointe de terre sur laquelle est construit le dolmen, s'avance dans la mer, en face de Méaban, et se nomme, dans le pays, Point-er-Vretehi ; au cadastre : Pointe-er-Verteil.

Entre la pointe de Vretehi et l'île de Méaban, qui se voit au large, on aperçoit une traînée de roches, que couvre la marée haute. La plature de gauche s'appelle Kancereuk, celle de droite, Castel-ruis. Notre collègue, M. Mahé, nous assure qu'on rencontre, sur cette dernière plature, d'énormes blocs taillés, paraissant avoir fait partie d'une ancienne construction.

Si on se place debout sur la grande table du dolmen, l'œil embrasse un superbe horizon, dont le demi-cercle nord-est formé par la côte de Saint-Gildas, d'Arzon, de Locmariaker, de Saint-Philibert, de la Trinité, et par la grande anse de Carnac, que la presqu'île de Quiberon limite à l'ouest ; au sud on a l'océan, Houat et Hœdic. Les sommets des principaux tumulus de la contrée s'aperçoivent distinctement : le *Petit mont, Tumiac, Gavr'inis,* l'*Ile longue,* le *Mane-er-hoeck,* le *Mane-lud,* et dans le lointain le mont Saint-Michel de Carnac.

Le monument des *pierres plates* représente actuellement, dans son ensemble, une très longue allée couverte, coudée, constituée par des menhirs-supports et des tables de granit, et pourvue d'un cabinet latéral.

L'allée couverte se développe du nord au sud, sur une étendue qui n'est pas moindre de 28 mètres hors d'œuvre.

Un tumulus, dont la base subsiste en partie, l'englobait primitivement. Il est composé de vase compacte et de pierres de carrière, au milieu desquelles nons avons été assez surpris de rencontrer trois ou quatre énormes blocs de *grès armoricain,* substance minérale absolument étrangère à la contrée, et qu'il faudrait aller chercher aujourd'hui aux confins Est du Morbihan ou à Douarnenez, dans le Finistère, au dire de notre collègue, M. de Limur.

La galerie, d'abord droite, est brisée vers son milieu, c'est-à-dire qu'après avoir suivi la direction sud-sud-est, sur un parcours de 15 ou 16 mètres, elle s'infléchit pour parcourir une douzaine de mètres, dans la direction sud-sud-ouest, en faisant un angle d'environ 45 degrés, ouvert à l'ouest. Quelle est la raison de ce coude ? Nous l'ignorons. Rien dans la configuration du terrain n'en faisait une obligation aux constructeurs. Nous savons seulement que cette disposition exceptionnellé se remarque également dans le dolmen tumulaire de *Kergonfalz,* en Bignan, et dans celui du *Rocher,* en Plougoumelen.

Il n'est pas inutile, en même temps, de faire observer que l'orientation de l'entrée du dolmen des *pierres plates* déroge à la loi générale, qui veut que les entrées dolmeniques soient orientées au soleil levant. Ici, l'entrée du monument est au sud-ouest.

Au lieu d'une vaste chambre, la chambre terminale n'est qu'une légère dilatation de l'allée, qui en est séparée par une haute et large dalle, debout, formant cloison. Entre le bord droit de la cloison et la paroi correspondante de l'allée, il y a un intervalle qui permet le passage d'un homme dans la chambre. Cette chambre carrée a un peu plus de deux mètres transversalement, et 1ᵐ 95 dans l'autre sens, c'est-à-dire du nord au sud.

L'allée qui a 1ᵐ 80 de large, au point de contact avec la cloison de la chambre, va en se rétrécissant, de sorte qu'au milieu du parcours, elle n'a plus que 0ᵐ 85 de large. A l'extrémité sud, la largeur de la galerie est, en moyenne, de 1ᵐ 25

Le *cabinet*, formé par deux supports latéraux et un support du fond, est large de 1ᵐ 50 et a 2ᵐ 50 de profondeur. Il s'abouche directement avec la galerie, dans l'angle de la partie coudée. Son entrée est orientée sud-est.

Le monument, dans son état actuel, compte encore une cinquantaine de blocs, tous de granit (38 menhirs-supports et 12 tables) ; ainsi qu'il suit :

Supports de l'allée couverte (côté droit)	16
id. (côté gauche)...	15
id. du fond de la chambre............	1
Cloison	1
Supports du cabinet latéral.................	5
Tables de recouvrement....................	12
Total...............	50

Les lacunes qui existent, indiquant qu'il manque une dizaine de supports et 7 ou 8 tables, on est en droit de supposer que le monument, lorsqu'il était complet, pouvait avoir 48 supports et 20 tables ; au total 68 blocs.

Le dolmen des *pierres plates* est le plus considérable que nous connaissions, sous le rapport de ses dimensions et du nombre de blocs qui le composent. Le dolmen tumulaire du *Rocher*, en Plougoumelen, qui est également coudé, n'a que 19ᵐ 40 de longueur et 48 blocs (35 supports et 8 tables). — Quant au dolmen du *Rutual*, tout près du bourg de Locmariaker, sa longueur totale, mesurée extérieurement, ne dépasse pas 23 mètres, tandis que le dolmen des *pierres plates* ne mesure pas moins de 28 mètres hors d'œuvre. Tous nos autres dolmens ont, en longueur, des dimensions moindres.

III

Sculptures lapidaires

Indépendamment de ses grandes proportions architecturales, qui en font la plus longue allée couverte connue, ce qui rend le monument des *pierres plates* digne au suprème degré de l'attention des archéologues, c'est la présence, sur les parois intérieures, de sculptures et de signes gravés.

Nos fouilles ont eu cet avantage de mettre à nouveau à jour quatre des figures signalées déjà par nos devanciers, et d'en découvrir un grand nombre d'autres, sur les supports et sur les tables, qui ne sont pas moins curieuses.

M. de Fréminville a noté, dans son livre, et ses dessins l'indiquent également, que ces sculptures étaient en relief. Cayot Delandre a répété cette assertion. Nous-même, sur la foi de ces auteurs, nous l'avions écrit dans notre mémoire sur les *sculptures* et *signes* gravés des dolmens. C'est là une erreur. Toutes les figures que nous avons relevées, y compris les quatre écussons dessinés par M. de Fréminville, que nous avons retrouvés sous les décombres, sont gravés en creux sur les pierres. Il ne peut y avoir aucun doute à cet égard.

Comme on peut s'en assurer par l'inspection de nos planches, ce qui domine, dans le système de décoration lapidaire des *pierres plates*, c'est l'image que nous avons désignée sous le nom de *figure scutiforme* des dolmens, parce qu'elle a une certaine ressemblance avec un bouclier ou un cartouche.

Aucun dolmen ne présente un pareil assortiment de *figures scutiformes*. Ici la figure est particulièrement constituée par un encadrement ovalaire ou trapézoïdal de un ou plusieurs traits emboîtés les uns dans les autres.

Le champ du cartouche est, sur presque tous, divisé en deux par une ou plusieurs barres verticales. Sur chacune des divisions, se voient, en nombre varié, des cercles, des demi-cercles, des fers à cheval ou des croissants, etc.

Quelques-uns des cartouches sont gravés profondément et bien conservés, d'autres le sont moins et ont même été effacés en partie, par l'effet du temps. Pour en découvrir les détails, il nous a fallu regarder de très près et recourir à des artifices de lumière. A certaines heures du jour, les sculptures sont plus apparentes. Le soir ou à la nuit, en promenant une bougie allumée, dont la flamme rase la surface de la pierre, on parvient à faire ressortir davantage des traits qui étaient restés inaperçus.

Certaines pierres, dont les surfaces sont frustes aujourd'hui, ont-elles été primitivement ornées de sculptures ? Cela est possible. Il est même rationnel de prévoir que celles qui restent sont condamnées à disparaître à la longue, exposées qu'elles sont aux influences atmosphériques, qui dégradent et réduisent en poussière le granit.

Nous avons teinté *en rouge*, sur le plan, les supports qui présentaient des sculptures. Ils sont au nombre de 13 et numérotés. Les tables qui ont des signes gravés correspondent aux lettres A, B, C.

Les cartouches les plus originaux et les mieux conservés sont les n°s 4, 13, 9, 12, 1, 8.

I. — Le cartouche n° 4 (6e support côté gauche) est trapézoïdal, haut de 0^m 40, sur 0^{m}35 de large. Il est formé par un encadrement de courbes en spirales, offrant ceci de curieux qu'une seule ligne décrit ces courbes, au milieu desquelles sont gravés quatre petits cercles.

II. — Le cartouche N° 13 (12e support côté droit) a la forme ovale. Ses dimensions sont plus grandes : 0^m 80 sur 0^{m}43. Les traits en sont bien accusés. L'encadrement est constitué par trois lignes parallèles, concentriques. Le champ est partagé en deux par une sorte de fourche. De chaque côté se voient deux anneaux doubles et deux fers à cheval, ou croissants.

III. — Le cartouche N° 9 (15e support côté droit) est encore un cartouche avec double encadrement de lignes concentriques. Sa hauteur est de 0^m 75 sur un peu plus de 0^m 50 à sa partie inférieure. Le champ est divisé par trois barres verticales. A droite, quatre petits cercles avec un point central ; à gauche, trois cercles seulement. Comme accessoire, en dehors du cartouche, un petit encadrement en arc vertical, divisé intérieurement par cinq barres droites horizontales.

IV. — Le cartouche N° 12 (12e support côté droit) est peut-être le plus original et le plus élégant de tous. Les sillons de la gravure sont parfaitement visibles, ce qui est dû au séjour prolongé sous terre, depuis que le dolmen a été bouleversé, lors des premières fouilles. Sa forme est trapézoïdale ; sa hauteur est de 0ᵐ 45 sur 0ᵐ40 de large à la base. L'encadrement est constitué par deux lignes concentriques et une séparation médiane, escortée, à droite et à gauche, de sortes de nervures sinueuses parallèles, au nombre de douze, dont l'ensemble a pu être comparé à un rameau de palmier ou à une feuille de fougère. Ce cartouche est accompagné, en dehors et à droite, d'un appendice compliqué qu'on ne saurait comparer à rien...

V. — Le support N° 1 (2ᵉ support côté gauche) présente sur sa surface intérieure un groupe de cinq cartouches, dont la hauteur moyenne est d'un peu plus de 0ᵐ 20 sur 0ᵐ 15 de large. L'encadrement est à deux lignes concentriques. Une barre verticale sépare le champ du cartouche en deux. Sur chaque division, trois petits cercles.

Deux de ces cartouches, dont le sommet est en accolade, ont un air de ressemblance avec l'écu français du blason moderne. Déjà, en 1873, nous avions fait cette remarque, à propos du cartouche de la dalle du Mane-er-hoeck, et nous nous demandions si l'origine des armoiries ne devait pas remonter jusqu'à ces *figures scutiformes* des dolmens.

VI. — Le N° 8 (16ᵉ support côté droit) a beaucoup de rapport avec le N° 9 décrit plus haut. Ses traits sont moins accentués, et les cercles de gauche qui devaient exister ont totalement disparu.

VII. — Le menhir support qui forme cloison, dans la chambre, présentait, sur sa face sud, un vaste cartouche. Par suite de l'effritement de la pierre, il n'en reste plus guère que la partie inférieure, composée de cinq demi-courbes concentriques. La découverte de cet écusson mutilé est due à M. de Cussé, qui en avait fait l'estampage. Nous l'avons retrouvé à peu près tel. Il finira par ne plus être visible, car le granit s'effeuille par plaques.

On se rappelle que, lors des fouilles des *pierres plates*, en 1813, les explorateurs avaient relevé, sur cinq supports, cinq écussons gravés. Un seul a disparu, et c'était peut-être le plus beau, si on en juge par les dessins de Dubois et de Fréminville. Ce cartouche, orné intérieurement d'anneaux et de croissants, était entouré, à l'extérieur, de banderolles diversement contournées. Il y a lieu de penser que ce support a été détruit ou enlevé, car sa place, indiquée par M. de Fréminville, corrrespond précisément à la grande lacune de la paroi droite de l'allée, que nous avons signalée plus haut comme marquant l'absence d'au moins *trois supports*.

Un signe très commun sur les pierres de nos dolmens armoricains, est celui que nous avons appelé *signe cupuliforme*. Il n'est pas moins fréquent sur les monuments mégalithiques de la Grande-Bretagne. Nous le retrouvons sur le dolmen des *pierres plates*. Les cupules s'y montrent sur trois tables et sur un menhir-support du cabinet latéral. Elles sont réparties irrégulièrement sur les surfaces lapidaires et d'inégale grandeur.

La table qui présente le plus de cupules, est la première de l'entrée. Contrairement à la règle, ces cupules sont creusées à la surface supérieure.

Certes, au point de vue de l'importance et de l'originalité, nous reconnaissons que ces sculptures sont très loin de la perfection de celles de l'admirable monument de Gavr'inis, qui est hors de pair. Mais elles viennent au second rang, et, sous ce rapport, aucun dolmen de Bretagne ni d'ailleurs ne saurait supporter la comparaison.

Les décorations des pierres plates se rattachent à celles de nos autres dolmens par un caractère commun : la bizarrerie de leur distribution. Pourquoi certains menhirs ont-ils des sculptures, à l'exclusion de certains autres ? Pourquoi la figure gravée elle-même n'est-elle jamais symétrique dans ses détails ? A ces questions, comme à bien d'autres, il ne peut y avoir qu'une réponse, c'est qu'on est en présence d'un art décoratif, dont l'expression grossière et enfantine échappe à toutes les règles de l'esthétique moderne, et défie tout essai d'interprétation.

Nous demanderons-nous maintenant ce que veulent dire ces signes lapidaires et particulièrement ceux que M. de Fréminville appelle « hiéroglyphiques » parce qu'il en a observé, dit-il, « de semblables parmi les hiéroglyphes égyptiens. » Quel est leur signification ? que représentent-ils ? à quel rituel obéissait l'ouvrier qui a martelé ces pages de pierre ?

Dès l'année 1814, Maudet de Penhouet, très préoccupé d'établir un trait d'union entre nos monuments de pierre et ceux des Phéniciens ou des Egyptiens, n'hésitait pas à voir, dans un des cartouches « la forme d'un scarabée sans tête », et dans un autre « celle d'un serpent et d'un rameau de palmier. »

M. de Fréminville semble reprocher à Maudet de Penhouet de n'avoir pas plutôt reconnu « une branche de fougère, » cette plante étant, dit-il « une de celles auxquelles les druides attribuaient des vertus merveilleuses. »

J'ai une lettre d'un correspondant, écrite en 1865, qui propose une autre explication. Les sculptures lapidaires des pierres plates ne seraient-elles pas, tout simplement, la représentation « d'un vestiaire sacerdotal » ? Les deux cartouches dont il a pris le dessin, pourraient bien, suivant lui, n'être que les figures des chasubles que portaient les prêtres des dolmens (toujours les druides !!).

On a dit aussi que ces cartouches variés dans leur forme et dans leurs ornements, étaient peut-être les armoiries des morts ensevelis sous les dolmens mégalithiques.

Toutes ces comparaisons, toutes ces hypothèses, ne prouvent qu'une chose ; que l'imagination ne suffit pas pour expliquer ce qui est inexplicable.

Il y a vingt ans, dans notre travail sur les sculptures et signes gravés des dolmens, nous écrivions ce qui suit, au chapitre des conclusions :

« En dépit des nombreux détails que nous a fournis l'examen des sculptures de nos dolmens du Morbihan, nous sommes loin d'avoir pénétré leur secret. Si tout d'abord nous avons tenté quelques efforts dans ce but, avouons qu'ils ont échoué complètement ; dès lors, pas d'explications hasardées, pas de conjectures, pas de systèmes ; au nom de l'observation, nous nous croyons en droit de les ajourner tous (1). »

Aujourd'hui, nous pensons de même, ce qui nous force à appliquer ce paragraphe au monument des *pierres plates*.

______

(1) *Sculptures lapidaires et signes gravés des dolmens dans le Morbihan*, par le docteur G. de Closmadeuc. — Imp. de Lamarzelle, Vannes, 1873.

V

Légende.

Il n'est guère de monument ancien, dolmen ou menhir, qui n'ait sa légende. La légende est l'histoire des humbles. Le dolmen des *pierres plates* a la sienne. Elle nous a été contée, sur les lieux, par des personnes du village voisin. Je la conterai à mon tour.

Le dolmen des *pierres plates* se dresse au bord d'une plage, semée de roches, auxquelles on a donné le nom de *Kancereuk* et de *Kastel-Ruis*. Au delà, plus au large, ce sont les bourrasseaux et les buissons de Méaban, dangereux pour les navigateurs.

Dans les grandes marées on peut s'avancer très loin sur la plature du Kancereuk, qui découvre à mer basse.

Un jour une pauvre jeune fille, servante de ferme, nommée Marie Jaquette, s'aventura seule dans ces parages, jusqu'à l'extrême limite des roches. Elle était tout occupée, depuis deux heures, à remplir son panier de moules et autres coquillages, lorsqu'elle s'aperçut, l'imprudente, que le flot avait monté et qu'elle était maintenant séparée de la terre ferme par une très grande étendue d'eau.

La vague écumait autour d'elle et mouillait déjà ses pieds nus. Comment fuir ? Elle cria, elle appela au secours ; elle invoqua sa sainte patronne. Il ne passait âme qui vive sur la côte déserte ; personne pour lui prêter aide et assistance. Le flot montait toujours. La pauvre enfant, cramponnée à la roche, avait de l'eau jusqu'à la ceinture ; les lames furieuses, soulevées par le vent, menaçaient de la renverser à chaque instant. Elle se sentait perdue. Elle allait être submergée bientôt et son corps serait entraîné au loin, sans autre sépulture peut-être que l'abîme.

Dans son désespoir, elle prit une résolution héroïque. Elle déroula sa longue chevelure et la noua fortement autour d'une pointe de rocher, attendant la mort, mais gardant, comme consolation suprême, l'espoir que son corps serait retrouvé à marée basse.

La mer eut bientôt englouti la pauvre fille. Quand le jusant eut de nouveau découvert la plature, des pêcheurs virent le cadavre couché sur un lit de goëmon et retenu par les cheveux aux aspérités de la roche. Ils dénouèrent la chevelure et apportèrent le corps jusqu'au dolmen. Ils creusèrent une fosse au pied d'un des menhirs, y enterrèrent le cadavre, puis plantèrent à côté une branche de tamaris.

Et depuis les paysans et les pêcheurs se signent lorsqu'ils passent près de l'endroit où reposent les restes de la victime, la pauvre Marie Jaquette.

Telle est la légende. Si notre vénérable et très savant doyen, qui est en même temps un poète, M. de la Villemarqué, veut bien l'accepter, je la lui offre de bon cœur, comme une petite fleur de bruyère bretonne, cueillie sur la lande, à deux pas d'un dolmen de Locmariaker.

D^r DE CLOSMADEUC,
de Vannes.

QUELQUES REMARQUES

AU SUJET DES

HACHES EN PIERRE POLIE

DES MONUMENTS MÉGALITHIQUES (¹)

De nos jours, la fabrication des fausses haches en pierre polie est devenue une véritable et fructueuse industrie, pour enfler l'escarcelle de quelques individus, qui en font un véritable commerce. On est loin de se douter du nombre de touristes, d'Anglais, de curieux chercheurs de bibelots, même de collectionneurs sérieux, qui ont été ainsi dupés à bon et gros argent comptant, par ces fabricateurs de fausses pièces, dites par eux trouvées dans des monuments mégalithiques.

Ce sont les raisons qui nous ont conduit à la pensée de rechercher si peut-être il n'existerait pas quelque moyen pratique de reconnaître les fraudes employées par ces industriels en faux vieux, qui pratiquent leur métier, soit en réparant et refaisant un beau tranchant à de vieilles haches aux trois quarts roulées, ne présentant par suite nul intérêt à aucun point de vue ; soit même, plus encore, en fabriquant en entier des exemplaires absolument faux.

---

(1) Au point de vue d'arriver à reconnaître si des spécimens que l'on vient parfois vous présenter sont bien des pièces antiques ou des fac-simile plus ou moins bien fabriqués, soit à l'aide de grès ou de la meule.....

Voici les procédés employés par ces industriels, dont nous avons obtenu la connaissance par un individu bien au courant des choses. *Mieux*, nous avons tenu à expérimenter l'exactitude de certains détails.

Le premier soin est d'explorer les bords de la mer ou les berges des rivières, le ruisseau coulant dans le thalweg d'une vallée, à la recherche des galets en roches cristallines ayant acquis par l'usure une forme voisine de celle d'une hache, en particulier. Cette chasse vise les galets en roches dioritiques, qui sont les matières constitutives du plus grand nombre de véritables pièces, dans diverses contrées éloignées les unes des autres, soit en Europe, en Amérique, en Asie, etc., etc., roche qui se montre dans les formations des terrains cristallins et métamorphiques (1). Ces galets, de formes et de proportions voisines de celles ordinaires à la moyenne des véritables *haches* une fois trouvés et mis dans le sac, une grosse partie de l'ouvrage est faite.

Il ne s'agit plus que d'user sur un grès la partie qui doit représenter le tranchant, et l'autre opposée, la pointe ; lisser le tout sur ce grès. On a obtenu un·exemplaire ayant parfaitement la forme d'une véritable hache antique.

Le bon galbe ainsi obtenu, il se présente cependant une grosse difficulté à résoudre, car il s'agit de donner à l'exemplaire en question le *facies* d'un véritable spécimen ancien, c'est-à-dire cet aspect terne et cependant luisant, gras, qui se reconnaît très bien sur les pièces véritablement anciennes, sans cependant pouvoir très nettement se décrire, et qu'en général on désigne sous le nom de *Patine*.

Ici, dans le présent, il s'agit de faire disparaître l'éclat des facettes de clivage des minéraux constitutifs de la roche qui vient d'être dressée, et que l'usure sur le grès montre sur les nouvelles faces, comme pailletée de lamelles moirées. Démonstration évidente d'une face nouvellement obtenue sur une roche cristalline.

Il nous semblerait peut-être bon de préciser ici ce que l'on

(1) Il ne nous a jamais passé par les mains un seul exemplaire de hache polie en matière d'une autre nature ; jamais de haches fausses en jadéite, en jade ou en chloromelanite, substances dont nous dirons quelques mots plus loin.

entend par ce terme *clivage*. Ce mot est employé dans l'art de
tailler le diamant, puis il est devenu usuel dans les sciences
appliquées à l'histoire naturelle des corps inorganiques. Il
vient du mot allemand *Klœben... fendre.* — C'est la fracture
plane, miroitante, qui se produit invariablement selon un
plan, et conduisant à une forme géométrique spéciale à telle
ou telle espèce minérale, soit cristallisée, soit à l'état cristallin, ou masses à facettes cristallines confusément agglomé-
rées, *lamellaires* en minéralogie.

Exemple pour les cristaux : Les diamants cristallisent en
octaèdre, c'est donc un solide constitué par deux pyramides
quadrangulaires opposées base à base. « Il vous est facile de
voir des diamants cristallisés dans notre galerie ; même des
cristaux dans la gangue, des mines des régions diamantifères
de l'Afrique australe ». Pour tailler un diamant en brillant,
l'artiste fait sauter à l'aide d'un ciselet bien tranchant et d'un
coup sec, une partie d'une des six pyramides menant au *cube ;*
par ce procédé, il évite la perte d'une partie du cristal, dont
il tirera partie pour tailler cette petite pyramide détachée du
cristal premier, avec des facettes et une surface plane de
l'autre côté, *sous la dénomination de Rose.* Voilà donc, ainsi
que nous le disions plus haut, l'étymologie du mot *clivage*.

C'est donc la fracture plane et brillante, invariablement,
sous un angle toujours le même, selon une forme géométrique
propre à telle ou telle espèce minérale cristallisée ou à l'état
cristallin.

Ces types ou systèmes cristallins pour tous les corps connus
dans le règne inorganique sont au nombre de six, plus l'hé-
méadreri = 7 : 1° le cube (*système cubique*) ; 2° le prisme à
base carrée (*système quadratique*) ; 3° le Rhomboèdre (*système
rhomboëdrique et hexagonal régulier*); 4° le prisme rhomboïdal
droit (*système orthorhombique*) ; 5° le prisme rhomboïdal
oblique (*système clinorhombique*) ; 6° le prisme doublement
oblique (ou *système anorthique* ou *triklinique*) ; le nombre 7.
Ainsi prenant encore pour exemples les cristaux du diamant,
les faces qu'il est possible d'obtenir d'un cristal octaèdre par
clivage feront toujours un angle de 90° ou angle droit, pas
une minute de plus, pas une de moins. Pour la chaux carbo-
natée, c'est un solide du *système rhombique* R$\wedge$R = 105° 5' ;

de quelque manière que nous frapperons, nous n'obtiendrons jamais un autre solide, grand ou petit, quelque soit le volume du fragment détaché de la masse, qu'un rhomboèdre se rapportant exactement à la formule R/\R = 105° 5'. *Dolomie*, 107° 20.

L'amphibole, élément essentiel dans la composition des roches *dioritiques*, est un silicate d'alumine et de chaux, dont la formule comme solide géométrique ou cristal est I /\ I = 124° 30', C = 75° 2'. Cette substance appartient donc au système clinorhombique, comme pour les autres que nous venons de noter plus haut ; impossible d'obtenir par le choc ou autrement, un solide d'une autre forme, sauf par les moyens de l'usure sur un grès : mais dans ces conditions, la face obtenue sera terne ; de là l'aspect *moiré* pour la face ainsi obtenue en dehors des formes géométriques.

Nous avons déjà dans cette étude cité le mot *Patine.*

C'est un phénomène *Epigénique,* par suite duquel la surface d'un objet en métal, même en pierre, est susceptible de changer de nature, de composition, sur une épaisseur plus ou moins notable, même parfois en entier, sous l'action des intempéries atmosphériques ou autres causes. Ainsi, des objets en bronze, des médailles, par exemple, au bout d'une certaine période de temps, se couvrent d'un enduit qui masque l'éclat métallique ; ce n'est autre chose qu'un sous-carbonate d'oxyde de cuivre. Frottez cette médaille sur un grès qui aura enlevé cet enduit ou patine, le métal va reparaître avec tout son brillant.

Des substances minérales même, qui sembleraient devoir être absolument inaltérables comme le silex, se patinent à la suite des siècles, de milliers de siècles, et plus si vous voulez ; alors que ces silex se trouvent dans les conditions indiquées plus haut.

Voici des échantillons de silex, bien incontestablement œuvres, comme polissage ou taille par éclats, de l'industrie de l'homme à un âge si éloigné de nos temps modernes, qu'il n'est pas possible de penser à une date même approximative. L'un est un silex éclaté, montrant bien son bulbe de fracture, finement retaillé au tranchant, et les retouches elles aussi patinées. *Cette pièce est de celles qui sont considérées comme étant une scie.* On peut remarquer, du côté où cet exemplaire posait sur le sol, que la patine est grise et très légère, alors que celui exposé à l'air se montre enduit d'une couche épaisse, blanche et terreuse. *C'est la surface plus profondément altérée qui est passée à l'état de cacholong.* « Silex altéré devenu terrreux » *des formations sableuses du Diluvium de Foulanges, dans l'Oise.....* La seconde pièce est encore plus démonstrative, c'est une hache en silex polie, montrant comme l'autre exemplaire une épaisse patine blanche et terreuse.

L'amphibole et le feldspath triklinique (*c'est-à-dire du sixième système cristallographique noté plus haut*), constitutifs des roches *Dioritiques* s'altèrent bien plus rapidement que le quartz.

La preuve : Voici une hache en *Diorite à grains très fins*, presque absolument *compacte*. C'est un exemplaire curieux de superstition. Ainsi que vous le voyez, elle a été usée parallèlement à une ligne qui serait la normale de son axe. Cette face n'est nullement un dressage de curiosité, pour en examiner la partie centrale. Elle appartenait *à un malin de village*, à un rebouteux bien connu aux environs de Guidel, décédé depuis deux ans ; la poussière de cette pierre de tonnerre, *mer gurun, (c'est ainsi qu'ils désignent les haches en pierre polie)*, obtenue par frottement avec de l'eau sur un grès, constituait, selon l'opinion de notre sorcier, un ingrédient souverain dans des remèdes pour les vaches et les moutons. Nous n'oserions peut-être pas jurer que quelques autres malades, dont la santé présente un bien autre intérêt que les vaches et les moutons, n'en aient pas quelque peu goûté !

Il est possible sur cette face nouvellement dressée, bien que la matière soit en grains très fins, presque absolument compacte, de voir encore scintiller par endroits comme de fines pointes d'aiguilles, des lamelles de clivage de l'amphibole, ce qui ne se voit pas sur les autres parties de cette hache, qui est patinée sur plus d'un millimètre d'épaisseur. Il faudrait donc, pour voir reparaître ces points de lamelles de clivage, enlever avec la meule ou le grès un millimètre de la surface de cette pièce, que nous devons à un chercheur habile et bien connu, M. le commandant Le Pontois, à Lorient. L'étiquette n° 227, *Kernaud en Guidel,* est écrite de sa main.

Arch. 3

Aucun réactif, aucun procédé n'arriverait à raviver l'éclat de ces lamelles de clivage, une fois patinées. Au contraire, sous l'action des acides, sulfurique, azotique, hydrochlorique, purs ou étendus, cette surface déjà altérée n'en deviendrait que plus terne et terreuse.

Les recettes et procédés pour arriver à obtenir ces *fausses pièces* avec un aspect suffisamment trompeur, les plus simples pour faire disparaître, ou mieux, *masquer* les scintillements des lamelles de clivages, indices certains et démonstratifs d'une face fraîchement obtenue; ils se servent d'un encaustique (de la cire dissoute dans de l'essence de térébenthine). En plus, cela a l'avantage de donner une espèce de luisant voisin de celui des vraies vieilles haches bien nettoyées ; mais en fait de procédés industriels, on arrive toujours à une amélioration. Ce que nous venons d'indiquer n'est que l'A B C du métier. D'autres, avant l'encaustiquage, font faire une station de quelques mois dans le fumier, après leur avoir fait cuire un bouillon dans de l'eau et du gros sel, tant que ladite lessive, à laquelle on ajoute de la cendre, peut dissoudre de sel. Mais nous sommes parvenus à nous procurer des renseignements sur une autre recette, bien supérieure pour obtenir des trompe-l'œil.

Il faut, en premier, suivre la manipulation déjà indiquée, jusqu'à la mise des haches en question dans le fumier, tout en ajoutant dans la lessive de gros sel et de cendre, une bonne quantité de *noir animal*, faire bouillir le tout à gros bouillons pendant au moins une heure pour bien consommer ; que cela passe à l'état de bouillie épaisse.

Puis se procurer un panier bien serré en osier, au fond mettre un morceau de grosse toile de chanvre neuf, et porter ledit panier avec son chargement dans la fosse où s'écoulent les urines de l'étable, l'espace de six semaines ou deux mois. Après... laver les haches avec soin à l'eau claire, à diverses reprises... *Le tour est fait; il ne reste plus qu'à attendre le client.*

Cette dernière recette qui nous fait l'effet d'être le *nec plus ultra* dans l'art de la fabrication des *trompe-l'œil*, nous a été communiquée par un individu n'ayant que fort peu d'instruction. Il serait possible que l'addition du noir animal ait été conseillée par quelque fort en chimie, ou quelque fruit-sec d'une école normale d'instituteurs.

Si la pièce n'a subi qu'un encaustiquage, il suffit simplement de la laisser séjourner quelques heures dans un bain de benzine (*la plus puante est préférable*), puis laver avec une brosse et de l'eau de savon.

Si les faces ont subi des retouches ou sont nouvelles, les facettes de clivage vont de nouveau scintiller de toute part dans la masse, comme des écailles de mica.

Mais si cette hache a été traitée par les procédés indiqués dans la dernière recette, c'est autre chose. Ni la benzine, ni l'eau de savon ne sont susceptibles de raviver rien. Car il s'est produit sur la hache en question un mince enduit *d'uro-phosphate de chaux* (un mélange assez semblable à celui qui se forme dans la vessie, et que l'on nomme affection de la gravelle) ; cette couche sur la pièce est la conséquence de la combinaison de l'acide urique venant des étables avec le phosphate de chaux assimilable contenu dans le noir animal, réaction en plus très activée par la présence du gros sel (*chlorhydrate de soude*). Cet enduit, indifférent, comme nous venons de le remarquer, à la benzine, etc., est attaqué et dissous par l'acide azotique ou autres, comme le sont un grand nombre de phosphates.

L'amphibole et les fedspaths trikliniques (*albite*), éléments des roches dioritiques, étant inattaquables aux acides, il ne se trouve rien à craindre pour la hache, si les lamelles de clivage brillent de nouveau, c'est une face fraîchement taillée ; si elles restent ternes, c'est une face patinée par le temps. L'action des acides n'aura d'autres résultats que de la rendre encore plus terne.

Ce que nous venons de noter ne s'applique pas seulement aux roches dioritiques, mais à toutes celles qui sont cristallines ; par exemple, aux jadeïtes, aux chloromélanites, etc, etc. A propos des roches jadeïtiques et aux néphrites, jade oriental, nous avons, il y a des années, été les premiers à signaler leur présence ; comme à cette époque il était admis que la fibrolite, le jade oriental ou néphrite, n'existait pas sous la forme de la moindre parcelle en Europe, on a tout simplement annoncé que le ramasseur de cailloux qui avait parlé de l'existence de ces substances dans le Morbihan, au besoin aurait bien pu être de force à confondre un grenat avec un rubis, etc., etc. Mais depuis ce temps, des géologues et minéralogistes d'une haute autorité sont venus visiter et étudier les roches du golfe du Morbihan.

Pour ne citer que les écrits de quelques-uns, le professeur WHITMAN CROSS, du *Geological survey* des Etats-Unis, a fait le voyage spécial pour étudier les roches de Bretagne. Dans son mémoire intitulé : *Studien über Bretonische Gestein*, il écrit, page 10 : *In dem Stadtmuseum zu Vannes, befindet sich eine schöne Sammlung von Steinbelen und anderen Geräthschaften, von den alten Bewohern Armoricas herstammend, welche fast sämmtlich aus diesem Gestein von Roguedas verfertigt worden sind. Sie fuhren im muséum de Namen " Jadeïte, "* et ce dernier mot est souligné (Voir *Studien über Bretonische Gestein, mineral. pétrog. Mittheïl Bd. III, 1880, p. 369*).

Puis après, c'est l'éminent professeur Ch. BARROIS, chargé par le service de la carte géologique détaillée de France de relever la carte de l'arrondissement de Vannes, présentement publiée par le ministère de l'Instruction publique.

On lit dans un de ses Mémoires intitulé : les *Pyroxènites du Morbihan, dont il est facile de prendre connaissance...* (Voir les *Annales de la Société géologique du Nord,* t. XV, p. 69, séance du 28 décembre 1887).

Dans ce mémoire on lit, page 78 : « L'actinote épigénise le pyroxène, suivant le mode décrit par MM. Schumacher, Backa et Michel-Lévy, et il est facile de voir la marche progressive de cette transformation à la périphérie des cristaux de pyroxène. Souvent pourtant l'actinote existe seule, le pyroxène étant réduit à de très rares débris, ou manquant complètement ; certains bancs (*Ile d'Arz, Toulindac, Port-Blanc*) sont formés uniquement d'actinote en cristaux, enchevêtrés de plusieurs centimètres de longueur dont l'origine secondaire serait difficile à établir, si on ne l'avait suivie de proche en proche.

« Les roches ainsi formées d'actinote se séparent assez facilement en groupes fibreux, allongés, mais le plus souvent ils forment des tissus d'aiguilles incolores en faisceaux entremêlés, d'une tenacité extrême, constituant une roche massive, sur laquelle le marteau n'a pas prise.

« Il est impossible de distinguer ces roches, au microscope, des *néphrites* (1) *de Chine et de Sibérie,* décrites par MM. Fischer et Arznuni, et on peut attribuer à ces gisements du Morbihan les haches du musée de Vannes, etc., etc. »

Les notes que nous venons de transcrire viennent confirmer, sauf erreur de notre part, les opinions avancées par nous au congrès archéologique de France, session de Vannes, en 1882, savoir : *qu'il n'existe aucune raison plausible au sujet du transport de ces haches de l'Extrême-Orient en Armorique* (2).

F. Comte DE LIMUR.

(1) *Néphrite,* synonymié : *jade oriental.*
(2) Voir le *Bulletin du Congrès,* p. 88.

LE DIALECTE DE VANNES

Vis-à-vis des autres dialectes bretons

LES DIFFÉRENCES QUI L'EN SÉPARENT

LEUR ANCIENNETÉ, LEUR ORIGINE

———

Messieurs,

La question que je vais traiter devant vous demanderait des
mois, je serais tenté de dire, des années d'étude, et je n'y
apporte qu'une préparation de quelques heures ; elle exigerait
de longs développements pour être examinée sous toutes ses
faces, et je ne puis qu'en signaler rapidement les principaux
aspects. Néanmoins, sûr d'avance de l'indulgence de ceux qui
m'écoutent, et désireux de donner aux hommes éminents qui
dirigent l'Association Bretonne un témoignage de mes profondes sympathies pour leur œuvre et de mon respect pour
leur personne, je n'ai pas hésité à accepter l'invitation si
flatteuse qu'ils m'ont adressée de prendre part aux travaux
du Congrès.

On compte, en breton-armoricain, quatre dialectes principaux, dont les limites géographiques correspondent exactement, ou à peu près, à celles des anciens évêchés de Léon,
de Tréguier, de Cornouaille et de Vannes. Le léonard se sub-
divise habituellement en haut et bas-léonard ; le cornouaillais,
en haut et bas-cornouaillais ; le trégorrois, en langage de Tréguier et langage de Goello ; le vannetais, en haut et bas-van-

netais. Les termes de *haut* et *bas* ont à peu près le même sens que dans les expressions de *Haute* et *Basse-Bretagne*. C'est ainsi qu'on comprend sous le nom de bas-vannetais la portion la plus occidentale du vannetais, la zône comprise entre le cours de l'Ellé et celui du Scorff, en y rattachant une bande de terrain plus ou moins étendue, d'une largeur de une à deux lieues en moyenne sur la rive gauche de cette dernière rivière ; par haut-vannetais, on désigne la partie orientale de l'ancien évêché. Chacun de ces sous-dialectes pourrait se subdiviser à l'infini, si l'on voulait tenir compte de toutes les nuances linguistiques, mais on ne tarderait pas à arriver au même résultat qu'en français ; on constaterait que les différences dialectales se croisent en tous sens, que très peu de traits linguistiques appartiennent en réalité exclusivement à tel ou tel dialecte. C'est ainsi que le breton de Batz, qui est une variété de vannetais, se rattache à certains égards plus étroitement au langage de Groix et de Belle-Ile qu'à celui de Sarzeau ou de Houat et Hédic. Si on voulait faire de *ou* pour *o* fermé final (*zou*, est, pour *zo*) un trait caractéristique du haut-vannetais, on arriverait à en séparer le bas-vannetais qui conserve *o* fermé final, et à lui rattacher le dialecte de Goello qui offre le même phénomène. Néanmoins le dialecte de Vannes se présente à nous avec un ensemble de traits si particuliers, une physionomie si caractérisée et si distincte, qu'il forme un groupe linguistique à part, nettement séparé de tous les autres groupes bretons. C'est si vrai, que les Bretons des autres dialectes se comprennent ou arrivent facilement à se comprendre, tandis qu'il faut un temps assez long et des efforts soutenus à un Breton du Vannetais pour comprendre les autres Bretons ou se faire comprendre d'eux.

Quelles sont, en réalité, les différences qui séparent si profondément le vannetais des autres dialectes ? Sont-elles anciennes ? D'où proviennent-elles ?

A. **Différences.** — On en remarque dans le système des voyelles et celui des consonnes.

Les plus profondes sont dans le *vocalisme* et sont dûes surtout à l'*accent*.

L'accent est l'agent principal dans le changement et l'évolu-

tion des voyelles ; leur timbre, leur quantité en dépendent. Or,
actuellement, dans les dialectes de Léon, Cornouaille et Tré-
güiér, l'accent est, en général, plus marqué, plus intensif qu'en
vannetais, et *n'est pas à la même place* ; il est, le plus souvent,
sur la pénultième, tandis qu'en vannetais, surtout en haut-van-
nétais, il affectionne la dernière : d'où, dans chaque mot, du
vannetais aux autres dialectes, des différences de timbre et de
quantité, pour chaque voyelle correspondante, extrêmement
sensibles : haut-vannet., *gunér*, vendredi, léonard, *gwénèr ;*
haut-vannet., *offerén,* messe, bas-vannet. *ovren* ; léonard *offè-*
rén, corn., *offern ;* haut et bas-vannet., *cadöér*, chaise ; léonard,
cadör, haut-corn., *cáder ;* haut-vannet., *berdir, bredér*, bas-vann.,
brèdèr (avec deux *é* muets) ; léonard, *breudeür* ; corn. *breuder ;*
haut et bas-vann., *disedorn*, léonard, corn., trég., *disadorn*, etc.
C'est en cornouaillais que l'accent est le plus fort ; on remar-
quera que c'est dans ce dialecte que les voyelles atones, post-
toniques, sont surtout atteintes. En bas-vannetais, l'accent
est peu marqué, excepté dans les monosyllabes où la voyelle
n'était primitivement suivie que d'une consonne (*tâd*, père)
et dans les disyllabes avec *a* dans la première (*mâdow*, bien) ;
bon nombre de disyllabes y ont l'accent sur la première. Dans
les mots de plus de deux syllabes, comme en haut-vannetais,
l'accent est sur la dernière, mais la première syllabe a un demi
accent, une sorte d'accent d'élévation : *awal*, pomme, pluriel
awelow. Ces exemples suffisent à montrer que les voyelles
modifient leur son et leur quantité suivant qu'elles sont ou
non accentuées. Or, très souvent, ce sont les voyelles accentuées, et par conséquent allongées et sonores dans les autres
dialectes, qui sont atones, et par contre-coup plus ou moins
abrégées et assourdies dans le dialecte de Vannes. Si de
pareilles différences sont très sensibles dans un mot, comment n'affecteraient-elles pas très profondément le discours
tout entier ! C'est là, en réalité, la différence capitale qui
sépare le vannetais des autres groupes.

Les autres différences vocaliques ne sont pas communes à
tout le groupe vannetais. Le bas-vannetais ne présente pas
cette particularité du haut-vannetais de rendre plus *fermées*
les voyelles qui le sont déjà dans les autres dialectes : *é* fermé
final devient *i* ou un son très voisin de *i* en haut-vannetais,

mais non en bas-vannetais : haut-vannet., *Dui*, Dieu, pour *Doé*, bas-vannet. *Doué*, *Doùe* (avec *e* muet final.) En haut-vannet., *o* fermé final est poussé à *ou* : haut-vannet. *revou*, bas-vannet. *revo* ; le dialecte de Goello présente ce trait du haut-vannetais. *Eu* s'amincit aussi en *é* : *brér*, frère, bas-vannet., *breur*, *breu*.

Au point de vue du consonnantisme, suivant une opinion fort répandue en Basse-Bretagne, le vannetais répondrait à *s* ou *z* des autres dialectes par *h*, *c'h* ; c'est une grave erreur. Là où *s*, *z* représente un *s* vieux celtique ou latin, le vannetais, comme ses voisins, conserve *s* : cf. *les*, cour ; *inis*, île, *azen*, âne, etc... Le vannetais ne répond à *s*, *z* des autres dialectes par une aspirée ou mieux une spirante gutturale que dans un seul cas : c'est lorsque *s*, *z* représente une spirante dentale sourde, ancienne, et répond au son gallois actuel *th*, analogue au *th* dur anglais. Suivant une loi aujourd'hui bien connue, toutes les muettes sourdes (*p t c*) deux à deux ou précédées de *r*, *l* sont devenues en vieux breton, (vieux gallois, vieux cornique, vieil armoricain) au plus tard au VIIe-VIIIe siècle après J.-C., des aspirées ou spirantes sourdes ; *pp* devient *f*, *rp* devient *rf*, (*ceff*, = *cïppus* ; *corf* = *corpus*) ; *cc* devient *c'h*, *rc* devient *rc'h* (*sec'h* = *sïccus* ; *sac'h* = *săccus* ; *marc'h* = *marco-*) *tt* devient *th*, *rt* devient *rth* (viel-armor., *cath*, = *căttus* ; viel-arm., *coth*, arm. mod. *coz*, vannetais, *coh* = *cŏtto-s*); viel arm., *gwerth*, vente ; arm., *gwerz*, vannet., *guerh* = *vĕrta*. Le groupe *ct* donne en viel-arm., *-ith* ; gallois, *llaeth*, lait ; viel-arm., *laith*. ; arm. moderne, *leas*, *lés* ; vannet., *lèc'h*. Vieux-celtique, *ca✗to-s*, prisonnier, esclave, gall., *caeth* ; arm. mod., *keaz*, *kés*, malheureux ; vannet., *kèc'h* ; gall., *gwenith*, froment ; arm. mod., *gwiniz* ; vannet., *gwinic'h*, *gunec'h*. Un phénomène analogue à cette évolution de la spirante dentale sourde en spirante gutturale s'est produit dans la Cornouaille anglaise, avant la disparation du cornique. En cornique, devant *r*, *th* et *ch* s'étaient réduits à *h* ; d'où, entre les deux sons certaines confusions ; le groupe *rth* donnait *rh*, comme en vannetais : *abarh* pour *abarth*, *warbarh*, ensemble, pour *warbarth*. Comme en vannetais, *rc'h* s'était réduit en cornique en *rh*, et même en *rr*, ainsi que cela s'est fait dans certaines parties du vannetais : *marhas*, marché, pour *marc'hat* ;

marrak, chevalier, pour *marchak.* Une seule exception à la règle qui transforme *th* en *h,* *c'h* en vannetais, mérite d'être signalée ; en composition syntactique, c'est-à-dire dans le cas où deux mots étroitement unis par le sens arrivent à ne faire qu'un tout phonétique, lorsque le sens de chacun des deux composants ne se sent plus suffisamment, *th,* au lieu de devenir *c'h,* en vannetais, peut se transformer en *s* : vannetais, *biscoah,* jamais, anciennement *bith gweth,* cornique moyen, *byth gweth.* Le cornique, au témoignage du gallois *Lhwyd,* était arrivé aussi, au commencement du siècle dernier, à *bys kweth.* Il ne faut donc pas s'étonner de trouver parfois dans certains noms de lieux composés (*Goezvaria = goeth Varia*) vannetais, *s* pour un ancien *th.*

C'est là le seul trait consonnantique commun à tout le vannetais, par opposition aux autres dialectes. La chute d'un *z* final ou intervocalique répondant à une aspirée ou spirante dentale sonore ancienne, sortie d'un *d* vieux-celtique entre deux voyelles, lui est commune, avec le trégorrois, le cornouaillais et le *cornique* d'Angleterre au moment de sa disparition. Le léonard a transformé ce *z* que nous savons avoir été prononcé à peu près comme le *th* doux anglais et le *dd* gallois, en *z* français : viel-arm. *fid = fides*; armor. moyen, *fez,* léonard *feiz,* vannet., trég., corn., *fé*; gallois, *dydd,* jour, arm. moy., *dez,* léonard, *deiz,* vannet., trég., corn., *dé;* gallois, *carennydd,* léonard, *carantez;* vannet., trég., corn., *caranté.* Ce *z* s'écrivait en général *d* en vieil-armoricain : *nowid = nevez, Lis-nouwid* (charte de 826), *Treb-nowid* (865), *monid* (*menez*) dans *Win-monid* (IXᵉ siècle) ; *rud foss, rubea fossa* (IXᵉ siècle). Dès le XIIᵉ siècle, on commence à trouver *s* pour ce son : *Even rus,* Even le rouge (cartul. de Quimperlé) Cependant on trouve encore *d* au XIIIᵉ siècle : *Porthoed* (Porzay) en 1242, *Porzoued* (XIIIᵉ siècle), *Porzoez* (1267). En vannetais, le *z* pour *d* se trouve encore dans des cantiques imprimés en 1734 (*revezou*); dans des chartes de 1542, on remarque *manezio,* de 1567, *menez.*

En résumé, les deux grandes différences qui caractérisent le vannetais *tout entier* vis-à-vis des autres dialectes, sont :

1° *La place de l'accent* amenant dans l'économie du système vocalique des mots les mêmes modifications que dans les autres dialectes, mais dans une syllabe différente ;

2° La transformation de la spirante *dentale sourde* ancienne (*th* vieil armoricain), en spirante *gutturale sourde*.

B. — *Ces différences sont-elles anciennes ?*

On peut répondre sans hésiter : Non.

En ce qui concerne l'accent, quelles qu'aient été sa nature et sa place en vieux celtique à l'époque de l'unité celtique, dès les premiers siècles de notre ère, vers le iiie-ve siècle après J.-C., il avait une place uniforme dans les langues brittoniques : l'accent était plus ou moins marqué sur la pénultième. C'est ce qui explique la conservation en brittonique des brèves latines non accentuées ; si ces brèves atones n'avaient pas été protégées par l'accent, elles auraient le même sort qu'en français, elles auraient disparu : *Véneris (dies)*, français *vendredi*, gall. et arm., *gwener* ; *asĭnus*, franç., *asne*, *âne* ; breton, *azen* ; *opĕra*, franç., *œuvre*, gall. et arm., *ober* ; *Namnĕtes*, franç., *Nantes*, breton, *Naoned* ; *Vénĕti*, franç., *Vennes, Vannes* ; breton, *Gwened* ; *Rēdŏnes*, franç., *Rennes*, breton, *Roazon, Roeon* (anc., *Roedon*), etc.

Vers le vi^e-viie siècle, toutes les syllabes finales, les brèves d'abord, les longues ensuite étant tombées, la pénultième devient ultième, dernière. L'accent se trouve donc alors sur la dernière. Il est certain qu'il ne l'a pas abandonné brusquement. En vieux gallois, en gallois du xe siècle, on voit clairement par l'affaiblissement que subit la voyelle de la première syllabe dans des mots comme *cilcet* (prononcer *kelchèt* avec *e* muet français dans la première syllabe) = *cŭlcĭta*, que l'accent était encore sur la dernière même brève. Les dernières longues, à plus forte raison, le retenaient. Mais ce n'était pas sans lutte. L'accentuation sur la dernière était contrariée par le principe déjà ancien de l'accentuation sur la pénultième. La langue se trouvait en présence d'une question de principe et d'une question de fait. Le vannetais s'en est tenu au fait ; les autres dialectes ont été fidèles ou sont revenus au principe. L'évolution s'est accomplie plus ou moins vite, suivant les dialectes et les régions, plus vite, par exemple, en cornique qu'en gallois. Pour l'armoricain, elle s'est accomplie du xie au xve siècle. Le mot vieil armor. (ixe), *macoer* = *macēria* (ē long latin *accentué* donne *oe* en armoricain ; *coer, coar*, cire =

cēra, coeñ, coan, souper, = *cēna*, mais *mesur*, plus tard *muzur*, *muzul* = *mēsūra*, ē n'étant pas accentué), devient en 1228 (1) *moger* dans *Caer mogaer*, en 1480, *moguer* dans *Moguer an Principater* ; *Coroe* en 1228 est devenu *Coray* en 1368. Les terminaisons de vieil armoricain *ōn* = *āna*, *ōc* = *āco-s*, l'accent les abandonnant, s'abrègent peu à peu. *Funton*, fontaine (ixe s.), de *fōntāna*, se présente sous la forme *Ker-fenten* en 1379. Les noms en—*oc* restent figés sous la forme *eu* (c) dans la Bretagne gallo, dans des pays où le breton a disparu du xie au xiie siècle ; *Helleu* = *Haeloc* ; *Gueheneu* = *Gwethenoc*, *Cadeu* = *Catōc*; mais en Basse-Bretagne, abandonnés par l'accent, ils sont arrivés à *ec* (ŏc bref).

Le vannetais, gardant le plus souvent l'accent du xe siècle, a beaucoup moins souffert dans ses terminaisons : vannetais, *magoer, mangoer*, ailleurs *moger* ; vannetais, *cadoer*, léonard *cador*, chaise; haut-cornouaillais, *cader* (*cadr*); haut-vannet., *cadoin*, chaîne de la charrue ; gall., *cadwyn* = *cătēna* ; en haute-Corn., *caden* (*e* très sourd). Le pluriel des substantifs, aujourd'hui en -*ou* (*ou* français, en léonard, -*o* en trégorrois, *aou* en bas-vannetais, *èo* à Groix et Batz, *eu* (*èw* avec *u* consonne en haut-vannetais), était partout *ou* (*ow*) en vieil armoricain : *aou* = -*òv-es* en vieux celtique (Βασιλέϝες) ; il portait l'accent. Là où il a été abandonné par l'accent, il est devenu son simple (2), il n'est resté diphthongué qu'en vannetais. Cette différence capitale dans la place de l'accent ne remonte donc pas bien loin ; le mouvement de séparation entre le vannetais et les autres dialectes n'a guère commencé qu'au xie siècle, et la séparation n'a été complète qu'à l'époque moderne. Encore doit-on faire de nombreuses réserves en ce qui concerne l'accentuation du bas-vannetais. Dans ce sous-dialecte, l'accent, comme je l'ai dit plus haut, est assez souvent sur la pénultième dans les mots de deux syllabes ; mais, là même, il est généralement moins intensif qu'en cornouaillais. Le vannetais, en résumé, est resté plus fidèle que les autres dialectes à l'accentuation du vieil armoricain (ixe-xie siècles) ; les

(1) Pour les sources, v. J. Loth, *Chrestomathie bretonne*, Paris, Bouillon, 1890.

(2) En gallois, le pluriel *au* n'est diphthongué que dans la langue littéraire ; dans la langue populaire, c'est un son simple.

autres dialectes ont obéi au principe de l'accentuation sur la pénultième qui avait exercé son action dès les premiers siècles de notre ère.

Pour la spirante dentale sourde, elle s'écrivait généralement en vieil armoricain *th*. Cette orthographe a persisté pendant tout le cours du XIIe siècle : *Guenith* (cartul. de Quimperlé), *an. Porth* (cart. de Landévennec) ; *poeth,* cuit, dans *Caer Poeth* (cartul. de Landev.) dans *torth,* tourte de pain (cart. de Quimp.). En territoire vannetais, ce son *th*, depuis le XIIIe siècle jusqu'au XVIIe, s'est écrit, comme ailleurs, *s* ou *z* : *Neizbran,* aujourd'hui *Nevran,* en 1283 (*neiz,* nid) ; *Ker an treiz,* en 1573 (*treiz,* passage, aujourd'hui en vannetais, *trech*) ; *porz,* auj. *porh,* en vannetais dans *Porz Briendo,* auj. *Propriando,* en Plœren (XVIIe siècle) ; *Porz Piz* (1406), devenu *Por pic !* en Saint-Gonnery ; *poeth* se trouve même encore en 1461 dans *Garz pen-boeth.* auj. *Caspenboeh,* en Bignan. Le premier exemple de l'écriture *h* pour *th* ancien, date de 1572, et a été relevé par M. d'Arbois de Jubainville dans ses *Etudes grammaticales sur les langues celtiques.* La révolution, la transformation de la spirante dentale sourde en spirante gutturale sourde, de *th* en *c'h* était sans doute en ce moment accomplie, Mais dans l'écriture, elle ne se manifeste régulièrement qu'à la fin du XVIIe siècle. Le formulaire de prône en vannetais de 1693, écrit partout *h, ch* pour *th* ancien et *s, z = th* des autres dialectes. Dans beaucoup de noms de lieux, en territoire vannetais, on écrit encore ce son par *s* : *Cos-quer, Cozlen,* etc.

Le phénomène caractéristique qui distingue le consonnantisme du vannetais de celui des autres dialectes, est donc encore plus récent que la différence d'accentuation.

C. — *D'où proviennent ces différences ?*

On admet généralement aujourd'hui que dans une masse linguistique homogène de même origine, il n'y a réellement pas de dialectes : « il n'y a que des traits linguistiques qui entrent respectivement dans des combinaisons diverses, de telle sorte que le parler d'un endroit contiendra un certain nombre de traits qui lui seront communs, par exemple, avec le parler de chacun des quatre endroits les plus voisins, et un certain nombre de traits qui différeront du parler de chacun d'eux » (Gaston Paris, *Discours du 28 mai 1888*). Cette loi me paraît admettre quelques importantes exceptions. Tout d'abord, là où il y a une barrière naturelle bien accusée, les dialectes se séparent nettement. M. P. Passy, dans son remarquable ouvrage, *Etude sur les changements phonétiques* (Paris 1890), constate que les parlers de l'Ile-de-France et de la Picardie, qui ailleurs se mêlent et se confondent, sont, au contraire, très nettement séparés depuis les environs de Creil jusqu'au-delà de Verberie par le cours de l'Oise, à tel point, que les habitants des deux côtés de la rivière ont quelque peine à se comprendre. Il se peut encore que le mélange intime avec une population de race différente, d'une autre famille ou encore de même famille, mais séparée depuis de longues années ou appartenant à un groupe sensiblement différent, arrive sans changer radicalement la langue d'une masse linguistique parfaitement homogène, à y introduire des variations sensibles et à séparer par des différences sérieuses la partie du groupe qui a subi cette alliance de celle qui est restée pure. Enfin, parmi les causes qui peuvent contrarier la loi exposée plus haut, la plus puissante est l'émigration qui peut juxtaposer des éléments linguistiques fort disparates. C'est ainsi qu'on a retrouvé en pleine Gascogne un îlot saintongeois, celui de la Gavacherie. Je laisse de côté les influences politiques dont il y aurait aussi beaucoup à dire.

Entre le vannetais et ses voisins, il n'y a pas de barrière naturelle sérieuse : l'Ellé qui sépare le Vannetais de la Cornouaille à l'Ouest, se franchit presque d'un saut en nombre d'endroits. Le Blavet est un obstacle bien autrement respectable, et cependant sur ses deux rives, il y a une parfaite homogénéité linguistique. Y aurait-il chez les Bretons du vannetais un mélange plus intime ou dans des proportions plus considérables avec la population armoricaine indigène que chez les Bretons des autres tribus ? On a prétendu qu'il y aurait eu encore à l'époque de l'émigration des restes de gaulois en Armorique, que ce gaulois aurait fait sentir son influence plus fortement chez les Vannetais. C'est une théorie parfaitement invraisemblable, et on pourrait la soutenir avec beaucoup plus de raison du breton de Cornouaille et de Léon.

S'il y a un coin de l'Armorique où l'ancienne langue, au Ve siècle, a pu encore se soutenir, ce n'est pas sur les côtes ouvertes des Venètes, mais dans les montagnes et sur le littoral des lointains Osismes. De plus, il est sûr que la langue parlée dans toute l'Armorique à l'arrivée des Bretons était une langue romane ; sans parler du fait capital, que le breton armoricain offre la plus parfaite identité avec le breton insulaire dans sa structure la plus intime, à tel point que le cornique moyen était moins éloigné du breton armoricain que ne l'est actuellement le dialecte de Vannes du dialecte de Cornouailles, qu'on ne peut y signaler d'influence linguistique étrangère, sans faire entrer en ligne de compte cette considération qui suffirait à elle seule, qu'il n'y a eu de langue celtique parlée en Armorique depuis l'émigration que précisément dans les endroits où se sont établis les Bretons, le roman régnant partout ailleurs, le témoignage des noms de lieux sur cette grave question est décisif. Il est reconnu que les noms de lieux en -ac sont d'origine gallo-romaine. Ce sont des noms de *fundi*, de grandes propriétés, tirés du nom du fondateur ou possesseur ; *Victoriacum* (Vitré), indiquait un *fundus* appartenant à *Victorius* ; *Moreac*, une propriété appartenant à *Maurus*, etc. Or, ces noms qui se trouvent répandus par toute la Bretagne, présentent, à l'époque où ils ont été adoptés par les Bretons, les caractères spécifiques du roman, caractères totalement étrangers au celtique, notamment au brittonique (1). Parmi ces caractères, il me suffira de signaler :

L'assimilation de *ci* ✕ *voyelle,* de *ti* ✕ *voyelle : Messac = Mettiacus* (fundus); *Marsac = Marciacus* : en vieil-armoricain, on eût eu *Methioc, Marchioc ;*

Le changement de *ce, ci* en *s : Missiriac = Miceriacus M(iceriac* en 1130 : en vieil-arm. on eût eu *Migerioc ;*

Le changement de *gi, ge* en *dj, j : Germiniac...* (*Germanac* en 826-834), en roman = *Germaniacus ; fundus* de *Germanus.* En gallois, *Germanus* a donné *Garmawn ;* en vieil-arm. *Germaniacus* eût évolué en *Garmanioc.*

La conservation de *s* entre deux voyelles, tandis que *s* inter-

<hr>

(1) Sur cette question, v. J. Loth, *Les mots latins en brittonique* (p. 22 et suiv.), Paris, Bouillon, 1892.

vocalique, en brittonique, est tombé avant le milieu du
vᵉ siècle : *Izernac* en *Muzillac* = *Isarnacus;* en vieil-arm., on
eût eu *Iarnoc*, etc.

La population armoricaine parlant une langue romane, on
ne voit pas pourquoi le breton aurait été plus influencé chez
les Vénètes que chez les Curiosolites ou même les Osismes.

Restent les hasards de l'émigration. Il est assez difficile d'y
faire remonter les différences du vannetais, puisque ces différences ne se montrent que plusieurs siècles après. Tout au
plus peut-on se demander si, dans le groupe linguistique
des Bretons s'établissant chez les Vénètes, il n'y avait pas de
tendances particulières, et si ces Bretons ne contenaient pas
des éléments insulaires différents des autres tribus. Ce qu'il
y a de certain, c'est que les deux autres grandes aggloméra-
tions de Bretons insulaires portent des noms de tribus bien
connues en Grande-Bretagne, les *Domnonii* (en comprenant le
Léon), et les *Cornovii*, tandis que le groupe breton de Vannetais porte un nom de guerre, le nom d'un héros du vіᵉ siècle,
celui de *Bro-Weroc*, le pays de Weroc, plus tard *Browerec*,
Broerec. D'où venaient les Bretons du vannetais? En gros,
certainement du sud de l'île de Bretagne, mais nous ne savons
de quelle partie? Un seul nom de lieu, Bangor, rappelle le
pays de Galles, mais ce nom a pu être un souvenir monastique. Le nom existe en Irlande (1). Le vannetais ne présente
avec sûreté aucun trait linguistique qui puisse le rattacher
spécialement à tel ou tel dialecte brittonique de l'île. Les
ressemblances entre le haut-vannetais et le gallois sont
plus accidentelles que réelles. On serait tenté, à première
vue, de rapprocher le haut-vannetais *mi*, *ti*, etc., du gallois
my, *ty*, mais l'*i* n'est, en haut-vannetais, qu'une prononciation plus fermée de *é* fermé (Cf. *Dui*, Dieu). La terminaison en *eu* du pluriel semblerait devoir être identifiée avec la
terminaison *eu* du moyen gallois. Mais ce son est-il ancien en
vannetais? Evidemment non. Le mot *aotrou* du léonard, bas-
vannetais *otro* et *otrow*, était au xIIᵉ siècle *altraou* (la forme
se trouve avec orthographe *altro*); or *altraou* a évolué en gallois en *athraw* et non en *athreu*, ni *athrau*, tandis qu'elle est

____

(1) Je ne désespère pas cependant d'arriver dans cette voie à un résultat.

devenue en vannetais, *eutru,* pour un plus ancien *eutreu* (*ü* consonne); *eu* pluriel vannetais a donc aussi été précédé par *aou, ow,* tandis que le pluriel vieux-gallois *ou* se prononçait *oü,* à peu près *oi.* Les Bretons du Vannetais ont pu d'ailleurs contenir des éléments plus disparates que les autres groupes. C'était surtout une confédération militaire; on sait que c'est elle qui a joué le rôle capital dans les longues luttes qui ont amené la constitution définitive de la Bretagne sous *Nomenoe.* En somme, il n'est pas invraisemblable que les hasards de l'émigration aient groupé sur le territoire vannetais une agglomération linguistique un peu différente des autres, contenant des germes, des ferments de division qui ne se sont révélés que plus tard. Le bas-vannetais vient à l'appui de cette hypothèse. Au nord du territoire bas-vannetais, aux abords de Guéméné-sur-Scorff, cette zone n'est séparée du vannetais pur par aucune barrière naturelle. Les villages se touchent et dans certains villages les deux dialectes coexistent. Or, malgré cette juxtaposition séculaire, les différences dans le langage parlé sont nombreuses, très caractérisées, et un indigène bas-vannetais, même de Plélauff ou de Lescouet, de Locmalo, comprendra beaucoup mieux un habitant de Guidel ou d'Arzano, communes éloignées de 10 à 15 lieues, que son voisin immédiat de Guern ou de Cléguérec. Il est clair que la zone entre le Scorff et l'Ellé a été colonisée par une tribu ou une fraction de tribu qui est partie de la mer dans la direction du nord, et qu'elle s'est trouvée établie à côté d'une peuplade appartenant à une autre tribu et séparée d'elle par de sérieuses différences. Ces différences ont dû s'atténuer par le travail des siècles, mais elles existent encore.

Quoiqu'il en soit, Messieurs, vous voyez que le dialecte de Vannes ne mérite pas les dédains dont il a été l'objet. Il a notamment le grand mérite de nous renseigner sur certains problèmes linguistiques dont on demanderait vainement la solution aux autres dialectes armoricains; aussi son étude est-elle indispensable à quiconque veut suivre l'histoire de notre langue nationale.

J. Loth,
Doyen de la Faculté des Lettres de Rennes.

Arch.   4

CARNAC

DÉFAITE DE CHRAMNE

PAR

CLOTAIRE IER. — 560

Ce drame émouvant a été bien souvent raconté plus ou moins exactement. Grégoire de Tours (1) nous en donne, avec l'autorité d'un contemporain, un récit détaillé, dont les œuvres postérieures ne sont guère que de pâles imitations ou des abréviations plus ou moins développées.

Après avoir exposé les ennuis causés au roi de Soissons et d'Austrasie par son fils révolté, il nous dit comment celui-ci, se voyant privé de son principal soutien par la mort, en 558, de son oncle Childebert, roi de Paris, fut, avec sa femme Chalda, fille de Willichaire, duc d'Aquitaine, demander asile et secours au prince des Bretons du Bas-Vannetais. (Le Haut-vannetais, de Vannes à la Vilaine, était encore, à cette époque, au pouvoir des Francs).

A cette nouvelle, Clotaire « grinçant des dents (*frendens*), (je traduis le grand historien), s'élance avec son armée contre Chramne, en Bretagne. Mais celui-ci ne craignit pas de marcher contre son père. Les deux armées s'étant rencontrées sur le terrain (dans l'après-midi vraisemblablement), et

(1) *Historia Francorum*, lib. IV.

Chramne ayant le premier attaqué son père avec les Bretons, le jour, en tombant, interrompit le combat. »

« Le soir, le chef des Bretons, Conober (pris de scrupule), crut devoir dire à son allié : *Il ne me semble pas juste que tu tires l'épée contre l'auteur de tes jours. Laisse-moi cette nuit me jeter sur lui ; je lui ferai mordre la poussière avec tous ses guerriers ;* ce à quoi Chramne ne consentit pas, sans doute, par inspiration de Dieu (qui voulait sa perte). »

« Le lendemain, au lever du soleil, les deux camps prirent les armes. Le roi Clotaire va combattre son fils, comme autrefois David Absalon, la mort dans l'âme, répétant cette touchante prière : *Seigneur, jetez sur votre serviteur un regard du haut du ciel et soyez mon juge, car j'ai la douleur d'être cruellement offensé par mon fils. Voyez et, dans votre justice éternelle, rendez, en ma faveur, le jugement que vous prononçâtes jadis entre Absalon et son père David.* »

Au choc des deux armées, le comte breton fût mis le premier en déroute et resta sur le champ de bataille. Après une lutte désespérée, Chramne, à son tour, fut obligé de battre en retraite *vers des navires préparés pour le recevoir en cas de défaite* (1). Mais s'étant arrêté chevaleresquement pour essayer de reprendre à l'ennemi sa femme et ses filles, tombées en son pouvoir, écrasé par les forces paternelles, il fut pris et chargé de chaînes.

En l'apprenant, Clotaire ordonna de livrer aux flammes ses enfants rebelles. Chramne fut lié brutalement, étendu de son long sur un banc, à l'aide d'un mouchoir, dans la hutte d'un pauvre paysan (*tugurium*), à laquelle on mit le feu, où il périt avec sa femme et ses deux jeunes filles (2).

Ce tableau vivant n'a pas besoin de commentaires. Il porte

---

(1) Ce fait résulte clairement du texte de Grégoire de Tours et de celui du moine de Fleuri, Aimoin, écrivant à la fin du X⁰ siècle : « *Nam* (Clotarius), *superior bello factus, Britannos usque ad refugia navium quas, ad hos usus paraverant, ut, si adversa bellorum forent, eo se conferrent, persecutus, maximam eis stragem dedit.* Aymoni monachi. *De gestis Francorum*, lib. II, cap. 30 apud Duchesne, t. III, p. 43. Cité par la Borderie, *Biogr. bretonne* de Levot, tome I, p. 440.

(2) Grégoire de Tours, *Historia Francorum*, livre IV, chap. 20. D. Morice, Pr., t. I, 198.

dans sa précision son cachet d'authenticité. On dirait un récit recueilli par l'historien de la bouche même d'un témoin oculaire. - -

Marius, évêque d'Avenches, autre contemporain (1), affirme, qu'à la suite de cette bataille la contrée fut dévastée par les vainqueurs (2).

Aucun document ancien ne précise le lieu de cet événement majeur. Quelques modernes seuls ont prétendu le placer aux environs de Dol, où aurait existé un monastère nommé *Taurac*, supposé, sans preuve, détruit par les Francs après leur victoire. M. de la Borderie a depuis longtemps mis à néant cette hypothèse (3). Impossible d'admettre que les Francs, partis de Nantes et de Rennes, aient pu aller chercher Conober, prince de la partie de la cité des Venètes comprise entre l'Ellé et la rivière d'Auray, dans le pays de Dol, en pleine Domnonée, Etat absolument distinct du Vannetais.

La détermination de la situation, jusqu'ici ignorée, du monastère de Taurac voisin du champ de bataille, donnerait la solution du problème. Nous croyons pouvoir y arriver.

Le vie de saint Ethbin, transcrite au xi° siècle dans le manuscrit du *Cartulaire* de l'abbaye de Landévenec publié récemment par M. de la Borderie, pour la Société Archéologique du Finistère, nous apprend qu'après avoir reçu le diaconat, à Dol, des mains de saint Samson, ce personnage prit l'habit religieux dans un monastère nommé *Taurac*, gouverné par un certain saint Similien.

Celle que les nouveaux Bollandistes ont imprimée (4) sur

---

(1) Il souscrivit, en 588, les actes du concile convoqué par Gontran, roi de Bourgogne. — Moreri, — *Dict. historique*, Art. Avenches.

(2) *Anno 560, Chramnus, post sacramenta quæ patri dederat, ad Britannos petiit et moliens regnum patris invadere, adversus ipsum, cum Britannis movere ausus est multaque loca graviter deprædavit. Ad cujus insaniam reprimendam pater, cum exercitu, properavit et, interfecto comite Britannorum, Chramnum vivum cœpit incensumque, cum uxore et filiis, totius regionis incidit excidium.*

Marii Aventicensis episcopi, *Chronicon*, — apud D. Morice. Pr., t. I, 203.

(3) Voir *Biographie Bretonne* de Levot. — Vannes, Cauderan, 1852, tome I, page 443, Art. Conober.

(4) *Acta Sanctorum*, tome VIII, d'octobre, p. 474 et suiv.

des copies prises aux siècles derniers, par les anciens, sur les originaux des abbayes de Marchienne et d'Anchin, en Flandre, donnent la même leçon.

L'une et l'autre disent, presque dans les mêmes termes, que le jeune moine novice fut mis par son abbé sous la direction d'un de ses Pères, prêtre, appelé Guénolé, dont il allait chaque jour servir la messe à un oratoire situé à *un mille* du monastère. Ethbin quitta *Taurac* à la suite de sa dévastation par les Francs, mais Guénolé y mourut soit avant, soit après cet événement, et ses reliques y restèrent jusques à leur translation, lors des invasions normandes, probablement en 878, à Montreuil-sur-Mer, en Ponthieu, où elles ont été l'objet d'une vénération particulière jusqu'à leur destruction en 1793. On y conservait dans l'église abbatiale de Saint-Sauve, avec la plus grande partie de ses ossements, son aube de lin, sa chasuble, sa cloche à main, semblable à celles dont usaient les supérieurs des monastères primitifs bretons et gaëliques insulaires et continentaux. Il y était aussi représenté en sculpture, la crosse dans la main droite, la cloche dans la gauche et des poissons aux pieds (1), d'où on peut présumer qu'il fut abbé, sans doute, à Taurac (2), après Saint-Similien, dont il n'est plus parlé après la simple mention de son existence, lors de la prise d'habit de saint Ethbin.

Il paraît avoir dû sa renommée, très grande dans le nord de la France et des Pays-Bas, à la vulgarisation, par la reproduction des actes primitifs apportés avec ses reliques à Montreuil, d'un miracle insigne dont il fut favorisé, en récompense d'un acte de charité héroïque que tous les documents connus racontent de la manière suivante :

Un jour que Guénolé revenait au monastère, accompagné de son élève bien-aimé, après avoir dit sa messe habituelle dans son oratoire, par l'ordre de son abbé, à l'intention des morts et

(1) Bollandistes, tomes VIII d'octobre, *loco citato*.

(2) A moins qu'on ne préfère attribuer tous ces précieux monuments à saint Gwénolé, abbé de Laudévenec, un des plus illustres instituteurs du monachisme breton. Depuis la communication de notre mémoire au dernier Congrès Breton, une étude plus approfondie des documents nous oblige à l'admettre. Le sort des reliques de son homonyme, prêtre, nous reste alors inconnu.

des vivants, il rencontra couché sur la terre, en proie à d'horribles souffrances, un pauvre lépreux le suppliant de le débarrasser de la pourriture obstruant ses fosses nasales, au point de l'étouffer. Son diacre Ethbin ayant levé debout, à bras le corps, le malade incapable de se mouvoir, il essaya à l'aide des doigts de lui rendre le service demandé. Mais l'opération occasionnant au patient des douleurs intolérables et lui faisant pousser des cris déchirants, le saint homme, à sa supplication, n'hésita pas à le soulager, en aspirant doucement de ses lèvres ces ulcérations dégoûtantes.

Elles se changèrent dans sa bouche, dit la légende, en une pierre précieuse, et les deux compagnons émerveillés virent briller en même temps sur la tête du lépreux une croix, leur montrant qu'Ethbin avait l'inapréciable faveur de tenir embrassé le seigneur Jésus en personne qui leur dit : « Vous n'avez pas eu honte, mes bons serviteurs, de me secourir dans mes douleurs, je ne manquerai pas non plus, moi, de vous reconnaître au ciel. Votre héritage est avec moi, et tous ceux qui s'adresseront à vous, dans leurs prières, obtiendront une part de mon royaume éternel, » et disparut, accompagné du concert des anges, dans le ciel entr'ouvert à leurs yeux ravis.

On ne sait pas autre chose des actions de ce saint Guénolé, sinon qu'il mourut au monastère de *Taurac*. Or, au village de Coëtatous (*Coët-ar-Touz*, le bois des herbes à foin), dont le nom atteste l'existence d'un de ces massifs forestiers, où les anciens moines aimaient tant à se retirer, dans la commune de Carnac, dont *Taurac* a pu très facilement dériver par une simple erreur de plume des copistes des manuscrits primitifs des actes de saint Ethbin, que nous n'avons plus (1), se trouve une chapelle sous le vocable d'un saint Guénolé, possédant

---

(1) Le nombre des jambages est égal dans les deux mots, — trois des six lettres sont les mêmes (a, a, c), et il a suffi, pour faire la transformation, de mal lire ou mal écrire les trois autres, chose aisée surtout dans les caractères des xie et xiie siècles. — Trithème, abbé de Spanhein, en l'évêché de Trèves, mort à Wurtzbourg en 1518, qui devait bien connaître les anciens manuscrits, assez nombreux, suivant les Bollandistes, conservés de son temps dans les monastères de la Belgique et du nord de la France, l'écrit *Caurac*, version encore plus rapprochée de *Carnac*, qualifiant saint Similien *abbas Cauracensis*. — Trithemius. — *De viris illustribus ordinis S. Bernadieti*, lib. 3.

en 1857, lors de notre dernière visite, un sarcophage en granit, semblable à ceux connus de tous les saints de notre pays des vi⁰ et vii⁰ siècle.

A huit cents mètres environ (juste les mille pas des actes de saint Ethbin cités plus haut), est un village nommé le Moustoir (*Mouster*, *monasterium*, nom caractéristique, en Bretagne, des établissements monastiques antérieurs aux invasions normandes et à·la rénovation sociale du xi⁰ siècle). Sur le sentier reliant les deux localités, une rangée de gros blocs de pierre, destinée à faciliter aux piétons, lors des crues d'eau, le franchissement d'un ruisseau tombant dans l'étang dit de Gouyanzeur, porte le nom de *Pont-er-Manac'h* (Pont-du-Moine).

Nous avons, à la même époque, recueilli sur les lieux la tradition immémoriale de l'existence d'un établissement religieux attribué, à la vérité, aux *moines rouges*, comme dans la plupart des endroits du pays où se montrent des vestiges de constructions caractérisées par des débris de tuiles romaines.

Nous connaissions l'existence de ces vestiges, dont M. James Miln, dans le beau volume où il a consigné ses précieuses fouilles et observations dans la commune, a indiqué la position, tout près du village. On peut, sans invraisemblance, y voir les restes du monastère auquel le lieu doit sa dénomination, l'étude des monuments ayant démontré la persistance chez nous des procédés de construction gallo-romaine jusqu'au x⁰ siècle inclusivement (1).

Il faudrait un scepticisme dépassant les bornes d'une saine logique pour ne pas reconnaître ici la parfaite concordance des circonstances locales avec les documents écrits.

Le Moustoir de Carnac est bien l'emplacement du monastère sanctifié au vi⁰ siècle par la résidence des trois saints, Similien, Ethbin et Gwénolé. Le tombeau de ce dernier toujours vénéré, après plus de douze siècles, par les descendants de ses compa-

---

(1) On peut également, sans aucun préjudice pour notre argumentation, le mettre sur l'emplacement de la chapelle actuelle du village, dédiée à Saint-Tual ou Tugdual, un des instituteurs du monachisme breton, dont le culte a toujours été des plus répandus dans tous nos diocèses, excepté peut-être dans celui de Nantes, le dernier occupé par nos pères.

triotes, en serait à lui seul une preuve suffisante. Quant à la fameuse bataille de 560, entre Chramne et Conober d'une part, et le roi Clhotaire, de l'autre, on ne saurait non plus trouver un site répondant mieux aux exigences de la plus sévère critique.

Le territoire de Carnac couvert, du côté de la ville de Vannes, encore, à cette époque, au pouvoir des Gallo-Francs, par la double défense stratégique des rivières d'Auray et de Crac'h, était certainement le point stratégique le mieux disposé pour l'établissement du poste militaire principal du *Tygern* des clans carnubiens orientaux (1) du vi⁰ siècle, venus avec leur nom insulaire du nord de la Grande-Bretagne, comme leur illustre et savant compatriote saint Gildas de Rhuys.

Une vaste plaine de landes, à l'ouest du Moustoir, offrait les meilleures conditions pour le déploiement des deux armées, à deux kilomètres seulement de l'excellent mouillage de Kerisper, dans la rivière de Crac'h, d'où les navires, préparés en cas de défaite par Conober, et Chramne, toujours à flot, pouvaient sortir à toute heure de la marée et les transporter, avec leurs trésors, en sûreté dans les îles de la baie de Quiberon, *Belz-Enes* (l'île du Pou-Belz, pagus dont elle dépendait), aujourd'hui Belle-Ile, Houat, Hædic et Quiberon même (*Québeroen*), alors insulaire.

Sur ce point, les textes s'accordent encore très bien avec la topographie. Nous croyons donc être en droit d'affirmer que ce fut près du Moustoir de Carnac, dont on a fait à tort un *monasterium Tauracense* introuvable, que périt le prince

---

(1) Ils durent être ainsi désignés jusques à la prise de possession du Haut-Vannetais par leur vaillant prince Waroc ou Gwerec II, fils de Macliau, et, par conséquent neveu et successeur de Conober, lequel constitua le tygernat ou comté de Vannes méridional, appelé de son nom Broérec (Brogwerec, pays de Gwerec, tandis que le nord de l'ancienne cité romaine de *Pou-Tro-Coët* (*Pagus Transyloam*), restait en dehors de ses possessions, ayant peut-être fait la part de conquête du prince Widimaël, son allié fidèle dans ses nombreuses expéditions contre les Francs. La qualification de *rex occiduorum Cornubiensium* donnée au roi Gradlan-Meur, dans une vie manuscrite de saint Gwénolé de Landévénec, de la Bibliothèque cottonienne de Londres, attribuée par Usser à un *ancien* auteur armoricain et citée par les Bollandistes (tome I⁰ʳ de mars, p. 245) autorise suffisamment cette opinion.

Chramne, vaincu par son père Clotaire, à la suite d'une bataille, dont le véritable nom est celui de *bataille de Carnac*.

Nous n'ignorons pas que plusieurs commentateurs respectables ont placé la dévastation qui força saint Ethbin à s'expatrier à la suite d'une bataille, de 578 à 590, pendant la lutte de Waroc II pour la conquête du Haut Vannetais sur Chilpéric et Frédegonde. Mais les documents contemporains, plaçant ces combats près de la Vilaine et de l'Oust, dans le territoire envahi, que le prince breton réussit à conserver, au moins à titre de bénéfice tributaire, cette opinion nous paraît au moins inadmissible.

Elle n'infirmerait d'ailleurs en rien nos conclusions, deux batailles pouvant très bien avoir été livrées au même endroit, à des époques différentes.

C. DE KERANFLEC'H-KERNEZNE.

LE

BIENHEUREUX RUAUD

Si je reviens aujourd'hui sur les titres que possède le bienheureux Ruaud à notre vénération, ce n'est nullement avec le dessein de préjuger cette importante question, ni d'empiéter sur les droits souverains de l'Eglise en la matière. Je fais uniquement œuvre d'historien, je poursuis à l'aide de textes et de faits la démonstration d'une thèse. Cette thèse, je l'ai déjà soutenue, il y a deux ans passés, dans la *Revue de l'Ouest* ; mais, comme de nouveaux arguments sont venus plaider en sa faveur, mon devoir rigoureux est de la reproduire au grand jour.

Pour prévenir une objection possible, déclarons tout d'abord qu'il n'existe à son appui aucune décision pontificale ; mais, si l'on a égard à ces temps lointains, une preuve de ce genre, Dieu merci, n'est pas absolument requise. Ce qui peut en tenir lieu, c'est un ensemble suffisant de témoignages historiques. Dès lors en effet que de graves écrivains s'accordent pour célébrer le mérite d'un serviteur de Dieu ou pour introduire son nom dans les calendriers ecclésiastiques, on ne saurait refuser à de pareilles attestations une autorité équivalente. Or telle est la situation du fondateur de Lanvaux. Parmi les auteurs qui en ont parlé, les uns proclament hautement sa sainteté ; les autres, dans les calendriers, les ménologes ou les martyrologes qu'ils ont composés, lui assignent le rang de bienheureux. La divergence existe seulement sur le jour de sa mort ; on la fixe à trois époques différentes : le 23 mars, le 26 juin et le 22 octobre 1177.

Prenons d'abord le 23 mars.

Le martyrologe de France, publié par André du Saussay
sur l'ordre de Louis XIII, s'en occupe dans les termes qui suivent : « *Obiit beatæ memoriæ Rotaldus, ex monacho episcopus
venetensis, cui religiosa vita quam in episcopatu intentiori studio coluit, resque eo in munere divinâ gratiâ confectæ, magnam
sanctitatis existimationem et vivo et defuncto pepererunt.* ».
« Le 23 mars, mourut Ruaud, de bienheureuse mémoire, de
moine qu'il était, devenu évêque de Vannes, à qui une vie
pleine de piété et de zèle qu'il mena sur le siège épiscopal, et
des œuvres merveilleuses accomplies avec la grâce divine,
valurent de son vivant et après sa mort une grande réputation
de sainteté. »

On ne saurait mieux dire d'aucun saint. André du Saussay
ne faisait d'ailleurs que suivre l'exemple des écrivains de
Cîteaux. Le calendrier de l'ordre, imprimé en 1617, s'exprime
ainsi : « *apud armoricos Beati Ruandi qui, ex monacho cisterci-
siensi factus episcopus venetensis, incredibili sanctitatis fulgore
radiavit.* » — « Chez les armoricains, mémoire du bienheureux
Ruaud, qui, de moine de Cîteaux devenu évêque de Vannes,
brilla d'une splendeur incroyable de sainteté. » Le ménologe
de l'ordre développe en quelques mots ce magnifique éloge :
« *In galliá, beatus Ruandus venetensis episcopus, ex sacro
ordine cisterciensi assumptus, qui, pietatem quam in solitudini-
bus Cistertii didicerat, usque ad finem vitæ sanctissime colens,
incredibili sanctitatis fulgore radiatur.* » — « En France, le
bienheureux Ruaud, évêque de Vannes, de l'ordre de Cîteaux,
qui, pratiquant jusqu'à la fin de sa vie la piété qu'il avait puisée
dans la solitude de Cîteaux, brilla d'une incroyable splendeur
de sainteté. » Les annotations du même jour ajoutent qu'après
avoir donné en qualité d'abbé l'exemple à ses religieux pendant cinq ans avec toute l'édification possible, il fut malgré
lui enlevé et pour ainsi dire arraché de son monastère nouveau, pour être mis et placé sur le siège épiscopal de Vannes.

L'auteur du ménologe, Henriquez, reproduit le même texte
dans son fascicule des saints de l'Ordre, et l'accompagne de
ces paroles :

« *De ejus actibus qui quidem præclarissimi fuerunt, quando
quidem eorum meritis talem puritatis fâmam obtinuerit, nihil
hactenus reperi : sufficiat nobis illum ab omnibus ordinis nostri*

historiographis inter familiæ beatos numerari.» — « Ses actes en
vérité ont été particulièrement célèbres, puisque leur importance lui a valu une pareille réputation de sainteté ; mais je
n'en ai rien trouvé jusqu'ici. Qu'il nous suffise de savoir que
tous les historiens de l'ordre le mettent au rang des bienheureux de la famille. »

Avant Henriquez, Ange Manrique s'est exprimé dans le
même sens. Il constate lui aussi que les actes du fondateur de
Lanvaux lui sont inconnnus « *acta viri Ruandi esse ignota* »,
mais il n'en reconnaît pas moins qu'il est considéré comme
saint par tous les écrivains de Citeaux; « *Virum sanctis cister-
ciensibus annumerant quotquot de eis scripserunt.* » Aussi
n'a-t-il pas hésité, dit Henriquez, à l'inscrire dans sa « *laurea
evangelica,* » parmi les saints qui ont illustré l'ordre par
leurs admirables vertus, « *inter sanctorum qui admirandis
virtutibus nostram illustraverunt familiam, nomina, ejus etiam
incripsit et mentionem facit.* »

Ce serait le moment d'ajouter à cette citation toutes les
mentions que font du bienheureux Ruaud les autres écrivains
de l'ordre, mais il faut se borner et nommons seulement Ruxa,
qui, dans son ouvrage intitulé : *Episcopi sancti et beati,* les
saints et bienheureux évêques de Citeaux, célèbre l'éclat de
ses vertus, « *cum sanctitatis nomine claruisse testatur.* »

J'ignore, à vrai dire, si tous ces écrivains ont précisé la date
qui nous occupe. Je les invoque cependant en ce lieu, parce
qu'Henriquez, qui a choisi le 23 mars, s'est servi de leurs
différents témoignages pour glorifier le fondateur de Lanvaux.

Pour le même jour, il reste à mentionner Bucelin, auteur
du ménologe bénédictin (Augsbourg 1656). Mais il est superflu
de donner son texte, car écrivant après Henriquez, il a copié
le ménologe de Citeaux, sauf quelques variantes insignifiantes.

Collin de Plancy, conformément au nécrologe de Lanvaux
et à la chronique de Nantes, a placé sa mort au 26 juin et lui
donne également le titre de bienheureux. Il l'appelle un prélat
d'une grande sainteté et d'une régularité exemplaires. Ce
sont d'ailleurs les termes de l'épitaphe posée sur sa tombe en
1740, lorsqu'on refit le parquet de l'église :

HIC JACET
BEATUS IN CHRISTO PATER
DOMNUS ROTALDUS, VIR SUMMÆ SANCTITATIS
ET RIGIDÆ JUSTITIÆ,
HUJUS CŒNOBII PRIMUS ABBAS ET RECTOR
EPISCOPUS TUM VENETENSIS
QUI POST MULTA VIRTUTUM MONUMENTA
LAUDABILITER EDITA
ANNO DOMINI 1177, DIE VERO 26 JUNII
OBDORMIVIT IN DOMINO
ET IN HAC QUAM CONDIDERAT ECCLESIA
SEPELIRI VOLUIT

« Ci-gît le bienheureux père en Dieu, le seigneur Ruaud, homme d'une grande sainteté et d'une sévère justice, premier abbé de ce monastère et évêque de Vannes, qui, après avoir laissé des preuves éclatantes de ses vertus, s'endormit dans le Seigneur, le 26 juin 1177, et voulut être inhumé dans cette église, qu'il avait bâtie. »

Cette épitaphe remplaça une inscription primitive, écrite en caractères gothiques « sur la tombe élevée de terre. » La voici :

HAC SUNT IN FOSSA ROZANDI PRŒSULIS OSSA
DUM VIXIT GENTIS CURAM VENETENSIS HABENTIS
FRATRIBUS IN PARTE VIXIT, HIC ILLIUS ARTE
QUANDO CHRISTUM LAUDAT, CŒLICA CONCIO LAUDAT

« Dans ce caveau sont les ossements de Ruaud, de son vivant, évêque de Vannes. Il vécut en partie pour ses frères ; ici, grâce à lui, quand on loue le Christ, c'est le ciel lui-même qui chante ses louanges. »

N'oublions pas Garaby, auteur d'une *Vie des Saints et Bien-heureux de Bretagne* (Saint-Brieuc 1839) qui le désigne encore en ce jour sous le nom de bienheureux.

Passons au 22 octobre.

Les grands Bollandistes ont adopté cette date, mais sans manifester d'opinion particulière ; ils se contentent de rapporter celle d'autrui. Les Petits-Bollandistes sont moins réservés : au martyrologe de France, ils lui décernent le titre de bienheureux. Il en est ainsi de Castellan, d'Arnould Wion, dans son ouvrage *Lignum vitæ ;* d'Hugues Ménard, dans son *martyrologe bénédictin.*

Ce dernier place au même jour sa sépulture : « *in Britannia minori depositio Beati Ruandi episcopi venetensis ordinis cisterciensis* ; dans la Petite-Bretagne, inhumation du bienheureux Ruand, évêque de Vannes, de l'ordre de Cîteaux. » Ce détail pourrait bien simplifier la difficulté. Un certain intervalle en effet a dû s'écouler entre le jour du décès et celui de l'inhumation. On peut le croire d'autant plus aisément qu'au dire de dom Morice, une grande dispute s'éleva entre les moines de Lanvaux et le chapitre de Vannes pour savoir à qui appartiendrait le corps du saint évêque. En ce cas, pourquoi ne penserait-on pas qu'il est mort le 26 juin et inhumé le 22 octobre ?

Dans ses observations du même jour, le martyrologe bénédictin ajoute un nouveau renseignement à ceux que nous connaissons déjà : « *Beatus Ruandus fuit monachus cisterciencis et episcopus venetensis in Britanniâ minori. Obiit anno 1177, ut ait Robertus de Monte ad hunc annum ;* le bienheureux Ruaud fut moine de Cîteaux et évêque de Vannes, il mourut en 1177, suivant Robert du Mont. »

Ce Robert du Mont, autrement dit, Robert de Chavigny, abbé du Mont Saint-Michel, aurait pu trancher la question. Il était effectivement contemporain de notre saint évêque, et son témoignage remonte à 1184, année où il dédia sa chronique au roi d'Angleterre, Henri II. Malheureusement il se borne à mentionner l'année de sa mort : « *Anno 1177, obiit Ruandus episcopus, vir religiosus, monachus cisterciensis ;* en 1177, mourut l'évêque Ruaud, homme religieux, moine de Cîteaux. »

Si notre curiosité n'est pas satisfaite en ce qui concerne le jour de sa mort, elle l'est suffisamment en ce qui touche à son mérite. L'éloge est bref assurément, comme il convient à un chroniqueur, mais significatif : *vir religiosus*. L'abbé du Mont omet le terme bienheureux, parce que probablement, à l'époque où il écrivait, le fondateur de Lanvaux n'avait pas encore reçu cette qualification.

Je ne sais trop vers quelle date penche l'auteur du *Gallia christiana primæva*. (Paris 1626). Ce qui est certain, c'est qu'il lui donne le même titre honorifique. Il est vrai que MM. de Sainte-Marthe l'ont rayé de la seconde France chrétienne ; mais, dans un tel concert, cette note discordante ne tire pas à conséquence, et le sentiment personnel de ces messieurs ne saurait prévaloir contre la tradition générale qui met ce grand évêque au rang des bienheureux. C'est fondé sur cette tradition que, dans son *Histoire de l'Eglise gallicane*, le jésuite Longueval lui a décerné ce magnifique hommage : « Deux autres évêques du même pays avaient jeté un grand éclat de vertu dans la province... Le second (1) appelé Ruand ou Ruaud, a été vingt ans évêque de Vannes, et quoique peu célèbre pour le détail de ses actions, il a égalé quant à l'essentiel les plus belles vies, remportant avec lui, lorsqu'il mourut en 1177, la vénération de ses diocésains et la réputation d'un saint. »

De tels éloges font vivement regretter la disparition des actes de notre saint. On s'en consolera moins encore après la lecture du document suivant, composé en actions de grâces par un religieux de l'*ordre des Prêcheurs*. « Languissant et à l'article de la mort, disent les archives de l'abbaye (2), il recouvra la santé par l'invocation réitérée du bienheureux Ruaud et, en conséquence, à titre de reconnaissance, lui dédia cette inscription. »

Nous la donnons dans son entier, malgré sa longueur, avec la traduction française en regard :

(1) L'autre évêque était saint Jean de la Grille.
(2) N. 29. — Arch. départ.

D. O. M.

———

Hic stes viator,
Et eris admirator,
Nam hic jacet vir mirandus
Et mirandorum patrator
Pater scilicet Ruandus.

In vita meritò laudatus,
Et in morte et post mortem magis magisque
Terque quaterque canendus
Et laudandus.

Is fuit, dum vixit, sævi decus ordinis
Cisterciensis, ut simplex monachus
Religiosissimus ;

Deinde hujusce domus caput augustum ut abbas
Sanctissimus ;

Tandem ecclesiæ lucerna venetensis ut episcopus
Et pastor vigilantissimus.

A sæculis mortuus licet vivit in hocce
Humili tumulo
Quia semper humilis vixit
Mortuus in sæculo.

Hic quondam fuit vox clamantis in deserto,
Thesaurus absconditus in agro,
Lucerna sub modio,

Sed cum non possit civitas abscondi
Super montem posita
Fit invitus invitantibus meritis hujus domus
Proto archimandrita

Ad quam dignitatem sublimatus
Pietate Alani baronis de Lanvaux,

A DIEU TRÈS-BON TRÈS-GRAND

———

Arrête ici, passant, et tu seras dans l'admiration, car ici repose un homme admirable et auteur de choses merveilleuses : je veux dire le père Ruaud.

En sa vie, il a reçu de justes éloges, mais en sa mort et après sa mort, on doit de plus en plus le chanter et le célébrer.

Pendant qu'il a vécu, il a été l'ornement du grand ordre de Cîteaux comme moine d'une remarquable régularité ;

Puis, le chef vénéré de cette maison, comme abbé d'une ferveur extrême ;

Enfin le flambeau de l'église de Vannes, comme évêque et pasteur plein de vigilance.

Bien que mort depuis des siècles, il vit dans ce modeste tombeau, parce que, mort dans le siècle, il a toujours vécu dans l'humilité.

En ce lieu, jadis, il fut une voix de celui qui crie dans le désert, un trésor caché dans le champ, une lumière sous le boisseau.

Mais comme la cité bâtie sur la montagne ne saurait se dérober aux regards, il devient contre son gré, par l'influence de ses vertus, le premier abbé de cette maison ;

Elevé à cette dignité par la piété du baron Alain de Lanvaux qui fonda le monastère en 1138.

Arch.   5

Qui se fundatorem prœbuit
Anno 1138.

Suum pusillum gregem pene
Creavit et recreavit
Confirmavit et confortavit
Conservavit et salvavit
Fecit et refecit
Formavit et reformavit.

Pavit ut pater
Lactavit ut mater
Suffulsit ut frater
Instruxit, rexit et direxit ut abbas et magister

Sermone potens
Opere potentior
Intercessione potentissimus.

Nolens episcopari, voce populi, ergo Dei
Electus et prælectus est episcopus

Factus prælatus, non in superbiam elatus
Sed eò humilior quò excelsior
Rapitur ad præsulatum
Tanquam ad cruciatum.

Illi nam honor — horror
Labor — amor
Otium — negotium
Jejunium — convivium
Convivium — martyrium
Martyrium — desiderium
Pontificium et pontificale palatium — supplicium

Nam semper amarâ angebatur sollicitudine
Dum charâ privatur solitudine.

Solitarius....
Et tamen nunquam minus solus
.... Quam cum solus

Dum silebat, orabat,
Sine colloquio in terris
Ejus conversatio erat in cœlis

Son petit troupeau, il l'a pour ainsi dire créé et recréé ; il l'a confirmé et fortifié, conservé et sauvé, fait et refait, formé et reformé.

Il l'a nourri comme père, allaité comme mère, soutenu comme frère, l'a élevé, gouverné et dirigé comme abbé et docteur.

Puissant par sa parole, plus puissant par ses œuvres, excessivement puissant par son intercession.

Il ne veut pas de l'épiscopat ; mais la voix du peuple, c'est-à-dire de Dieu, l'a élu et choisi d'avance.

Pour devenir prélat, il ne s'enfle pas d'orgueil ; mais d'autant plus humble qu'il est plus haut, on le traîne à la prélature comme au calvaire.

Car pour lui l'honneur est une horreur ; le travail, un objet d'amour ; le délassement, une occupation ; le jeûne, un festin ; le festin, un martyre ; le martyre, un attrait ; le pouvoir et le palais des pontifes, un supplice.

Les amertumes et les soucis, en effet, ne cessaient de le tourmenter, loin de sa chère solitude.

Solitaire.... Et pourtant il n'était jamais moins solitaire que lorsqu'il était seul.

Tandis qu'il se taisait, il priait ; sans entretien sur la terre, sa conversation était au ciel ; et son silence était une louange continuelle de Dieu.

Ejusque silentium
Erat Dei œcomium.

Nam nullus erat ei sermo
Nisi
Vel in Deo,
Vel cum Deo,
Vel pro Deo,
Vel de Deo.

Ubique et nullibi
Præsens licet absens
Omnibus omnia
Omnibus debitor
Omnes illi erant debitores

Sæpe suspirabat
Sed quot pectoris suspiria
Tot erant ad Deum mentis desideria,
Quot cordis pulsus
Tot amoris impulsus
Quot super solium passus
Tot ad cœlum gressus.

Vere pastor bonus
Cui honor onus
Ovium et omnium pater et patronus
Oculus cæco
Pes claudo
Manus egeno
Totus pes in percurrendo et visitando
Totus oculus in prævidendo et providendo
Totus manus in procurando et sublevando.
Nam ubicumque præfuit, profuit et nulli
Unquam obfuit, aut defuit, sed adfuit

Vir — virgo
Cœlebs — cœlestis
Cui cella — cœlum
Et mundus et corpus — carcer et exilium

Mitis ut agnus
Intrepidus ut leo

Car il n'avait d'autres discours qu'en Dieu, avec Dieu, pour Dieu, ou de Dieu.

Il était partout et nulle part, présent bien qu'absent, tout à tous, il se faisait le débiteur de tous, comme tous étaient ses débiteurs.

Ses soupirs étaient fréquents, mais les soupirs de sa poitrine étaient autant d'attractions de son esprit vers Dieu ; les battements de son cœur, autant d'impulsions de son amour ; ses pas sur la terre, autant de degrés vers le ciel.

Vraiment bon pasteur qui avait les honneurs à charge, et se montrait le père et le protecteur de tous : un guide pour l'aveugle, un soutien pour le boiteux, une assistance pour le nécessiteux, tout pied pour courir auprès des malheureux et les visiter, tout œil pour prévoir leurs besoins et y pourvoir, tout main pour leur procurer des soins et des soulagements ; car partout où il se trouvait, il se rendait secourable ; il n'a jamais nui ou fait défaut à personne, mais il est venu en aide à tous.

C'était un homme vierge, d'une chasteté angélique, pour qui sa cellule était le ciel, le monde un exil, et son corps une prison.

Doux comme l'agneau, intrépide comme le lion, il est la

Fit scœlestis — fulmen
Cœcis — lumen
Afflictis — solamen.... Amen.

Diversâ gaudens virtute
Hic fuit....
Humilis et sublimus
Pauper et dives,
Magnus et parvus,
Humilis virtute,
Sublimis dignitate,
Pauper — mammonâ,
Dives — vitâ purâ,
Pauper in sœculo.
In paupertate ditior rege in solio ;

Parvus in sui opinione
Magnus omnium existimatione,
Dilectus Deo et hominibus,
Dynastis et vulgaribus,
Magnis et parvis,
Ditissimis et pauperibus,
Gnaris et ignaris,
Uno verbo omnibus.

Conani tertii ducis minoris Britanniæ
. Hic vir celebris fuit celebris amicus
Ita ut esset a conciliis ejus secretioribus
Electus Venetensis episcopus anno 1143

Consecratus 1144
Christi bonus odor in odore sanctitatis 1177
Sepultus ut optaverat cum fratribus suis
In abbatiâ de Lanvaux in sanctuario
Ut sanctus ad cornu Evangelii majoris altaris.

Cum dilexisset suos, in finem dilexit eos.

Non ores pro eo, sed ora ut pro te oret.

Vade viator et vale.

terreur des scélérats, la lumière des ignorants, la consolation des affligés. Amen.

Orné de vertus diverses, il fut humble et sublime, pauvre et riche, grand et petit; humble par la vertu, sublime par la dignité, pauvre d'argent, riche par la pureté de sa vie, pauvre dans le siècle, dans sa pauvreté plus riche qu'un roi sur son trône.

Petit à ses propres yeux, grand du sentiment universel; chéri de Dieu et des hommes, des puissants et des peuples, des grands et des petits, des riches et des pauvres, des savants et des ignorants, en un mot, de tout le monde.

Conan III, duc de la Petite-Bretagne, lia avec cet homme célèbre une célèbre amitié; en sorte qu'il le nomma, dans son conseil privé, évêque de Vannes en 1143.

Sacré en 1144, il fut une bonne odeur du Christ et mourut en odeur de sainteté en 1177; il fut enseveli, suivant ses désirs, parmi ses frères, dans l'abbaye de Lanvaux et déposé comme saint dans le sanctuaire, du côté de l'évangile du maître-autel.

C'est ainsi qu'ayant aimé les siens, il les aima jusqu'à la fin.

Ne prie pas pour lui, mais prie-le d'intercéder pour toi.

Va, passant, et adieu.

Vous avouerez, Messieurs, que ce chant d'actions de grâces méritait de voir le jour. Pour ne pas abuser de votre attention, je ne relèverai pas les différents traits élogieux qui le remplissent. Je n'insisterai même pas sur ces expressions qui disent tant de choses : « *Vir mirandus et mirandorum patrator... sermone potens, opere potentior, intercessione potentissimus...: in vita merito laudatus, et in morte et post mortem magis magisque canendus et laudandus...* » Et qu'on ne prétende pas que ce sont là de vaines hyperboles, puisque celui qui les emploie parle par expérience, et qu'avant de célébrer en ces termes enthousiastes la puissance du saint évêque, il en a d'abord éprouvé les bienfaits.

Ces bienfaits étaient sans nombre, et vous seriez sans doute bien aises d'en connaître le détail ; mais pour cela, il faudrait posséder les actes, et tout mon regret, c'est de ne pouvoir les exposer à vos yeux. Plaise à Dieu qu'au lieu d'être à jamais perdus, ils restent relégués au fond de quelque bibliothèque ou dissimulés sous la poussière des siècles ! Car, s'il en est ainsi, par ce temps de savantes et minutieuses recherches, tôt ou tard un érudit ne manquera pas de les retrouver.

En attendant cette précieuse découverte, si jamais elle doit se réaliser, ce document nous fait voir, dans un poétique résumé, quel homme était le fondateur de Lanvaux. Nous savons maintenant, à n'en pas douter, qu'à l'exemple du Maître, il a passé sa vie en semant le bien, et que ses éclatantes vertus, attestées par des miracles, lui ont justement valu le titre de bienheureux. C'est un résultat désormais acquis, et, devant l'évidence de ce fait historique, il me semble que sans être taxé de témérité l'on peut émettre le vœu suivant : c'est que, dans un bref délai, l'autorité ecclésiastique entreprenne de restituer à ce grand serviteur de Dieu, au bienheureux Ruaud, premier abbé de Lanvaux et doyen des évêques de Vannes, les honneurs que nous sollicitons pour sa mémoire.

Abbé GUILLOUX.

LES CHANTS POPULAIRES

DU

VANNETAIS BRETON (¹)

Si le président de la classe d'archéologie de l'Association bretonne prend la parole, c'est uniquement pour remplir un devoir que ses fonctions lui imposent ; il lui appartient, on l'a cru du moins, d'ouvrir l'enquête demandée par tous les celtisans sur la poésie populaire du vannetais breton. Trop négligé, ce dialecte commence à être étudié méthodiquement, et je vois devant moi des ecclésiastiques qui lui font le plus grand honneur. Qu'ils me permettent de faire appel à leur science et à leur patriotisme, j'allais dire à leur religion. Nos poètes populaires ne manquent jamais d'invoquer le Saint-Esprit, au début de leurs chansons : je suivrai leur exemple, je mettrai cet appel sous l'invocation du saint Patron de Vannes. Le Concile réuni dans cette ville, au milieu du Vᵉ siècle, pour consacrer Patern, est d'ailleurs un des plus anciens que l'on connaisse (2).

Est-il nécessaire de rappeler qu'il y est question des chansons populaires du pays ?

---

(1) Réponse à la question 19ᵉ, proposée au Congrès breton de Vannes, 12 septembre 1892.

(2) *Concilia antiqua Galliæ* (Sirmond, p. 137). On le place d'habitude en 465, date à laquelle se rallie M. de la Borderie. M. l'abbé Duchesne le recule jusqu'à 468.

On y·parle des repas de noces, des chansons légères qu'on y chantait, des danses qui accompagnaient ces chansons. Les prêtres, les diacres et les sous-diacres du temps de saint Patern sont invités à les fuir ; le texte latin leur défend expressément d'assister à ces *nuptiarum convivia, ubi amatoria cantantur... et sallibus efferuntur* (C. 11). La défense est antérieure à l'année 470 : c'est une belle antiquité.

Je lis avec le plus grand·plaisir celles de ces chansons recueillies de nos jours et publiées dans la *Revue du Morbihan ;* elle a donné, avec la musique, le premier cantique de sainte Anne, remontant à la découverte de la statue. La publication est de M. Emile Ernault. La *Revue celtique* et les *Annales de Bretagne,* par la plume de M. Joseph Loth, ancien élève du Petit Séminaire de Sainte-Anne d'Auray, aujourd'hui doyen de la Faculté des lettres de Rennes, et à qui l'*Association bretonne* souhaite la bienvenue, ont particulièrement recherché les trésors poétiques du Morbihan ; un vicaire d'Auray continue l'exploration dans la *Revue de Bretagne.* Je souhaite à ces recueils de nouveaux collaborateurs. La moisson est plus abondante qu'on n'avait lieu de l'espérer.

Mais les ouvriers doivent joindre à la connaissance de l'idiome local la connaissance de la musique : c'est un point sur.lequel on ne saurait trop insister :

> Les vers sont enfants de la lyre,
> Il faut les chanter, non les lire.

Et s'il faut l'avouer, je regrette que nous n'ayons pas d'harmonium dans cette salle. La nécessité existe surtout pour la poésie bretonne, qui est essentiellement chantée comme toute poésie primitive.

On me fait passer à l'instant une note d'un prêtre distingué qui confirme mon opinion :

« Les Bretons n'ont pas de littérature écrite ; les trésors de leur poésie sont dans la littérature chantée : c'est-à-dire que la *poésie* et la *musique sont intimement liées en Bretagne ;* le rythme, langoureux ou alerte, sert au peuple *presqu'autant* que les paroles à traduire ses sentiments.

- « Il faut donc que nos amateurs du *folklore* tiennent grand compte de la musique ; une chanson populaire reste à l'état d'ébauche tant qu'elle n'est pas accompagnée de sa mélodie, qui fait corps avec elle. Le grand poète de la Grèce, Homère, disait bien, quand il disait que la musique est ce qui donne des ailes à la poésie : ἔπεα πτερόεντα, disait-il, en parlant des paroles chantées.

« Mais si notre poésie a un caractère à part, est-ce que notre musique aussi n'aurait pas des caractères distinctifs ?

« ... Même avant tout examen, il me semble qu'on peut affirmer que *notre chant* a autant d'originalité que *nos chansons ;* et qu'il faut par conséquent l'étudier avec le même soin.

« Beaucoup de nos chants populaires remontent certainement à une grande antiquité, et sortent des écoles de nos anciens bardes ; or, ces chanteurs des temps anciens, ayant des rythmes poétiques assez différents des nôtres, devaient aussi avoir des rythmes musicaux tout différents.

« Pourquoi donc vouloir placer toutes nos mélodies populaires sur *un lit de Procuste ?* Pourquoi les défigurer, en les faisant entrer de force dans les cadres de la musique moderne ?

« Or, c'est pourtant là ce que nous constatons chez un grand nombre d'amateurs ; au lieu de noter les chansons comme on les chante, on les note à la façon moderne, — sous prétexte que le chanteur populaire se trompe *apparemment,* — comme si le chanteur populaire n'était pas notre maitre ! Notre éminent compatriote, M. Bourgault-Ducoudray, dans ses leçons au Conservatoire et dans le curieux recueil de mélodies bretonnes qu'il a publié, a bien montré que les chants bretons ont un rythme tout particulier, — et qu'il faut respecter ce rythme en transcrivant la mélodie, sous peine de la défigurer.

« Avis pressant aux amateurs de reproduire fidèlement le rythme populaire. »

J'insiste encore plus sur les qualités que doivent avoir les travailleurs : un prêtre du Morbihan qui dédiait, au XIII° siècle, un poëme latin à son évêque Cadioc, lui disait que son vœu était de pouvoir être lu par les enfants :

> Satis est mihi si puerorum
> Gratus in ore legar.

Horace avail dit avant lui :

Virginibus puerisque canto.

Il n'y a pas lieu de rappeler à des collecteurs chrétiens les conseils du poète païen. Ici, sur le terrain où ils moissonnent, la religion et la morale sont sûres d'eux ; je ne parle pas de tact et de goût, encore moins d'inconvenances. Mais je dois soumettre un conseil aux travailleurs : qu'ils cachent leur nom, si cela est nécessaire, comme le fait discrètement plus d'un, mais qu'ils montrent l'esprit des autres. Le plus grand poète du Morbihan en a donné, dans *Marie*, le précepte et l'exemple.

Maintenant pour répondre à la seconde partie de la question : *ces chants ont-ils un caractère particulier ?* je ne dirai qu'un mot.

Qu'on lise et que l'on compare les chants bretons du dialecte de Vannes et ceux des autres dialectes sur un même sujet, et l'on sera parfaitement renseigné.

J'ai entrepris ce travail pour les chansons légères et les cantiques.

Les premières passent avec une grande facilité de Cornouaille en Vannes.

Les noces, sur les limites des diocèses de Vannes et de Quimper, sont les intermédiaires ; il est d'usage de chanter pendant les repas ou après, et toujours de danser.

J'ai même entendu des gardeurs de vaches, filles et garçons, qui s'envoyaient des chants alternés, d'un bord à l'autre des rivières limitrophes : la forme dialectique et l'accent étaient la seule différence pour une oreille exercée ; quelquefois les bergers Cornouaillais répondaient aux Vannetais avec une pointe de malice. Un Ingénieur en chef des Ponts-et-Chaussées, M. Thomé Bréart de Boisanger, a fait la même remarque ; j'ai appris de lui des couplets satiriques que les enfants de Lothéa jetaient à ceux de Guidel, d'une rive à l'autre du Léta. Rien de plus primitif que cette forme de dialogue.

Quant aux cantiques, dont on peut juger par les recueils de Léon, de Tréguier et de Cornouaille, nous les retrouvons pour la plupart en Vannes, témoins le cantique des *Ames*, celui de *l'Enfer*, et celui du *Paradis*.

Le premier a été recueilli par M. Dufilhol, et publié dans ses *Etudes sur la Bretagne*, p. 375 (Paris, 1835), publication à laquelle M. Jules Simon, ancien élève de Vannes, n'a pas été étranger. L'éditeur, en guise de préface, sous ce titre « La Tournée des mendiants », s'exprime ainsi :

« Il est un jour que l'Eglise a consacré à la Commémoration des morts. Tous les fidèles se réunissent pour écouter le lugubre *Miserere ;* aucun peuple ne s'empresse plus que les Bretons de répondre à ce cri d'alarme, et de porter secours à ceux que la main du Seigneur a touchés... La famille a fait la prière... chacun s'est couché... cette nuit les âmes vont quêter des prières... chacun est silencieux dans son lit ; les rideaux verts sont bien fermés et munis de leur croix de tresses jaunâtres et enfumées. A travers on aperçoit quelques éclats de la flamme du foyer ; elle semble se réveiller comme la vie d'un agonisant ; on respire à peine. Trois coups retentissent à la porte : ce sont aussi de pauvres vagabonds, comme les âmes du Purgatoire, des malheureux qui souffrent en ce monde ; c'est une troupe de mendiants : ils chantent sur un air lugubre. Tandis que le vent d'automne secoue les branches et fait tomber les dernières feuilles, ils marchent par une nuit en deuil, et s'en vont de village en village prêtant leur voix aux morts. On dirait les morts eux-mêmes qui reviennent la nuit de leur fête pour adresser aux vivants ces lamentables supplications :

« Mes pauvres gens, ne soyez pas surpris si je tombe auprès de votre porte ; c'est Jésus qui m'a transporté pour vous réveiller, si vous dormez.

« C'est Jésus qui m'a transporté pour vous réveiller de votre premier sommeil ; unissez vos prières aux prières des âmes.

« Vous êtes bien à l'aise dans votre lit, les pauvres âmes sont en souffrance... Vous êtes là mollement couchés, les pauvres âmes sont bien mal.

« Priez, parents, priez, amis, car les enfants ne le font pas. Chers amis, ah ! priez, car les enfants sont bien ingrats !

« Un drap blanc, cinq planches, un oreiller de paille sous la tête, cinq pieds de terre par-dessus, voilà tous les biens de ce monde.

« Vierge Marie, quels chants douloureux, quels chants douloureux Jésus envoie du ciel !

« Peut-être votre père, votre mère ; peut-être votre frère, votre sœur, sont-ils brûlés dans le Purgatoire.

« Là, courbés, à genoux, flammes en haut, flammes en bas, ils crient vers vous : Des prières ! des prières !...

« Autrefois, quand j'étais dans le monde, j'avais des parents, des amis ; aujourd'hui mort, parents, amis, je n'ai plus rien.

« Quand vous irez au marché, portez une bonne mesure ; mort, vous trouverez ici la mesure de Dieu.

« Allons, sautez de votre lit, sautez pieds nus sur la terre ; à moins que vous ne soyez malades, ou déjà surpris par la mort. »

A ces tristes accents, chacun se lève et se prosterne. On donne un morceau de pain aux mendiants et quelques prières aux pauvres trépassés, continue l'éditeur, qui eût dû ajouter qu'une quête est faite pour des messes à leur intention.

Le texte est en note, dans une orthographe, hélas ! et un style *ad libitum* et avec des fautes sans nombre, mais que nous conservons scrupuleusement :

Me çud paür, ne veh quèt zouèt
Ar toul ou nor mar d'homb digoeit,
Jesus e dès em zigasset
D'où tihuéneign mar m'oh cousquèt.

Jesus e dès em zigasset
D'ou tihuéneign mar m'oh cousquêt,
D'ou tihuen diar ou hun quétan
De pedeign Doué guet en inean,

Hui zo n'hou cuélé cousquet ès,
En inean paür e zo diès ;
Hui zo n'hou cuélé cousquet mat,
En inean paür e zo divat.

Pédet, quérent ha mignonet,
Rac er vugalé ne rand quet.
Pedet, quèrent, amiet bras !
Rac er vugale zo digas.

Er licer guen ha pemp planquen,
En torchen plouz didand hou pen,
Ha pemp treutad doar ar hou caign,
Chetu madeu ag er bed men.

Guiriès Vari, mam de Jesus,
Hounan er sonen truhéüs !
Hounan er sonen truhéüs
Deit ag enn ninhue à berh Jesus !

Marcé ma hou tad pé hou mam
Barh er pulgatoër enn tan flam,
Marcé ma hou breur pe hou hoër
Barh en tan flam er pulgatoër.

E mant onon ar hou guenneau,
Tan à zelhué, tan à zianau,
Tan à zelhué, tan à zianau,
Crial e rand d'ou pédennau.

Guéhésal pe ouen barh er bed
Me boué quérent ag amiet,
Me bourman, pé d'homb marhuèt.
Quérent, amiet ne mes quèt.

Ha pè det, d'er foër, d'er marhat,
Casset guénoh musuliau mat ;
Guet er musul vusuleheit,
E rei Doué d'oh pe varhouéhet.

Bion ag hou cuélé disquénet,
Ar en doar hou dau treid laquet,
Ah me né veh quet er clinhuet,
Pe guet er marhue dijà galuet.

Telle est la touchante complainte qui se chante de Quimperlé à Vannes, moins les fautes du fait de l'éditeur. Sur la rive droite du Lèta, l'air et le rhythme sont les mêmes, mais les paroles varient un peu : je les emprunte à un recueil postérieur de quatre ans à l'édition de M. Dufilhol : elles ont été aussi recueillies par l'abbé Henry, et imprimées correctement,

p. 276 de ses *Kanaouennou Santel* (édit. de 1842), avec la musique en plain-chant que voici : (1)

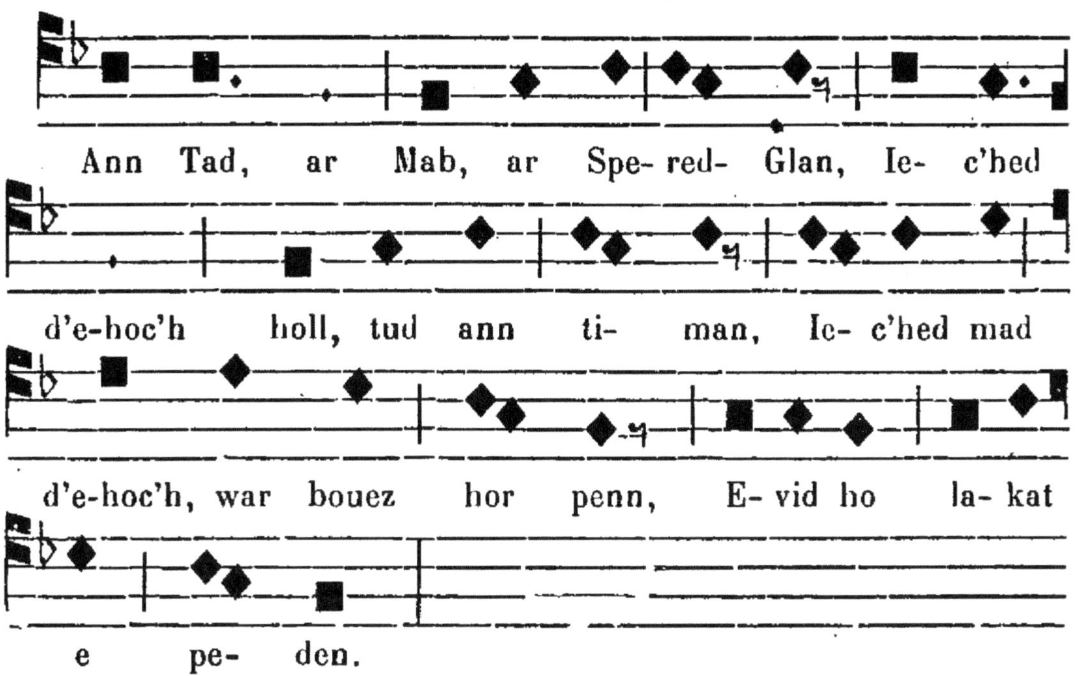

Ann Tad, ar Mab, ar Spered-Glan,
Iec'hed d'e-hoc'h holl, tud ann timan,
Iec'hed mad d'e-hoc'h, war bouez hor penn,
Evid ho lakat e peden.

Pa sko ar Maro war ann nor,
Stok er c'halonou ar c'hren-mor ;
Da doull ann nor pa zeu 'r maro,
Piou gand ar maro a ielo ?

Hogen na vec'h ket souezet,
Da doull ho tor mar d-omp digouet ;

(1) Nota. — Pour jouer ces airs sur les instruments, remarque l'abbé Henry, considérez le *Fa* du plain-chant, au sixième ton :

comme *Sol majeur* de la musique ; et le *Ré* du plain-chant, au deuxième ton :

comme le *Sol mineur* de la musique.

Jezuz en deûz hon digaset,
D'ho tihuna, mar d-oc'h kousket ;

D'ho tihuna, tud ann ti-man,
D'ho tihuna, braz ha bihan :
Mar 'z euz, siouaz, truez er bed,
Enn han Doûe ! hor zikouret.

Breudeur, kerent ha mignoned,
Enn han Doue ! hor zilaouet !
Enn han Doue pedet ! pedet !
Rag ar vugale na reont ket.

Gand ar re hon euz-ni maget,
Ed omp pell-zo ankounac'het,
Gand ar re hon euz-ni karet,
Hep truez, ez omp dilezet.

Ma map, ma merc'h, c'hui zo kousket
War ar plun dous ha blod meurbed,
Ha me ho tad, ha me ho mamm,
Er purkator e-kreiz ar flamm.

C'hui zo er gwele kousket aez,
Ann anaon paour zo diaez,
C'hui zo er gwele kousket mad,
Ann anaon paour zo divad.

Eul linser wenn ha pemp planken,
Eunn dorchen blouz dindan ho penn,
Pemp troated douar war c'horre,
Setu madou ar bed er be.

Ni zo enn tan hag enn anken ;
Tan dindan-omp, tan war hor penn,
Ha tan war lae, ha tan d'ann traon ;
Pedit evid ann anaon !

Gwechall pa oamp e-barz ar bed,
Ni boa kerent ha mignoned ;
Hogen breman, p'ed omp marvet,
Kerent, mignoned, n'hon euz ket.

Enn han Doue, hor zikouret !
Pedit ar Werc'hez benniget

Arch.   6

> Da skuilla eul lomm euz he lez,
> Eul lomm war ann anaon kez.
>
> Euz ho kwele prim dilammet,
> War ho taou-lin en em strinket,
> Nemet kouet e vec'h er c'hlenved,
> Pe gand ar maro kent galvet.

A ne tenir compte que des différences dialectiques, elles sont frappantes : *më* pour *ma ; dë* pour *da ; en* pour *ann ; er* pour *ar ; zouet* au lieu de *souezet ; tihuéneign* ou *tihuen* pour *tihuna ; Doué* en une seule syllabe au lieu de *Doué*, qui en prend deux aujourd'hui, en Léon et en Cornouaille ; *doar*, qui est dans le même cas ; *inean* au lieu de *anaon ; paür* au lieu de *paour ; madeu* au lieu de *madou ; men* au lieu de *man ; truhéus* au lieu de *truézuz ; ag* pour *euz ann ; ninhué* pour *nénv ; aberh* pour *aberz ; barh* pour *ebarz ; guehesal* pour *gwechall ; bourman* pour *breman ; marhuët* pour *marvet ; bion* au lieu de *buhan ; dau treid*, forme remarquable, au lieu de *daou droad*, et où le pluriel est mis après le nom de nombre ; *clinhuet* pour *klenved ; guet* pour *gant ; galuet* pour *galvet ; marhuë* d'une seule syllabe, au lieu de *märo* qui en a deux, et fait supposer que l'original du chant n'est pas Vannetais ; on chante, en effet, en Cornouaille :

> *Pe gant ar maro kent galvet.*

Dans le cantique de *l'Enfer (guers en Ihuern)*, traduit du Léonais, dont l'auteur est le P. Marzin, et qui a été imprimé à Quimper, chez Hardouyn, en 1650, les dissemblances sautent encore plus aux yeux :

> Diskennamb ol, crechenion, en ihuern de huelet
> Poenieu ker kri ha spontus en ineanu dannet,
> E zou dré golér hun Doué, dalhet e creis en tan,
> Rac n'ou dés ket bet miret lézen Doue er bed-man.
>
> En ihuern zo un toul don ha lan a dihoeldet :
> Er huéh couéhet en toul-ze, er mæs mui ne zér ket :
> En oreu zo bet chairret ha mordaillet guet Doue ;
> N'ou diguoro birhuiquin : collet-e en alhué !

« La clé en est perdue ! »

L'admirable cantique de l'abbé Nourry, sur la communion, *Cannen aveid er Gommunion*, qui a, au contraire, servi de modèle à la pièce dans le dialecte de Cornouaille (*Huanadou ann éné déol kent ha goudé ar Gommunion*) offre surtout matière à une comparaison curieuse :

O na hirrèt un noz ! pégours é tei en dé
Eit ma hein de receu Jesus, me haranté ?
O na hirret un noz, etc.

Dihousque, sàu me horv, damb de gavouit'Jesus,
Me gleu a men gulé é voéh carantéus.
Dihousque, etc.

Pegours é vein arrihue ! ô hènt, hirret ous-té !
Ar lein hou tivaskèl, Ælèd mad, douguet-mé.
Pegours, etc.

O me halon, digueor guet joé ha lehuiné !
Gùélet e ran anfin ty ha palæs men Doué !

O Illis beniguet, hum zigueor, hum zigueor
Eit ma antréein én-ous de gavouit me zrezor !

É antréein én hou ty, ô Mæstre a ol er bed !
M'hou salud, m'hou ç'ador a gorv hag a sperèd.

O Speredeu eurus, ol Sænt ha Santésèd
E zou én dro d'em Doué, m'hou salud guet respet.

Tabernacle santel, digueor, dîgueor arzé,
Eit ma huélein Jésus, eit ma huélein men Doué !

O Jesus ! m'ou ç'hanàu dré zeulegad er fé
Eit me mæstre ha crouéour, me Salvér ha men Doué.

Disposet me halon eit hou receu, men Doué ;
Reit d'eign fé, espéranç ; crihueit me haranté.

Deit enta, me ol vad, antréet ém halon ;
A nehi, aveit mad, queméret possission.

M'hou talhe, ô me Jesus ! birhuiquin n'hou lausquein ;
Ami mad ha fidel, m'hou càrou tré--vihuein !

Doucet ur garanté ! ô Jesus, pebéh tan !
P'en d'oh quen douce amen, petra vehet én nean !

Harpet-mé, rac é ha me halon d'em huittat,
É presance Jesus, guet joé ne ell mui pad !

O doucet ur momand !... Mèn é on-mé, men Doué !
Mèn é ha me halon ? neigeal e ra d'en né !

Me Jesus e zou d'eign, ha me zou ol dehou :
Nen dé quet mé e vihue, ne vihuan meit én ou.

Hum daul, cousq, me halon, ar galon te Jesus !
Asten é ra é zourne, é vréh carantéus.

Deit ol, poble ag en doar, deit, speredeu eurus,
De huelet er græceu e ra d'eign me Jesus !

O Mari ! me halon e chervige de hulé
D'er Mab e hoès douguet étré hou tigosté !

Pêlleit ol, pêlleit ol, trous ha saffar er bed ;
Reposet ém halon, ô me ol eurustet !

Deit gueneign, me Jesus, damb hun deu a costé :
Pêl doh er bed trompus, ne vou meit oh ha mé.

Conzet doh me halon, Jesus me haranté ;
Disquet, ansaignet-mé d'hobér hou volanté.

Groeit, men Doué, ne glasquein, groeit ne gârein meit oh
Ha ma vou noz ha dé me ol chongeu guenoh.

Quenavou, me Jesus, é ha me horv d'er guér ;
Mæs me halon e chome guenoh ar en autær.

(CANENNEU, unan peb mis, eit er blæ mil eihcant-dec,
Mehevin, 1810).

La traduction en breton de Cornouaille, commence par les
vers :

O ! na hir eo ann noz ! pegoulz e teui ann de
Ma z'inn da zighemer Jezuz, ma c'harante.
O ! na hir eo ann noz ! pegoulz e teui ann de ?

Elle finit par ceux-ci :

> Kenavo, ma Jezuz, ma c'horf a ia d'ar ger ;
> Mes ma c'halon a chom ghen-hoc'h war ann aoter.

(KANAOUENNOU SANTEL (1842), p. 123 et 125 ; 2e édit., 1865, p. 102).

L'original rappelle le cantique de Fénelon :

> Mon doux Jésus ne paroît pas encore ;
> Trop longue nuit, dureras-tu toujours ?
> Tardive aurore,
> Hâte ton cours,
> Rends-moi Jésus, ma joie et mes amours ;
> Mon doux Jésus que seul j'aime et j'adore.

Mais l'imitateur, si l'abbé Nourry l'a été, a surpassé l'original, au dire de Brizeux, qui ne pouvait entendre chanter sans pleurer, le vers :

> Ar lain hou tivaskel, aelet mad, douguet me !

Dans la version cornouaillaise :

> War lein ho tiou askel, cled, ma douget me !
> « Anges du ciel, portez-moi sur vos ailes ! »   (FÉNELON).

L'ancien écolier d'Arzano se rappelait-il sa première communion ?

En tout cas, le curé de Bignan a eu le bon esprit de ne suivre ni le texte de Fénelon, ni le rhythme français, et de mettre son cantique sur un air breton populaire, d'une facture musicale si excellente que nous croyons devoir le reproduire ici en plain-chant, d'après l'édition de Galles, de 1810 :

Cet air et ces paroles ont-ils eu la même bonne fortune que la célèbre élégie adressée d'Espagne à ses paroissiens par l'abbé Nourry ? On sait que le chant émouvant du prêtre exilé fut apporté à Bignan par des pêcheurs bretons qui vendaient du poisson aux Espagnols, et avaient coutume de remplir leurs paniers vides d'exemplaires de la complainte.

Il me resterait à comparer le texte du *Paradis (ar Baradoz)*, et celui d'*er Baraouiz*, comme on dit en Vannes ; mais la démonstration me semble faite. Je ne citerai donc plus de breton ; seulement, pour répondre à l'aimable invitation de M. le directeur de l'Association bretonne, je reviens à l'essai de traduction française du cantique, paroles et musique, tel qu'il se chante en beaucoup d'églises.

Un souvenir personnel, dont je ne voudrais pas attrister la fin de cette causerie, et que je prie de me pardonner, se rattache à l'imitation de ce cantique.

Je la soumettais à mon vieux maître mourant, l'abbé Jean-Guillaume Henry :

— Ce n'est pas trop mal, me dit-il, mais le breton est très supérieur ; et puis, je le remarque, vous n'avez pas traduit le couplet :

> *Kerkent ha ma vezo*
> *Torret va chadenno,*
> *Me nem zavo enn er*
> *Evel ann alc'hueder* (1).

(1) Aussitôt que seront brisées mes chaînes,
    Je m'élèverai dans les airs comme l'alouette.

— Hélas, je ne l'ai pu, répondis-je, mais j'essaierai.

— Eh bien ! essayez.

Et je le quittai pour le laisser achever son bréviaire.

Le lendemain, j'entrais brusquement dans sa chambre, tout joyeux, tout fier de ma traduction.

Le prêtre était couché sur son lit de mort, revêtu de ses ornements ; devant lui brûlaient deux cierges ; il me regardait en souriant de son doux regard, et semblait me dire :

— Vous avez cherché ; j'ai trouvé.

J'avais bien lieu de répéter :

Defunctus adhuc loquitur.

Mais les conseils de mon vieux maître m'ont toujours manqué depuis.

Sa fin ne lui a pas permis de réaliser une œuvre dont il m'a souvent entretenu.

A la page 293 de ses *Kanaouennou Santel,* je lis cette note que je demande la permission de citer textuellement : *Marteze divezaloc'h, e kennighinn d'ar Vretoned eunn dibab gwersiou euz ar re a weler o redeg ar vro, evel mec'hedigou diskabel pere n'ho deuz izomm nemet euz a eunn taolik kempen evit plijout zo-ken d'ann dud gwisiek.*

« Peut-être plus tard, offrirai-je aux Bretons un choix de ces poésies que l'on voit courir le pays, comme des fillettes échevelées qui n'ont besoin que d'un petit coup de peigne pour agréer même aux savants. »

Ce « petit coup de peigne », il l'a souvent donné d'une main délicate aux poésies recueillies par son élève,

Hersart de la Villemarqué.

APPENDICE

LE CANTIQUE DU PARADIS

(Imité du breton.)

Jésus ! qu'il sera'doux
De vivre auprès de vous,
Au céleste séjour,
Dans votre saint amour.

Quand je songe, Seigneur,
A l'éternel bonheur,
Je trouve le temps court
Et mon fardeau moins lourd ;

Je voudrais, de ces lieux,
M'envoler vers les cieux,
Ainsi que le ramier,
Le ramier prisonnier.

A l'instant de ma mort,
Doucement, sans effort,
Je serai détaché
De ce corps de péché.

Le départ, je l'attends ;
L'attendrai-je longtemps ?
Je soupire après vous,
O mon divin époux.

Joyeux et délivré,
En chantant, je suivrai
L'alouette des airs,
Quand tomberont mes fers.

Au-delà du soleil,
A l'horizon vermeil,
Sur deux ailes de feu
Je monterai vers Dieu.

En approchant des cieux,
Je ferai mes adieux,
Mes adieux pour jamais
Au pays que j'aimais :

« Doux champs, bénis de Dieu,
Mère des saints, adieu !
Terre de Breiz-Izel,
Je te verrai du ciel.

« Loin du monde moqueur,
Plus de peines de cœur,
Plus de pesants fardeaux,
Plus de péchés nouveaux.

« Je ne me perdrai plus ;
Je vais trouver Jésus.
Je rends grâce à la mort :
Elle conduit au port ;

« Elle donne la main
Et montre le chemin
Aux pauvres matelots,
Abimés sous les flots. »

Des célestes parvis,
A mes regards ravis
Les portes s'ouvriront,
Les saints m'accueilleront ;

Les saints me fêteront,
Les anges chanteront :
« Gloire, louange, honneur
Aux bénis du Seigneur ! »

Alors, en souriant,
Jésus, à l'Orient
Prenant fleurs et rayons,
Couronnera nos fronts :

« Venez, dira Jésus,
Venez, ô mes élus !
Rose, lis immortel,
Venez fleurir au ciel !

« Vous ne pouviez mourir ;
Venez, venez fleurir
Dans la félicité
De l'éternel été. »

Amis, parents chéris,
Vous que Dieu nous a pris,
Je vous retrouve là ;
Ma mère, vous voilà !

Oui, c'est vous, c'est bien vous !
Je vous reconnais tous ;
Vous m'appelez là-bas,
Vous me tendez les bras !

O Vierge, ô notre espoir,
Quel bonheur de vous voir,
Le front illuminé,
D'étoiles couronné !

Quel bonheur ! quel bonheur !
De vous bénir, Seigneur !
De vous aimer toujours,
O l'amour des amours !

Comme une lyre d'or,
Mon cœur en son essor,
Palpitera sans fin,
Mon Dieu, sous votre main ;

A ses accords divins,
Les petits Chérubins,
Ravis, voltigeront
A l'entour de mon front.

O songe sans pareil !
O fortuné réveil !
Vous charmez ma douleur,
Vous consolez mon cœur !

LES
SEIGNEURIES
DE
SAINT-JOUAN-DE-L'ISLE

Qui de nous est pleinement satisfait après avoir lu un article du *Dictionnaire* d'Ogée ? Si chacun de ceux qui regrettent de n'y pas trouver assez de renseignements sur leur paroisse natale fouillait, comme je l'ai fait, les registres des paroisses, les minutes des notaires, les archives des départements, les registres des réformations de la noblesse, les livres de raison des familles, quand on a la bonne fortune d'en rencontrer, les vieux livres des bibliothèques, les vieux papiers de toutes sortes et les vieux édifices, soyez sûrs qu'il y ferait des découvertes intéressantes. J'ai employé trois ou quatre années à ce travail pour arriver à connaître le passé de la petite paroisse que j'habite, Saint-Jouan-de-l'Isle ; j'ai le regret de n'avoir pu plonger mon regard plus profondément que l'année 1427 (1), si ce n'est en ce qui concerne la seigneurie de Kergoët, mais

(1) Pendant que ce mémoire était sous presse, j'ai découvert (Dom Morice, *Preuves de l'hist. de Bret.*, t. I), un indice qui me porte à croire que, en 1351, Eon de Saint-Jouan était seigneur de ce lieu. Cette année-là, il fit partie, avec ses deux voisins Olivier de Kergoët et Jean de Quedillac, de la montre du sire de Montfort. Je vais continuer mes recherches sur ce point.

j'ai le plaisir d'avoir acquis la connaissance d'un assez grand nombre de choses qui se sont passées en-deçà de cette date. Je demande la permission de les raconter dans le Morbihan, quoiqu'il s'agisse d'une petite paroisse des Côtes-du-Nord, parce qu'elle dépendait de la sénéchausée royale de Ploërmel ; parce qu'elle a été le lieu de naissance d'un évêque de Vannes, parce que, enfin, dans le cours de mon récit, j'aurai l'occasion de nommer plusieurs familles et plusieurs seigneuries qui appartiennent au Morbihan.

La paroisse.

Le nom de Saint-Jouan est le même que celui de saint Joavan ou Joevin, coadjuteur au premier successeur de saint Paul, évêque de Léon. Cette opinion, qui est celle de dom Lobineau, est corroborée par le nom de *Saint-Jouin* que les habitants du pays donnent encore souvent à la petite ville de Saint-Jouan de l'Isle : *Jouin* est pour Joevin comme *Jouan* est pour Joavan. Dom Lobineau n'indique pas les motifs de son opinion, mais il n'est pas difficile de l'appuyer sur de bonnes raisons. Dans beaucoup de mots bretons, la voyelle qui en suit immédiatement une autre ne se prononce pas ordinairement ; c'est ainsi que les noms propres *Coatelez, Meen, Ploermel* se prononcent *Cotelez, Men, Plormel*. De même Joavan et Joevin se prononcèrent *Jovan* et *Jovin,* et l'usage s'établit de les écrire comme on les prononçait ; puis l'*u* et le *v* n'étant qu'une même lettre,. *Jovan* et *Jovin* devinrent aisément Jouan et Jouin.

L'opinion qui veut que le nom de Saint-Jouan dérive de *Joannes* n'a, au contraire, aucun fondement. *Iann*, qui n'a aucune ressemblance avec Jouan, est le nom breton qui rend le latin *Joannes* ; et il est impossible d'admettre que celui-ci se soit jamais traduit en français par *Jouan*, car on disait *Jehan* dès la première période de formation de notre langue, comme le montre le poëme de *Jehan de Lanson*, qui est du commencement du XIIIᵉ siècle.

Il n'est donc pas douteux que le baron qui bâtit le château de Saint-Jouan ne lui ait donné le nom du saint évêque de Léon, dont le souvenir ayant été perdu dans la suite, l'analo-

gie du nom Jouan avec le latin *Joannes* fit mettre ce château
et la paroisse sous la protection de saint Jean-Baptiste, à une
époque que je ne puis déterminer. La paroisse s'appelait
autrefois Saint-Jouan-de-l'Isle-de-Montfort.

Nous apprenons par un aveu du général de la paroisse de
Saint-Jouan-de-l'Isle, du 1er décembre 1770, que le seigneur de
Saint-Jouan était supérieur et fondateur de l'église de cette
paroisse et de celle de la trève de la Chapelle-Blanche. Ces
églises et les cimetières qui y sont attenants relevaient de lui
prochement et roturièrement ; dans le chœur et le chanceau
de l'une et de l'autre de ces églises il n'y avait enfeu, tombeau,
banc ni armoiries qui ne lui appartinssent ; il avait droit de
litre en dehors et en dedans des chanceaux et des nefs de ces
deux églises ; et il y a dans celle de Saint-Jouan, au côté de
l'évangile, une chapelle qui dépendait aussi de la seigneurie
de ce lieu. En effet, l'un des pilastres de l'arcade qui forme
l'entrée de cette chapelle porte du côté de la nef les armes de
la famille de Landujan, qui a fourni le plus ancien seigneur
de Saint-Jouan dont la connaissance soit venue jusqu'à nous ;
ces armes sont d'azur à quatre fusées d'argent en fasce. La
permission du seigneur de Saint-Jouan, héritier de la famille
de Landujan, était nécessaire pour faire des inhumations dans
cette chapelle, ainsi que nous l'apprennent les registres de
sépultures de la paroisse pour les années 1624 et 1645, où, en
outre, elle est appelée, ainsi qu'en un autre endroit, *chapelle
de Saint-Jouan,* ce qui signifie chapelle des barons de Saint-
Jouan, car ces registres et ceux de baptêmes et de mariages
la désignent ailleurs sous le nom de chapelle de Notre-Dame.

Mais la chapelle du côté de l'épître a été construite par la
famille de la Moussaye et elle en porte encore le nom ; on y
voit les armes de cette famille qui sont d'or, au fretté d'azur
de six pièces. Aussi la statue de saint Armel, qui y occupait,
il y a quarante ans, la place principale sur l'autel, et que l'on
a mise depuis à une place secondaire, y fut apportée de Kergoët, qui appartenait autrefois à la famille de la Moussaye,
lorsque la chapelle de ce lieu fut détruite ou tomba en ruines.
On ne cessa pas pour cela, et l'on continue encore d'honorer
saint Armel à Kergoët, où il a une autre statue dans une
grotte. Avant ce temps, la chapelle de la Moussaye, dans

l'église de Saint-Jouan-de-l'Isle, était consacrée à saint Germain. Cette chapelle a dû être construite entre le temps où la famille de Kergoët se fondit en celle de la Moussaye, et celui où Charles de la Moussaye se fit protestant.

Dans le mois de mars 1626, le recteur, Olivier Branchu, fit à ses frais paver l'église, reconstruire le porche, embellir l'autel de la sainte Vierge et celui de saint Germain, et faire d'autres réparations et enjolivements. Dans le même mois de cette même année, un jésuite réconcilia le cimetière, qui avait été mis en interdit pour avoir été profané par une violente effusion de sang.

Les seigneuries.

Trois seigneuries se partageaient la paroisse de Saint-Jouan-de-l'Isle : c'étaient la seigneurie de l'Isle, celle de Saint-Jouan et celle de Kergoët. Chacune avait son château ou manoir ; et quelques maisons nobles, en outre, comme la Ménéguière et le Temple, appartenaient à des membres des trois familles seigneuriales.

Seigneurie de l'Isle.

La seigneurie de l'Isle, que les commissaires de la réformation de 1513 attestent être un fief noble et bien ancien, avec grand et beau domaine bien décoré, juridiction, justice, etc., appartenait en 1427 à Jean de l'Isle, en 1444 à Alain de l'Isle, en 1479 à Eustache de l'Isle, et en 1513 à Pierre de l'Isle, son fils et son héritier principal et noble, qui était aussi seigneur de la Chapelle-Blanche, trève de Saint-Jouan-de-l'Isle. Mais cette famille seigneuriale semble tout à fait déchue dans le XVII° siècle ; quelques-uns de ses membres sont alors nommés dans les registres de la paroisse sans la qualification d'écuyer, ni même celle de noble homme, qui se donnait à tout notable, même roturier. Ainsi on lit dans ces registres qu'une enfant Jeanne de l'Isle, fille de Jean de l'Isle et de Julienne Peigné, fut baptisée le 7 juin 1627 ; que Jean de l'Isle tint, comme parrain, sur les fonts de baptême, deux enfants en 1623 et en 1624 ; qu'un autre Jean de l'Isle fut, en 1695, parrain de Jean

Peigné ; et enfin que ce Jean de l'Isle, marié à Marie Fayrier, mourut en 1699 à l'âge de trente-trois ans. Cependant il y a exception pour *damoiselle* Marie Durand *dame de l'Isle et de la Fontaine,* qui fut inhumée le 28 avril 1633 ; mais si cette dame possédait encore la seigneurie de l'Isle, il est bien certain que, dès 1616 au plus tard, elle avait cessé de posséder celle de la Chapelle-Blanche. Comment cette famille était-elle tombée au rang des paysans et si peu considérée dans la paroisse qui porte le nom de ses ancêtres, et que ceux-ci avaient peut-être fondée ? Il ne paraît pas possible d'en découvrir la raison. Ses armes, d'après Guy Le Borgne, sont de gueules à dix billettes d'or 4. 3. 2. 1.

Le manoir de l'Isle était situé soit où est maintenant la ferme de ce nom, sur le bord de la Rance, près de l'endroit où se rejoignent les deux bras de cette rivière qui s'est divisée, environ un kilomètre plus haut, pour former une île, soit dans cette île elle-même, comme le dit l'*Annuaire Dinannais* de 1833, qui prétend aussi que le bâtiment principal était une grande tour. Mais cet *annuaire* n'indique pas les sources où il a puisé ces renseignements.

Seigneurie de Saint-Jouan.

Je ne parlerai pas de la seigneurie de Saint-Jouan sans profiter de cette occasion pour recommander aux jeunes gens de remonter jusqu'aux sources lorsqu'ils voudront faire quelques recherches historiques ; car les ouvrages de seconde main peuvent les induire en erreur. C'est ainsi que le dictionnaire d'Ogée m'a jeté dans un grand embarras, en disant qu'il y avait, en 1420, dans la paroisse de Saint-Jouan-de-l'Isle, une maison noble qui s'appelait Saint-Jean et une autre qui s'appelait Saint-Jouhn. Je ne vous dirai pas comme je me suis torturé l'esprit, je vous fais grâce des hypothèses que j'ai inventées pour expliquer l'existence de ces deux maisons, jusqu'à ce que j'eusse lu les réformations de la noblesse ; mais ces vieux manuscrits m'ont fait voir que ces deux maisons se réduisent à une seule, dont le nom est écrit des différentes manières suivantes par les différents commissaires des réformations et par leurs copistes : *Saint-Jehan, Saint-Jan, Saint-*

Jouan, Saint-Jouhan, Saint-Jouhn et *Saint-John* ; mais ces deux
dernières formes sont toujours surmontées d'un trait ou d'un
grand accent circonflexe, qui sont des signes d'abréviation et
qui ont été négligés par Ogée.

Suivant une déclaration faite au roi, en 1682, et dont je
remercie M. de la Borderie d'avoir bien voulu me communiquer
un extrait, le château de Saint-Jouan se composait d'un grand
corps de logis, aux deux bouts duquel il y avait deux gros
pavillons, le tout ayant environ 150 pieds de longueur ; il n'était
donc pas triangulaire comme le prétend l'*Annuaire Dinannais*
de 1833, mais il était dans une enceinte triangulaire, entourée
de fossés. Ce château, qui n'était pas éloigné du manoir de
l'Isle de plus de cent mètres à vol d'oiseau, n'existe plus ; mais
il était encore debout en 1740, car, dans un partage de cette
date, tandis que plusieurs pièces de terre sont indiquées comme
grevées de la charge de porter une redevance au château de
Couëllan, qu'habitait alors le seigneur de Saint-Jouan, une
autre pièce est indiquée comme devant sa redevance *o portage*
au château de Saint-Jouan. Il subsistait même, au moins en
partie, en l'an VI de la République, car il est compris alors
dans un bail de la métairie de la Porte du Château, dans lequel
il est ainsi désigné : « Le vieux château contenant, avec ses
douves, 74 cordes 1/4. » J'ai encore vu moi-même le colombier,
qui ne fut détruit que vers 1860.

Ce château était le centre d'un grand et beau domaine bien
décoré, fief noble, ancienne chevalerie, jouissant de plusieurs
grands privilèges et droits seigneuriaux. Le seigneur prenait
le titre de baron ; mais la sentence de réception de l'aveu de
1682 supprima ce titre.

Le plus ancien seigneur dont j'ai pu découvrir les traces (1),
en m'appuyant sur des documents originaux et incontestables,
est Alain de Landugen ou Landujan, qui est nommé dans la
réformation de 1427. Dix-sept ans plus tard, en 1444, son successeur, qui était probablement son fils, se nommait Charles
de Landugen. C'était encore ce dernier, ou son fils portant le
même nom, Charles de Landugen, qui était seigneur en 1513.
Cette seigneurie devint ensuite la propriété de Jean de la

(1) Voir la note au bas de la page 92.

Vallée ; M. de Courcy dit que ce fut par alliance ; n'ayant pas de raison pour en douter, je le crois sur la foi de cet auteur, quoique je n'en aie trouvé la preuve dans aucun document. Ce Jean de la Vallée, marié à Bonne Glé de la Costardaye, possédait les seigneuries de Saint-Jouan, le Rox, Quedillac et autres lieux. Bertranne de la Vallée, sa fille aînée et son héritière, les porta dans une nouvelle famille par son mariage avec Claude de Rosmadec, chevalier de l'ordre du Roi.

C'étaient probablement ce seigneur et cette dame qui possédaient Saint-Jouan lorsqu'un combat fut livré dans le voisinage, en 1591, car leur fils et futur successeur n'avait alors que dix ans. Peu de mots suffiront pour résumer le récit de ce combat, que Dom Morice raconte avec détails. Le prince de Dombes, gouverneur de Bretagne pour le Roi, et le duc de Mercœur, gouverneur pour la Ligue, s'étant rencontrés auprès de Saint-Meen, ce dernier se retira à Saint-Jouan-de-l'Isle, poste à deux lieues de Saint-Meen, fort avantageux par sa situation, dit Dom Morice ; c'est encore l'avis des tacticiens de nos jours. Le prince de Dombes résolut d'engager l'action quelques jours après. Lorsqu'il fut arrivé à l'endroit où il voulait faire son attaque, Bastenai, qui avait pris les devants avec la cavalerie légère, se jeta sur le quartier du marquis de Belle-Isle, qui commandait les chevau-légers du duc de Mercœur, et força les barricades. Lavardin suivit avec de plus grandes forces, renversa tout ce qui se présenta devant lui, fit un grand nombre de prisonniers, et contraignit le marquis de Belle-Isle à se replier sur le duc de Mercœur. Celui-ci, se voyant si brusquement attaqué au moment où il s'y attendait le moins, n'eut que le temps de ranger en bataille les Espagnols qu'il avait dans son armée. Le prince de Dombes, au lieu de profiter de ce premier avantage, s'avisa de tenir conseil avec les chefs de la sienne ; le général anglais Norris représenta que le chemin qui conduisait au duc de Mercœur était étroit, couvert et entrecoupé d'un petit ruisseau, et qu'il serait dangereux d'attaquer par un terrain si peu favorable. Suivant ce conseil, le prince de Dombes fit opérer la retraite.

Le cours d'eau que Norris appelait un petit ruisseau, devait être la Rance, qui est une rivière présentable. Comment un petit ruisseau aurait-il arrêté une armée, surtout au mois de septembre ? Et comment cette armée aurait-elle reculé devant ce petit ruisseau, si elle n'avait pas craint de franchir la Rance, qu'il était, d'ailleurs, nécessaire de traverser pour arriver à Saint-Jouan ?

Ce combat n'est pas le seul qui ait été livré à Saint-Jouan. Je dirai bientôt quelques mots du second, s'il est permis, malgré sa date peu reculée, d'en faire mention dans une séance d'archéologie.

Je disais que, lorsque ce combat de 1591 eut lieu, Claude de Rosmadec était seigneur de Saint-Jouan, du chef de Bertranne de la Vallée, fille aînée et héritière de Jean de la Vallée. Celle-ci, devenue veuve, se remaria à Charles de Sanzay, dont elle eut un fils nommé Pierre, qui eut le commandement d'une compagnie de trois cents hommes de pied, mourut célibataire en 1631, et fut inhumé à Saint-Jouan dans la même tombe que son père.

Guillemette de la Vallée, sœur de Bertranne, fut la seconde femme de Marc de Rosmadec, gouverneur de Dinan, frère de Claude, et dont la première femme avait été, en 1559, Jeanne de Montbourcher, dame douairière de Saint-Jouan.

Mathurin de Rosmadec, fils de Claude et de Bertranne de la Vallée, naquit en 1581. Je ne sais en quelle année sa mère lui laissa pour héritage les seigneuries de Saint-Jouan, du Ros (paroisse de Concoret) et de la Bouyère, celle-ci s'étendant sur la plus grande partie de la paroisse de Quedillac ; mais c'était avant le 1er mai 1618. Plus tard, il devint, en outre, seigneur de Gaël, de Comper (paroisse de Concoret) et d'Illifaut. Il prenait le titre de baron de Saint-Jouan, et ses successeurs le prirent aussi, quoique le titre de baronnie, donné à la seigneurie de Saint-Jouan, n'ait pas été reconnu par la sentence de réception d'un aveu en 1682. Il fut chevalier de l'ordre du Roi, et il épousa, en 1608, Jeanne de Trogoff, fille aînée et héritière de Pierre de Trogoff, conseiller du Roi en sa cour souveraine de Bretagne, seigneur de Ponteven, du Val Bilouan, des Fontenelles, du Pontglo (paroisse de Pleumeur-Gautier), etc., et de Gillette d'Avaugour, sa femme. Wlson de la Colombière, dans la *Généalogie de la famille de Rosmadec*, dit que Jeanne de Trogoff était belle et vertueuse, et qu'elle apporta plus de cent mille écus de bien à son mari. Son père mourut en 1623, et fut inhumé dans le tombeau des seigneurs de Saint-Jouan.

Les registres de cette paroisse viennent ajouter leur humble témoignage à tous les documents qui prouvent l'absence de tout antagonisme entre les classes inférieures du peuple et la noblesse avant la Révolution de 1789. Elles vivaient dans une parfaite concorde, comme des écrivains sincères, MM. Le Play, Taine et autres, l'ont constaté après des observations impartiales. Nous en voyons une nouvelle preuve dans le grand nombre de baptêmes et de mariages de roturiers auxquels a assisté la noblesse de Saint-Jouan et des environs. Ainsi dans l'espace de onze mois, du 21 mars 1621 au 22 février 1622, six enfants de paysans furent tenus sur les fonts de baptême, dans l'église de Saint-Jouan, par des membres de la famille de Rosmadec. Cette parenté spirituelle, contractée si fréquemment par les nobles avec les roturiers, montre que l'autorité protectrice, exercée par les premiers sur les seconds, était acceptée volontiers par ceux-ci, et qu'un bon accord existait entre les uns et les autres.

L'illustre famille de Rosmadec ne se distinguait pas moins par sa piété que par ses alliances et par son talent pour la guerre. Mathurin de Rosmadec et Jeanne de Trogoff, par un acte notarié, que la fabrique de Saint-Jouan conserve dans ses archives, fondèrent à perpétuité quatre prestimonies, consistant en la jouissance de trois traits de dîmes, qui se levaient dans la paroisse de Quédillac, et qu'ils affectèrent à l'entretien de quatre prêtres, dont ils se réservaient la nomination à eux et à leurs successeurs, les futurs seigneurs propriétaires du château de Saint-Jouan. Chaque jour, l'un de ces quatre prêtres devait célébrer, à huit heures du matin, pour les fondateurs et pour leurs prédécesseurs, parents, alliés et amis, une grand'messe que les trois autres devaient répondre, et qui devait être suivie d'une prière nominale et du chant du *Libera*. Cette grand'messe devait être celle de chaque jour suivant le missel romain, sauf le lundi et le vendredi ; ces deux jours, ce devait être la messe des défunts précédée du chant d'un nocturne. Les jours de saint Georges, de la Magdeleine, de la Toussaint, et de la Nativité de la sainte Vierge, cette grand' messe, la prière nominale et le chant du *Libera* devaient être suivis de trois messes basses. Par ce même acte de fondation, les fondateurs nommèrent les quatre prêtres qu'ils avaient choisis, avec la condition expresse que, dans le cas où quelqu'un de ces prêtres, ou de ceux qui seraient nommés à l'avenir par les futurs seigneurs de Saint-Jouan, causerait un scandale public, soit en allant boire dans les tavernes, soit en allant aux bals, aux danses ou aux assemblées de nuit, soit en fréquentant des compagnies scandaleuses, celui-là pourrait être privé de sa prestimonie, sans autre procédure ni litige que l'attestation de deux personnes dignes de foi faite devant le recteur ou devant le seigneur de Saint-Jouan. Le dénonciateur, pourvu qu'il fût capable et idoine, devait être admis à la place de celui qui aurait été trouvé en faute. Les prêtres nés et résidants dans les paroisses de Saint-Jouan, la Chapelle-Blanche, ou Quedillac devaient être préférés aux autres pour faire le service, pourvu qu'ils fussent dans les conditions requises. Ces prêtres devaient fournir les ornements, les cierges et toutes les choses nécessaires à la célébration de ces messes. Ils devaient porter respect et honneur au recteur de Saint-Jouan, assister aux grand'messes et aux vêpres célébrées dans l'église de cette paroisse, et à toutes les processions, sous peine de payer trois sols aux trésoriers de la fabrique. Les trois traits de dîmes, dont la jouissance était affectée à cette fondation, furent affermés annuellement 200 livres en 1757, et 350 livres en 1787.

Peu de temps après avoir fait avec son mari cet acte de fondation, qui porte la date du 14 mai 1638, Jeanne de Trogoff mourut le 29 septembre de la même année, non pas au château de Saint-Jouan comme le dit par erreur Wlson de la Colombière, qui ignorait la date de sa mort, mais au château de Comper. Le registre des décès de la paroisse de Saint-Jouan nous apprend aussi que ses funérailles furent faites dans l'église de Concoret; que, à cause de la peste qui sévissait à Saint-Jouan, l'on tarda d'enterrer le corps jusqu'au 8 septembre 1642, et qu'il fut inhumé, ce jour-là, dans le tombeau des seigneurs de Saint-Jouan.

La peste, en effet, désola cette paroisse depuis le 22 août 1638 pendant plusieurs mois ; les décès furent très nombreux et neuf personnes furent enterrées dans leurs jardins ou dans leurs champs. Treize ans auparavant, en 1625, une épidémie de dyssenterie avait fait mourir cinquante-quatre personnes dans la paroisse de Saint-Jouan entre le 26 septembre et le 30 novembre.

La veille de la mort de Jeanne de Trogoff, le 28 septembre 1638, le vicaire, nommé Georges Joubeaux, inscrivit en ces termes dans le registre des baptêmes de Saint-Jouan la naissance de Louis XIV : « Le cinquiesme jour de septembre 1638 naquit un dauphin en France que Dieu donna à nostre Roy très-Chrestien et fils aisné de l'Eglise Louys de Bourbon Roy de France et de Navarre et à la Roine Anne d'Autriche sa compaigne. — *Qui divisum imperium cum Jove semper habeant.* » C'est le 28 septembre que cet événement fut inscrit par le curé ; on peut en conclure qu'il fallut trois semaines et plus pour que la nouvelle en arrivât à Saint-Jouan.

Mathurin de Rosmadec mourut dans son château de Saint-Jouan, un peu moins de six ans après Jeanne de Trogoff, le 18 avril 1644, vers deux heures de l'après-midi, et fut inhumé, la nuit suivante, dans l'église de Saint-Jouan, sous une pierre sépulcrale, sur laquelle est grossièrement sculptée la figure d'une dame. Les funérailles solennelles furent faites quatre jours après, le vendredi 22, par le prieur de Saint-Meen, et l'oraison funèbre fut prononcée par le recteur de Gaël.

Wlson de la Colombière nomme seulement les cinq enfants de Mathurin de Rosmadec et de Jeanne de Trogoff qui survécurent à leurs parents ; les registres de Saint-Jouan nous font connaître, en outre, une fille nommée Jeanne, qui fut baptisée le 15 février 1623, et dont le parrain fut Pierre de Trogoff, son grand-père maternel, et la marraine Jeanne de Bréhant. Cette enfant ne mourut pas à Saint-Jouan, car les registres de la paroisse ne font pas mention de son décès.

Les cinq autres enfants de Mathurin de Rosmadec furent Mathurin, Sébastien, Charles, Perronnelle et Magdeleine. Le premier fut enseigne de la compagnie de gens d'armes du maréchal de la Meilleraye et donna beaucoup de preuves de son courage. C'est lui qui hérita de la baronnie de Gaël et de la seigneurie de la Chapelle-Blanche, mais il vendit cette dernière, en 1650, soit à son beau-frère Prigent Le Ny de Coatelez, soit à son neveu Mathurin Le Ny de Coatelez, baron de Saint-Jouan.

Sébastien fut baron de Comper ; il avait épousé, en 1643, Madeleine de Boisjan, dame de Couellan, veuve de Siméon Hay de la Bouexière, qui était grand'mère quand elle se remaria, et qui plus tard contracta encore un troisième mariage. Sébastien de Rosmadec mourut à Rennes en 1647, et son corps fut inhumé dans l'église des Carmes de cette ville.

Perronnelle se maria, en 1629, à Prigent Le Ny de Coatelez, dont la famille était originaire de la paroisse du Drenec ; et c'est elle qui eut en partage la seigneurie de Saint-Jouan, après la mort de son père ; elle mourut à Paris, en 1646.

Les registres de Saint-Jouan, qui ne remontent pas au-delà de l'année 1616, ne mentionnent la naissance et le baptême que des trois plus jeunes enfants de Mathurin de Rosmadec et de Jeanne de Trogoff ; j'ai déjà parlé de Jeanne, la plus jeune de tous.

Saldebrel Charles, qui n'est connu que sous le nom de Charles, vint au monde le 22 septembre 1618, mais ne fut baptisé que le 18 octobre 1620, le même jour que sa sœur Madeleine. Son parrain fut Saldebrel Charles de Brullon, baron de la Musse, et sa marraine fut Marguerite Gault, damoiselle de Saint-Symphorien. Ce Charles de Rosmadec, qui semble n'avoir jamais porté son nom de Saldebrel, fut abbé du Tronchet ; savant, quoique fort jeune, il assista, comme député de son ordre, aux Etats de la province qui se tinrent à Rennes en 1640. Nommé évêque de Vannes, en 1647, pour succéder à Sébastien de Rosmadec, qui était oncle à la mode de Bretagne de son père, il fut sacré en 1648 et se démit de son abbaye. Transféré au siège archiépiscopal de Tours en 1671, il mourut aux eaux de Bourbon en 1672.

Madeleine de Rosmadec, née le 29 août 1620, fut tenue sur les fonts du baptême, le 18 octobre suivant, par François d'Avaugour, seigneur de la Lohière, et par Madeleine de Rosmadec, demoiselle de Molac. Son partage dans l'héritage paternel fut la seigneurie de la Bouyère (paroisse de Quedillac) ; celle de la Houssaye, dans la même paroisse, lui appartenait aussi en 1649 ; cette dernière avait probablement appartenu aussi à son père, qui, dans certains documents, porte, au lieu du titre de seigneur de la Bouyère, celui de seigneur de Quedillac. Pour ne plus revenir sur cette seigneurie, il faut que j'indique ici ses droits et ses devoirs dont il m'a été possible d'acquérir la connaissance. Elle devait à la seigneurie de Montauban quatre boisseaux de froment et 38 sols 6 deniers ; le prince de Rohan Guémené, comte de Montauban, prétendit au droit de rachat de la Bouyère, lorsque, à la mort de la comtesse de Prélot, en 1748, cette seigneurie vint en la propriété de Sylvie-Angélique Andrault de Langeron, veuve de Claude Thiard, comte de Bissy, mestre de camp. Le seigneur de la Bouyère avait le droit de trépas, consistant en un double pour chaque cheval, ou pour chaque bête à pied fourchu, passant par le chemin de Quedillac à Bécherel. Ce droit n'était plus en valeur en 1748 ; mais la dame de Langeron se réservait de le rétablir, si elle le jugeait à propos ; il aurait pu être affermé trois livres par an.

J'ai dit que Perronnelle de Rosmadec, mariée à Prigent Le Ny de Coatelez, fut héritière de la seigneurie de Saint-Jouan ; mais ce fut pour peu de temps, car elle mourut moins de deux ans après son père, le 4 février 1646 ; son corps fut inhumé dans l'église des Minimes à Paris. Wlson de la Colombière dit qu'elle eut plusieurs enfants, mais les registres de Saint-Jouan n'en mentionnent que deux : Mathurin Le Ny de Coatelez, qui fut baron de Saint-Jouan, et qui épousa Anne du Poulpry, et Charles Le Ny, seigneur abbé de Coatelez. Le premier fut baron de Saint-Jouan pendant vingt-six ans. Trois enfants naquirent de son mariage avec Anne du Poulpry : Charles, qui fut lieutenant aux gardes ; Mathurin, qui fut archidiacre de Vannes ; et Marie, qui épousa Salis, capitaine d'une compagnie suisse. Mais aucun d'eux ne garda la seigneurie de Saint-Jouan ; elle passa, en 1672, en la propriété de Siméon-Jacques Hay, seigneur de Couëllan, petit-fils d'un frère de Hay du Chastelet, membre de l'Académie française.

Siméon Hay l'acquit par retrait féodal, car elle avait été vendue au seigneur de la Bussaudière, dont j'ignore le nom patronymique. M. Potier de Courcy dit, à l'article *Landujan* de son *Nobiliaire*, qu'elle passa par acquêt aux Sioc'han ; cela peut être exact, si un Sioc'han possédait le fief de la Bussaudière ; mais, en tout cas, il ne l'eut pas longtemps, puisqu'elle lui fut retirée. D'ailleurs, le même auteur, dans l'article qu'il consacre à cette dernière famille dans le même livre, se réfute

·lui-même, en disant qu'elle posséda la seigneurie de Saint-Jouan, paroisse de Saint-Jouan-des-Guérets ; ce n'était donc pas celle de Saint-Jouan-de-l'Isle.

C'est au plus tard à cette époque que le château cessa d'être habité, parce que le nouveau seigneur demeurait à celui de Couëllan, qui en était très voisin, et plus ordinairement à celui de la Hardouinaye. Il avait épousé Catherine Doisseau, fille du seigneur de la Hardouinaye, et c'est par là que ses descendants furent propriétaires du château qui avait caché dans ses souterrains les souffrances et la mort de Gilles de Bretagne. En 1679, Siméon Hay, qui était propriétaire des forges du Vaublanc, faisait exploiter une mine de fer dans la paroisse de Saint-Jouan-de-l'Isle, et ces travaux continuèrent dans le siècle suivant jusqu'à une date que je ne saurais préciser ; cette mine était sans doute celle qui est aujourd'hui remplie d'eau et qu'on appelle le *Minerai*. Il mourut en 1683. Deux de ses enfants, le comte Siméon et le chevalier Paul Christophle s'étaient noyés par accident dans le grand étang de la Hardouinaye, le 21 novembre 1682, le premier à l'âge de 18 ans et le second à l'âge de 14 ans. Ceux qui lui survécurent furent François et Renée-Catherine, qui restèrent orphelins et qui devinrent successivement propriétaires de la baronnie de Saint-Jouan. François commandait un régiment en 1692 et était encore baron de Saint-Jouan en 1696 ; Renée-Catherine, mariée à Jean-Baptiste de Derval, seigneur de Brondineuf, avait succédé à son frère en 1704, et était morte en 1707.

Sa fille Marie-Françoise-Angélique-Esmélie de Derval, mariée à Pierre-Mathurin-Bertrand de Saint-Pern-Ligouyer, porta dans cette dernière famille ses nombreuses et riches seigneuries. Ce dernier était fils de Joseph-Hyacinthe de Saint-Pern et de Julienne-Sainte de Botherel-Quintin, dont un autre fils Vincent-Jude, seigneur de Champalaune (paroisse de Pacé), reçut le titre de marquis en 1748, fut maréchal des camps et armées du Roi, premier gentilhomme du duc de Penthièvre, et chevalier de Saint-Louis. Pierre-Mathurin-Bertrand mourut en 1724 ; et Marie-Françoise de Derval l'ayant suivi dans la tombe en 1733 ou auparavant, leurs quatre enfants mineurs furent pendant plusieurs années sous la tutelle de leur oncle le seigneur de Champalaune. L'aîné, René-Célestin-Bertrand de Saint-Pern, hérita des seigneuries de Couellan, de Saint-Jouan, de la Chapelle-Blanche, de la Hardouinaye, etc. Il hérita aussi du titre de marquis de Saint-Pern après la mort de son oncle Vincent-Jude de Saint-Pern-Champalaune, en faveur de qui il avait été créé, et qui mourut en 1761.

Ce nouveau seigneur de Saint-Jouan était entré, à l'issue de ses études, dans le régiment du Roi, et avait quitté le service à l'âge de 25 ans. Depuis ce temps jusqu'en 1792, il habita pendant plus de cinquante ans son château de Couëllan, et fut très aimé des habitants du pays, qui en donnèrent une preuve, comme je vais le dire dans un instant. Il épousa Marie-Philippe de l'Olivier, fille du seigneur de Bovrel (paroisse de Sérent), qui lui laissa en héritage cette seigneurie et celles de Saint-Maur, de Lochrist (paroisse de Trébrivan), et le marquisat d'Aunac. Cette dame hérita aussi de son oncle maternel Philippe-Auguste comte de Volvire-Ruffec, chevalier, marquis du Châtelet, comte du Bois-de-la-Roche (paroisse de Néant), vicomte de la Gabetière (paroisse de Saint-Brieuc-de-Mauron), lieutenant général des armées du Roi et commandant pour Sa Majesté aux quatre évêchés de la Haute Bretagne et au comté Nantais, lequel était lui-même héritier de son neveu Ingelelme-Joseph, marquis de Volvire-Ruffec, chef de nom et armes de sa maison, chevalier, comte du Bois-de-la-Roche.

René-Célestin-Bertrand de Saint-Pern commanda un corps de milice au combat de Saint-Cast, tandis que son frère cadet, le chevalier Louis-Bonaventure de Saint-Pern, officier supérieur en activité de service, y commandait une division ; ce dernier devint, quelque temps après, maréchal de camp, puis lieutenant général.

René-Célestin-Bertrand acquit, en 1780, la seigneurie de Kergoët par retrait féodal, comme je le dirai bientôt, et c'est alors que sa fortune et sa puissance furent à leur apogée. Mais, obligé de quitter le château de Couëllan dans le mois de décembre 1792, il fut incarcéré à Saint-Malo en 1793 avec la marquise sa femme ; et tous deux furent dirigés vers Paris avec deux de leurs enfants et plusieurs de leurs parents et amis, qui furent exécutés en même temps que Madame de Saint-Pern, le 20 juin 1794 ; celle-ci avait environ 68 ans, deux ans de moins que ne dit la *Biographie Bretonne.* Selon ce livre, auquel je m'en rapporte pour la fin de la vie du marquis, parce que je n'ai trouvé aucun document sur ce point, René-Célestin-Bertrand de Saint-Pern fut mis en liberté sur les instantes réclamations des habitants de son pays, où il était fort aimé, ce qui montre de nouveau, comme nous l'avons déjà appris pour ce qui concerne la famille de Rosmadec, que les vassaux de la seigneurie de Saint-Jouan n'avaient pas à se plaindre de leurs seigneurs. Mais sa santé, déjà altérée, reçut le dernier coup lorsqu'il apprit la mort de sa femme, de sa bru, de ses petits-enfants, l'incarcération de plusieurs autres de ses parents, et la confiscation de tous ses biens ; trop malade pour revenir dans son pays, il dut être mis à l'hôpital, où il mourut peu de jours après. Son frère puîné, le général Louis-Bonaventure, qui avait été détenu avec lui, put revenir en Bretagne ; mais il mourut de chagrin et d'épuisement à Quimperlé en 1798.

Le marquis René-Célestin-Bertrand de Saint-Pern eut huit enfants, dont cinq fils et trois filles. L'une de celles-ci, qui s'appelait Emilie-Vincente, se maria, en 1777, avec Gabriel-Jean-Raoul de Caradeuc, chevalier, comte de la Chalotais, fils puîné du fameux procureur général. Parmi les plus marquantes des cent vingt personnes qui signèrent au bas du contrat de mariage, se trouvent le duc de Rohan, la duchesse de Rohan née d'Uzès, le maréchal duc de Duras, la duchesse de Duras née Coetquen, François Barreau de Girac, évêque de Rennes, du Cambout de Coislin, Louise Charrette du Cambout de Coislin. L'aîné des fils, Bertrand-Auguste, demeurait à Rennes en 1773 et au château de la Brière (paroisse de Saint-Launeuc) en 1784, mais il ne l'habitait plus en 1785. Un autre, Jean-Louis-Marie, capitaine au régiment de Berry cavalerie, émigra en Amérique pendant la Révolution ; la *Biographie Bretonne* dit qu'il servit dans l'armée des princes. Un troisième, Anastase-Joseph, lieutenant de vaisseau, émigra à la Trinité, colonie espagnole.

Seigneurie de Kergoët.

Comme la seigneurie de l'Isle appartenait à la famille du même nom, de même celle de Cargouët ou Kergoët appartint

primitivement à la famille de Cargouët ou de Kergoët ; Guy Le
Borgne dit que celle-ci, qui portait Bandé d'or et de gueules
de six pièces, se fondit en la Moussaye par le mariage de son
héritière avec Bertrand de la Moussaye ; mais d'après une
généalogie de la Maison de la Moussaye, que M. le comte de
Palys a eu l'obligeance de me communiquer, ce Bertrand, qui,
fut tué, en 1304, dans la bataille de Mons-en-Puelle, avait
épousé Gillette de Rieux ; et c'est Olivier, son second fils, qui
le premier dans cette généalogie, est désigné avec le titre de
seigneur de Kergoët. Le même document ajoute qu'il ne paraît
pas que cet Olivier ait contracté aucune alliance ; il faut donc
qu'il ait hérité de cette seigneurie ou qu'il l'ait achetée. Il
périt, en 1364, à la bataille d'Auray.

La réformation de 1427 nous apprend que, cette année-là,
pendant que Jehan de l'Isle et Alain de Landujan possédaient
les deux autres seigneuries de la paroisse de Saint-Jouan-de-
l'Isle, c'était Edouard de la Moussaye qui avait celle de Kergoët. Il la transmit à ses descendants, qui la possédèrent par
ordre de primogéniture, avec celle de la Moussaye, jusqu'à
Amaury V inclusivement, et dont voici la liste :

Amaury I, dont le nom se trouve lié à tous les événements
remarquables des règnes de Pierre II, Arthur III et François II,
ducs de Bretagne ;

Amaury II, qui vivait en 1513 ;

Jacques, qui mourut presque au sortir de l'enfance ;

Gillette, dame de Goyon, sœur d'Amaury II et tante de
Jacques ;

Jacques II, qui mourut à 22 ans, en 1538 ;

Amaury III, qui mourut en 1582 ;

Charles, qui embrassa le protestantisme, dans lequel persé-
vérèrent tous ses descendants, et qui mourut en 1593 ;

Amaury IV, créé marquis en 1615, qui fut l'un des chefs du
parti protestant et qui mourut en 1626 ;

Amaury V, qui servit avec un grand éclat dans les guerres
d'Allemagne et de Catalogne, fut le favori du grand Condé et
épousa la sœur de Turenne.

Après lui, rien ne prouve que son fils Henri, qui mourut
sans postérité, ait été seigneur de Kergoët ; mais la sœur
de celui-ci, Marie Gouyon, marquise de la Moussaye, possédait

cette seigneurie en 1676. Après Marie Gouyon, le seigneur de Kergoët fut son neveu René-Amaury de Montbourcher, marquis du Bordage, fils d'Elisabeth Gouyon et de René de Montbourcher. Ce seigneur mourut célibataire en 1744, dans sa 73ᵉ année, laissant la seigneurie de Kergoët à sa sœur Henriette de Montbourcher, femme du maréchal duc de Coigny ; cette dame la posséda jusqu'à sa mort, qui arriva en 1752 ; puis son fils, duc de Coigny, qui en hérita, la vendit à messire Jean-René des Salles en 1780 ; mais le marquis René-Célestin-Bertrand de Saint-Pern l'acquit alors par retrait féodal.

Il y avait à Kergoët une chapelle, qui était dédiée à saint Armel, ou au moins dans laquelle était une statue de ce saint, et dont il ne restait plus que des ruines en 1783. J'ai déjà dit que, quand elle fut détruite, l'on transporta cette statue dans la chapelle, dite de la Moussaye, de l'église de Saint-Jouan. Les baptêmes furent faits dans la chapelle de Kergoët depuis le 15 septembre jusqu'au 17 octobre 1638, à cause de la peste qui régnait alors. Le marquis Amaury V n'empêchait donc pas, quoiqu'il fût protestant, de pratiquer le culte catholique dans une chapelle qui lui appartenait.

Droits seigneuriaux, usages, etc.

Nous avons vu que les seigneuries de Saint-Jouan et de la Chapelle-Blanche furent réunies à celle de Couellan en 1672, et que, en 1780, celle de Kergoët fut aussi annexée à cette dernière. La paroisse de Saint-Jouan entra ainsi tout entière dans le domaine direct du marquis de Saint-Pern.

Les armes de la seigneurie de Saint-Jouan sont toujours restées les mêmes dans la succession des diverses familles qui l'ont possédée. La famille de Landujan portait d'azur à 4 fusées d'argent ; or, sur le porche de l'église, qui fut bâti en 1626, pendant que la seigneurie, après avoir passé dans la propriété de la famille de la Vallée, appartenait à Mathurin de Rosmadec marié à Jeanne de Trogoff, l'on grava les armes de la famille de Landujan écartelées de celles de Trogoff, qui étaient d'argent à trois fasces de gueules. Et, plus de trente ans après la mort de ces deux époux, lorsque la seigneurie, après avoir appartenu dans l'intervalle à la famille Le Ny de Coatelez, appartenait à Siméon Hay, le sceau portait encore les armes de Landujan écartelées de celles de Trogoff.

J'ai déjà dit que le seigneur de Saint-Jouan était supérieur et fondateur de l'église. Voici quels étaient ses autres droits féodaux, d'après les aveux que j'ai eus entre les mains : .

Ses vassaux lui devaient foi, hommage, chambellenage, servitude de rôle à tour et rang, saisine de bâton, suite de cour, suite de moulin. La dîme se levait à la 12e gerbe sur certaines pièces de terre, sur d'autres c'était à la 18e gerbe, sur d'autres à la 36e seulement. Le recteur de Saint-Jouan avait toujours la 36e gerbe, avant qu'il eût opté pour la portion congrue ; si la dîme était au 36e, il l'avait toute ; si elle était au 18e, il en avait la moitié et le seigneur l'autre moitié ; si elle était au 12e, le recteur n'en avait que le tiers et le seigneur deux tiers ; et le recteur devait au seigneur une rente de 32 boisseaux de seigle, à cause des dîmes qu'il percevait dans la paroisse de Saint-Jouan et dans la trève de la Chapelle-Blanche. Mais en 1768, il opta pour la portion congrue, qui montait à 500 livres.

Le seigneur avait droit de bouteillage sur le vin, le cidre et les autres boissons qui se débitaient dans la paroisse de Saint-Jouan ; et ce droit consistait à faire payer un pot par chaque barrique, au prix de la vente qui en était faite. Le seigneur avait, de plus, droit de royauté, le jour de la Fête-Dieu, c'est-à-dire que les propriétaires de certaines pièces de terre et tous les habitants de la paroisse qui s'étaient mariés depuis la Fête-Dieu de l'année précédente, étaient obligés de comparaître, immédiatement après les vêpres de l'église paroissiale de Saint-Jouan, devant lui ou devant ses officiers ; l'un de ces propriétaires devait avoir une couronne de pelure de saule sur la tête, chanter une chanson, et garder cette couronne sur sa tête pendant que les nouveaux mariés de l'un et l'autre sexe chantaient aussi une chanson, sous peine de trois livres quatre sols d'amende contre chacun des défaillants ; et le recteur devait donner, chaque année, ce jour de la Fête-Dieu, par un extrait du registre des mariages signé de lui et certifié, les noms de tous les nouveaux mariés depuis un an, et présenter cet extrait après vêpres aux officiers du seigneur qui tenaient la cour, sous peine de soixante sols d'amende.

Il y avait dans la ville de Saint-Jouan une maison, dont le propriétaire devait au seigneur une soule, c'est-à-dire une balle de cuir remplie de sable, qu'il présentait à lui-même ou à ses officiers le jour de saint Jean de Noël, après la grand' messe, dans la ville de Saint-Jouan ; le seigneur ou ses officiers l'ayant jetée dans la rue, les habitants s'empressaient à qui d'entre eux aurait l'avantage de la porter au château de la seigneurie.

Ces jeux obligatoires, qui excitent aujourd'hui l'indignation de quelques personnes peu éclairées plus même que les autres redevances, et qui, en réalité, n'avaient peut-être plus de raison d'être depuis que le seigneur avait perdu ses fonctions de chef féodal, n'étaient cependant pas un impôt bien lourd pour payer la protection qu'il accordait et les services qu'il rendait à ses vassaux au moyen âge, avant que le roi se fût chargé de défendre le territoire agrandi.

Le seigneur avait droit de haute justice, de plaids généraux, qui se tenaient, sans assignation, le lendemain de la foire de Noël et le lendemain de la foire de Saint-Jean d'été ;. droit d'apprécis des grains, droit de coutume les jours de foires et de marchés, .même sur les passants et repassants suivant la pancarte. Les foires se tenaient les lendemains des fêtes de Noël et de la Saint-Jean d'été, et le marché se tenait sous la halle et dans d'autres endroits de la ville de Saint-Jouan le vendredi de chaque semaine.

Le seigneur avait aussi droit de four banal et de pressoir banal ; mais il y avait des habitants de Saint-Jouan qui n'y étaient pas assujettis : la maison du Plessix-Folliette avait son pressoir privé ; et quelques autres, par exemple celle qui était appelée *maison du cadran*, possédaient leurs fours particuliers.

Les afféagements se faisaient généralement à raison d'un boisseau d'avoine et trois poulets par journal de terre ; mais cette règle n'excluait pas quelques exceptions. Je vais prendre la liberté, pourvu que cela ne vous irrite pas les nerfs, de vous citer, comme curiosité, les conditions d'un afféagement, quoique les pièces de terre, dont il s'agit, fussent dans la paroisse de Caulnes ; mais que votre imagination n'essaie pas de se figurer la valeur des redevances qui y sont indiquées.

Le marquis de Saint-Pern afféagea, en 1770, à Pierre Cosme, son cuisinier, des bâtiments et des pièces de terre, à condition de payer, pour deux de celles-ci, chaque année, comme rente féodale : 2 sols 9 deniers $\frac{27855}{47569}$ de denier, 9 godets $\frac{16}{60}$ de godet $\frac{43580}{47569}$ de 60e de godet de froment mesure de Dinan, trois douzièmes de poule et $\frac{34101}{47569}$ de douzième de poule ; et d'être astreint et soumis, comme les autres vassaux du bailliage de Halouze, à la solidarité du dit bailliage, qui se trouve monter, suivant *l'égail* fait entre-eux, à 4 livres 16 sols 7 deniers monnaie $\frac{11701}{47569}$ de denier monnaie, 26 boisseaux 7 godets $\frac{29}{48}$ et $\frac{57}{60}$ de godet et $\frac{25906}{47569}$ d'un 60e de godet de froment mesure de Dinan à 8 boisseaux la mine, 11 poulets $\frac{4}{96}$ $\frac{44357}{47569}$ d'un douzième de poule regaillable et revanchable entre tous les dits vassaux du dit bailliage de Halouze jointement et solidairement.

La juridiction de la Moussaye, au siège de Kergoët, s'exerçait au bourg de Plumaugat ; le siège de celle de Saint-Jouan et des autres juridictions annexées à celle-ci était à Saint-Jouan ; celle de Couëllan s'exerçait à Caulnes.

L'auditoire et la geôle de Saint-Jouan se trouvaient dans une même maison, qui était composée de six pièces, et qui avait une cour ou un jardin attenant. Le seigneur affermait au geôlier cette maison et la halle, avec la coutume qui se percevait, les jours de foires, sur les étalagistes seulement ; il n'y en avait point de perçue sur les bestiaux. Le locataire devait garder les prisonniers et tenir l'auditoire propre et libre pour les audiences. Celles-ci se tenaient le vendredi de chaque semaine à neuf heures du matin.

D'après un aveu de 1682, la halle de Saint-Jouan aurait eu mille pieds de longueur ; mais quelque copiste a sans doute commis une erreur ici ; l'emplacement qu'elle occupait ne comporte pas la cinquième partie de cette étendue ; et quelle aurait été l'utilité de cette halle immense dans la petite localité de Saint-Jouan-de-l'Isle ? Mais voici d'autres renseignements, que je puise dans le livre de raison d'un habitant de Saint-Jouan du XVIIIe siècle, Mathurin Rioche, avocat, qui raconte ce qu'il a vu : Le marquis de Saint-Pern fit abattre, en 1771, l'ancienne halle de Saint-Jouan. Cette halle était construite sur des piliers de bois ; elle avait 142 pieds de longueur et 42 de largueur. Elle était si vieille, et le bois en était si pourri que, environ trois heures après que les charpentiers furent montés dessus pour la découvrir, une filière se rompit sous l'un d'eux ; il tomba et mourut quelques jours après. L'antiquité de cette halle montre combien le marché de Saint-Jouan-de-l'Isle est ancien. La première pierre de la nouvelle fut posée le 28 août 1771, et la couverture en fut achevée dans le carême de 1773. Cette halle, bâtie par le marquis de Saint-Pern, est belle ; ce qui la rend surtout remarquable, ce sont des poutres en maçonnerie placées horizontalement sans voussure, et dont la solidité n'est pas douteuse, puisqu'elles existent depuis 120 ans et qu'elles supportent une très lourde charge.

Il y avait, en 1725, une maison *ci-devant appelée école* ; combien d'années avant 1725 cette école existait-elle ? Je ne saurais le dire.

Combat de 1815.

Voilà à peu près tout ce que j'ai pu découvrir d'un peu intéressant touchant Saint-Jouan-de-l'Isle dans les siècles passés ; mais, en vous parlant du combat de 1591, j'ai eu l'honneur de vous dire qu'un autre combat y a été livré ; et, quoique ce fait de guerre se soit passé dans le siècle où nous vivons, je vous demande la permission d'en dire quelques mots principalement dans le but de rectifier une date, sur laquelle une erreur a été commise par un homme qui m'honorait de son amitié, et dont je garderai toujours un souvenir respectueux et bien cher, M. Charles du Boishamon.

Le 13 juillet 1815, et non pas le 3, comme cet écrivain regretté le soutient dans la vie, qu'il a écrite, de *Henri du Boishamon*, son père, celui-ci, qui commandait la division royaliste de Médréac, forte de 1800 hommes, livra au Pont-de-l'Isle, près de Saint-Jouan-de-l'Isle, un combat à un corps composé du

86ᵉ régiment de ligne et d'un détachement d'infanterie de marine, qui se rendait à Brest. Les forces étaient égales des deux côtés. Les impérialistes eurent deux ou trois morts ; le major du 86ᵉ, dix-huit officiers et 96 soldats furent faits prisonniers. Dans les rangs des royalistes, le nommé Guézille, qui était élève chez un maitre en chirurgie à Saint-Jouan, fut seul tué. Il y avait de part et d'autre quelques blessés. Le lendemain, mon grand-père maternel fit à la mairie la déclaration du décès de M. Guézille, et l'inscrivit sur le registre dans des termes, dont j'extrais ce qui suit : « Du 14ᵉ jour du mois de juillet, an 1815. Acte de décès de François Guézille.... âgé de 27 ans environ.... décédé le 13 du dit mois à sept heures du soir, en combattant pour la cause du Roi, dans une action qui s'engagea, le dit jour 13 juillet, près du chef-lieu de cette commune, contre un détachement de troupes impériales.... » Cet acte prouve que le combat ne fut pas livré le 3 juillet, comme le croyait le regretté M. Charles du Boishamon, mais le 13, comme l'a écrit l'officier impérialiste, qui fut au nombre des combattants et contre qui mon distingué ami soutenait la première date. Rien n'est plus facile que d'omettre par mégarde ou de marquer mal le petit chiffre 1 qui doit précéder le 3. C'est sans doute ce qu'a fait Henri du Boishamon dans les notes qu'il a laissées à son fils.

Joseph JANVIER.

LA COMMANDERIE

HOSPITALIÈRE

DU

SAINT-ESPRIT D'AURAY

———

Il existait jadis en Bretagne un assez grand nombre d'établissements religieux appartenant aux Chevaliers hospitaliers de Saint-Jean de Jérusalem, mais l'Ordre également hospitalier des Frères du Saint-Esprit n'y possédait dans les derniers siècles qu'une maison : C'était la commanderie du Saint-Esprit d'Auray, dont la belle église, malheureusement sécularisée, subsiste encore.

L'Ordre religieux hospitalier du Saint-Esprit, — qu'il ne faut pas confondre avec l'Ordre royal des Chevaliers du Saint-Esprit, créé par Henri III, — fut fondé à Montpellier vers 1175, par un seigneur français nommé Guy, qui construisit en cette ville d'abord, puis à Rome même, des hôpitaux destinés à recueillir les infirmes et les pauvres. Vingt-trois ans plus tard, le Pape Innocent III, par une Bulle en date du 23 avril 1198, approuva cette fondation, donna des Statuts et Règlements de vie à Guy et à ses compagnons, érigea leur association en ordre religieux et hospitalier, composé de frères et de sœurs sous le nom d'Ordre du Saint-Esprit, et unit l'hôpital de Rome à celui de Montpellier (1). Les nouveaux religieux suivirent dès lors la règle de saint Augustin, appropriée par Guy aux besoins de son Ordre ; l'œuvre gigantesque du Saint-Esprit put dès lors se résumer en ceci : « Soins éclairés donnés aux malades, asiles offerts aux orphelins et aux enfants abandonnés, œuvres de maternité, refuges ouverts au repentir, hospitalité exercée dans toute sa plénitude (2). »

L'habillement primitif des religieux du Saint-Esprit consista en une soutane ou cotte bleu-céleste recouverte d'un manteau noir avec capuce de même couleur ; les sœurs eurent, comme les frères, la robe bleue et le manteau noir, et sur la tête une guimpe et un voile blanc. Plus tard, au XVIᵉ siècle, les uns et les autres adoptèrent la couleur noire pour tous leurs vêtements.

Guy choisit aussi pour son ordre une croix de toile blanche à double croisillon, avec les extrémités élargies en forme de pattes ; tous ses disciples portèrent cette croix double cousue au côté gauche de leur robe et de leur manteau.

Le personnel de l'Ordre du Saint-Esprit se composait de frères, de sœurs, de clercs et d'oblats, sous la conduite de prieurs, précepteurs, commandeurs ou recteurs, placés à la tête de chaque maison, et relevant tous d'un grand maître résidant à Rome.

Pendant plusieurs siècles, l'Ordre du Saint-Esprit — se répandant non-seulement en France, mais dans une bonne partie de l'Europe — rendit de grands services à l'Eglise et à la Société par ses nombreux hôpitaux. Mais, comme toutes les œuvres humaines, après avoir jeté beaucoup d'éclat, cet Ordre tomba dans le relâchement et dans la décadence.

Il déclina sensiblement en France sous les rois Henri IV et Louis XIII, et tomba en désuétude sous le successeur de ce dernier. Un arrêt de décembre 1672 déclara « éteint de fait et supprimé de droit » l'Ordre du Saint-Esprit qu'on voulait à tort, à cette époque, faire passer pour un Ordre de chevalerie,

(1) Mais après la mort de Guy, le célèbre hôpital de Sainte-Marie *in saxia* ou du Saint-Esprit de Rome, devint la Maison-mère de l'Ordre.
(2) Abbé Brune, *Hist. de l'Ordre hospitalier du Saint-Esprit*, 68.

ce qu'il n'avait jamais été. Louis XIV donna tous ses biens aux Ordres de Saint-Lazare de Jérusalem et de Notre-Dame du Mont-Carmel.

Mais il subsistait toujours quelques Frères hospitaliers du Saint-Esprit ; ceux-ci s'empressèrent de protester, et quoique deux décisions du Conseil d'Etat, en 1689 et 1690, eussent confirmé la sentence attaquée, ils obtinrent à la fin gain de cause : En 1693, une sentence arbitrale rétablit l'Ordre du Saint-Esprit, purement et simplement.

Toutefois, il faut bien l'avouer, cet Ordre avait fait son temps : ses membres ne s'occupaient guère des pauvres et ne recevaient plus de malades dans leurs anciens hôpitaux ; la dissension régnait en outre parmi eux, par rapport à la grande maîtrise, et au sujet même de la constitution de l'Ordre qu'on prétendait être à la fois militaire et hospitalier ; aussi le Pape Clément XIII fit-il sagement en joignant, en janvier 1762, d'une manière définitive, l'Ordre hospitalier du Saint-Esprit à celui de Saint-Lazare (1).

Comment les Frères hospitaliers du Saint-Esprit vinrent-ils de Montpellier en Bretagne ? Pour répondre sûrement à cette question, il faudrait avoir les archives de la Commanderie d'Auray ; malheureusement, lorsqu'en 1773 Louis XV concéda le bénéfice de cet établissement à l'Ordre de Saint-Lazare, celui-ci s'empara de tous les papiers et titres du Saint-Esprit.

Voici toutefois ce qu'écrit au sujet d'Auray M. l'abbé Brune, le savant historien de l'*Histoire de l'Ordre hospitalier du Saint-Esprit* :

« La tradition porte que la célèbre maison conventuelle d'Auray fut fondée par les ducs de Bretagne, vers le commencement du xiiie siècle. Le premier document qui la mentionne est la Bulle d'Honorius III, du 23 novembre 1220, par laquelle ce Pape prit sous la protection de saint Pierre l'hôpital et toutes ses dépendances, au nombre de vingt-quatre, à savoir : l'église paroissiale de Saint-Gildas et son annexe en dehors des murs, les hôpitaux de Saint-Malo, Pont-Saint-Esprit, Manciet, Saint-Girons, *Taberta*, Audignon, Millau, l'Hospi-

(1) Gourdon de Genouillac. *Dict. hist. des Ordres de chevalerie.*

talet, Bergerac, Libourne, Saint-Jean-d'Angely, Fauvette, Mayenne, Montmorillon, Lectoure, La Plagne, Nantes, Tour-de-Bas, Tonnerre avec sa maladrerie, Coutances et ses dépendances de Valognes et de Saint-Lô.

« Un nombre si considérable de maisons filiales créées en un temps si restreint, est une preuve de la puissante vitalité de la Maison magistrale d'Auray dès son origine. Elle la conserva durant tout le XIII° siècle, à la fin duquel son célèbre recteur, frère Jean Monette, lui donna un nouvel éclat. A sa mort, le total des hôpitaux filiaux d'Auray montait au nombre de cinquante, en y comprenant ceux fondés par plusieurs de ses dépendances (1). »

L'hôpital d'Auray avait alors le premier rang en France parmi les maisons des religieux du Saint-Esprit. Frère Monette y tenait régulièrement le 19 novembre, jour de la fête de sainte Elisabeth, les chapitres annuels de sa province. Les actes de trois d'entre eux ont été conservés ; on y voit que beaucoup de recteurs des maisons françaises y assistaient, outre les sujets d'Auray. Il présidait encore son chapitre le 19 novembre 1319, en présence de ses frères, les précepteurs de Marseille, Besançon, Troyes, Dijon, et d'un bon nombre de ses fils. Mais il mourut peu de temps après, car on voit, au mois d'août 1320, frère Pierre Martin faire une nomination en qualité de recteur d'Auray (2).

Le style de l'église du Saint-Esprit d'Auray rappelle bien le XIII° siècle, époque de la fondation de cette maison hospitalière, et le grandiose de ses proportions prouve en faveur de l'importance exceptionnelle de l'établissement.

Voici, du reste, à propos d'Auray, une note adressée à l'intendant de Bretagne au siècle dernier, note qui semble avoir été rédigée après lecture de quelque vieille charte alors conservée :

« Ce lieu du Saint-Esprit d'Auray était au temps des ducs de Bretagne un lieu de dévotion très renommé ; ils y ont même fait les fondations les plus considérables, parce qu'il était « très plaisant et très agréable à Dieu », dit le duc

(1) *Hist.* précitée, 344.
(2) Abbé Brune, *Hist.* précitée, 315.

Jean dans un acte de fondation de soixante perrées de froment (1). »

La Maison magistrale et conventuelle d'Auray brilla pendant longtemps d'un vif éclat à la tête de ses vingt-neuf hôpitaux, dont quatre avaient eux-mêmes une famille nombreuse (2) : au total, cinquante maisons fondées par cette mère prodigieusement féconde, et relevant de son autorité. Mais les possessions d'Auray étaient trop disséminées, et beaucoup d'entre elles fort éloignées de la Bretagne, celles-ci en Normandie et dans le Maine, celles-là en Bourgogne et en Gascogne ; aussi ces Maisons filiales se rendirent-elles promptement indépendantes de la Maison-mère.

La prospérité d'Auray dut disparaître sur la fin du XIV° siècle ; dès 1434, on trouve l'hôpital livré à un commandeur séculier et les registres romains n'en font plus mention.

Ce premier prieur commandataire d'Auray est en même temps le premier chevalier que nous trouvons à la tête de cet établissement ; à partir de ce moment, l'hôpital d'Auray sera fréquemment donné à des chevaliers, particulièrement à ceux de Saint-Jean de Jérusalem, et la maison en prendra parfois le nom de « chevalerie d'Auray. »

Le 30 décembre 1434, le duc de Bretagne Jean V concéda donc une foire annuelle en faveur d'Auray ; or, l'on voit par cet acte que l'hôpital était alors aux mains de « Messire Yvon Duval, chevalier » et d'un collège de chapelains. Rien n'indique que ce chevalier prétendît appartenir à une milice du Saint-Esprit (3).

Un peu plus tard, en 1451, il est encore fait mention du collège du Saint-Esprit d'Auray et de son commandeur frère Eon du Val (4). On appelait à cette époque collège ou collégiale un rassemblement d'ecclésiastiques vivant en communauté et

______

(1) *Archiv. d'Ille-et-Vil.* C. 2156. — D'après M. de Courson, la perrée d'Auray correspondait à un fort boisseau du pays vannetais (*Cart. de Redon*, prolégomènes, p. CCCXIV).

(2) Coutances, fondé en 1209, possédait sept maisons, Millau huit, Le Pont-Saint-Esprit quatre, et Bergerac deux.

(3) Abbé Brune, *Hist.* précitée, 294.

(4) Rosenzweig, *Annuaire du Morbihan en 1872*, 2° partie, p. 20, et de Couffon *Recherches sur la chevalerie en Bret.* II, 502.

chargés du service de quelque fondation religieuse d'une certaine importance ; nous verrons bientôt qu'il devait y avoir au Saint-Esprit d'Auray quatre prêtres obligés à dire journellement, dès le matin, deux messes basses les lundi, vendredi et samedi, et une seule les autres jours, et à célébrer chaque jour, une grand'messe chantée à neuf heures et le soir les vêpres également chantées (1) ; ils devaient, en outre, s'occuper du soin des malades reçus dans l'hôpital. Il est vraisemblable qu'à l'origine ces prêtres appartenaient à l'Ordre du Saint-Esprit soit en qualité de Frères hospitaliers, soit comme chapelains conventuels. Lorsque la commende s'introduisit dans l'Ordre et amena sa décadence, la maison d'Auray perdit peu à peu son caractère hospitalier, et son commandeur — choisi souvent soit parmi les chevaliers de Malte, soit parmi de simples ecclésiastiques séculiers — diminua le nombre des prêtres attachés à l'établissement et finit par ne plus y en entretenir qu'un simple aumônier.

En 1510, frère Tristan de Languéouez, chevalier de Rhodes, était commandeur du Saint-Esprit d'Auray et semble y avoir remplacé un certain des Landelles nommé par le pape en 1507 ; il eut pour successeurs frère Louis de Botdéru qui prêta serment de fidélité au Roi le 2 mai 1564 — frère Guillaume de Fromont qui fit de même le 4 mai 1583 — Richard de Sensy commandeur en 1611 — frère François-Alexandre d'Elbène en 1635 — François-Louis de Rousselet de Châteaurenaud, grand prieur de l'ordre de Notre-Dame du Mont-Carmel, en 1684 — N... Daverne qui reçut le Saint-Esprit en commende de la main du pape le 18 janvier 1694 — Charles Mignon, simple clerc tonsuré, auquel pareille faveur fut accordée par Louis XIV le 8 septembre 1703 après la mort du précédent — frère Michel de France de Vandeuil qui prêta serment de fidélité le 5 décembre 1725 ; il prenait les titres de « prestre, chanoine régulier et hospitalier de l'Ordre du Saint-Esprit de Montpellier sous la règle de saint Augustin, commandeur de la Maison magistrale, conventuelle et hospitalière du Saint-Esprit d'Auray » — et frère François-Hugues Pépin

(1) *Archiv. d'Ille-et-Vilaine.* C. 2156.

figurant en 1752 et 1762, qui fut le dernier commandeur d'Auray (1).

Ce François Pépin du Montet avait d'abord fait profession en 1711 dans l'abbaye de Chancelade et joui successivement de trois bénéfices dans cette congrégation. Il se qualifia ensuite du titre de commandeur d'Audignon, mais il ne put jamais justifier de son entrée dans l'Ordre du Saint-Esprit. « S'étant emparé de la commanderie d'Auray, à la mort du dernier titulaire, il eut l'idée bizarre de consacrer les maisons du Saint-Esprit à former des élèves pour l'école militaire, projetée par un édit de l'année 1751. Il congédia donc les pauvres d'Auray et mit à leur place six jeunes enfants, qu'il prétendait sortis des meilleures familles de la province, et auxquels il donna un costume bleu, avec la double croix du Saint-Esprit. Dans une demande d'approbation adressée au roi, il se faisait fort, si on lui abandonnait les biens de l'Ordre, d'élever ainsi plus de cinq cents gentilshommes. Il renia à l'Ordre sa qualité de régulier, qu'il avait pourtant défendue avec force dans un Placet imprimé en 1743, et soutint dans un nouvel écrit, où il renouvelait toutes les extravagances du siècle précédent, que l'Ordre était noble et militaire (2). »

La bulle de Clément XIII éteignant l'Ordre du Saint-Esprit et un jugement flétrissant rendu contre François Pépin firent échouer ces tentatives.

Nous connaissons les aveux rendus au Roi par quelques-uns de ces commandeurs, notamment par Louis de Botdéru, le 3 juin 1575, et par François-Alexandre d'Elbène, le 7 mai 1654. Nous allons y voir en quoi consistait le temporel ou revenu de la commanderie du Saint-Esprit d'Auray.

La dernière de ces déclarations débute comme il suit (3) :

(1) De Couffon, *Recherches sur la chevalerie en Bretagne*. — *Archives d'Ille-et-Vilaine*. C. 2156. — *Archives de la Loire-Inférieure,* Ordres militaires.

(2) Abbé Brune, *Hist.* précitée, 315.

(3) Cet aveu nous a été obligeamment communiqué par M. Delalande, négociant à Rennes, qui habite en cette ville, rue Saint-Georges, une maison dépendant jadis des Chevaliers de Saint-Jean de Jérusalem et portant encore à son sommet gravée dans la pierre la croix de cet ordre. Au dépôt des archives de la Loire-Inférieure existe un autre aveu du Commandeur François d'Elbène, daté du 26 janvier 1635. Ce chevalier y prend les titres de « commandeur de Villedieu, du Bailleul et de la chevalerie du Saint-Esprit d'Auray. »

« C'est l'adveu et denombrement par minu que religieux
seigneur frère François-Alexandre d'Elbène (1), chevalier de
l'Ordre de Saint-Jean de Jérusalem, commandeur de Colom-
miers, Castres, Bellecroix et de la chevalerie du Saint-Esprit
d'Auray, diocèse de Vannes, repceveur et procureur du commun trésor dudict Ordre au Grand prieuré de France, présente
et baille au Roy nostre sire par devant Vous Nosseigneurs de
ses Comptes, du temporel de ladicte chevalerie du dict Sainct-
Esprit qu'il tient prochement de Sa Majesté, à debvoir de
serment de fidélité, prières et oraisons, en fief amorty, soubs
la juridiction d'Auray, évesché de Vannes, pour raison de
quoy il a fait ledict serment de fidélité. »

Le chevalier commandeur déclarant entre ensuite dans les
détails de la description de sa « chevalerie », et commence
par en signaler la Maison principale avec son jardin et sa
retenue :

« La maison et logix de la dicte chevalerie ô leurs courts
cernées de mur, joignant l'église dudict Sainct-Esprit, située
audict Auray, contenant soubs fonds un journal et demy.... le
jardin près la dicte maison, cerné de mur, contenant soubs
fonds et murailles environ demy journal, ouvrant sur l'issue,
vis-à-vis la court et entrée de ladicte maison, des deux costez
à chemins qui conduisent dudict Auray à Poulpen et au village
des Reclus. »

Quelques pièces de terre contenant cinq à six journaux formaient comme la retenue de la commanderie : c'était assez
peu de chose, mais voici des terres plus importantes et d'un
meilleur revenu. C'est d'abord « le manoir et mestairie-noble
du Moustoir-au-Chevalier, situé en la paroisse de Crach » ; on
y trouve tout ce qui constitue un vrai manoir « logix, court,
jardrin et pourprix, fuye et bois de haulte fustaye, taillifs et
garenne. » Cette métairie « que tiennent Jan Drian et
consorts », rapporte chaque année à son propriétaire « par
froment LI perrées, par seigle XVI perrées, par migl IV perrées,
par avoine X perrées », plus cent sols d'argent et douze chapons.

(1) La famille d'Elbène était originaire d'Italie, mais une de ses branches
s'acclimata chez nous : Jean d'Elbène, conseiller au parlement de Bretagne, en
1599, épousa Renée Barrin.

Au Moustoir se trouve aussi un moulin à vent « que tient Jan Ezanno pour XVIII perrées de seigle par an (1). »

Vient ensuite une assez longue nomenclature des « tenues à domaine congéable » que possède le commandeur du Saint-Esprit d'Auray dans les paroisses avoisinant cette ville ; voici les noms des principales : les tenues de Kerléau, de Kermarquer et de Kerousers en Crac'h — les tenues de Kerhano, do Kermorvoux, de Larmor, de Keraudran en Locmariaquer — les tenues de Kerguézec, de Kerorperth, de Kerouars en Brech — les tenues de Locmaria, de Kerlevio, de Kergal en Plœmeur...

Nous en avons fini avec les terres composant le domaine — assez vaste comme on vient de le voir — de la commanderie ou chevalerie du Saint-Esprit.

Nous abordons maintenant une autre source de revenus ; ce sont les rentes dues par le duc de Bretagne — c'est-à-dire par le roi de France, depuis l'annexion de la Bretagne à la France — et par divers particuliers habitant Auray, Hennebont. et autres paroisses environnantes.

Voici d'abord ce que doit le roi :

« Sur le domaine du Roy en sa chastellenie et jurisdiction d'Auray est deub le nombre de soixante perrées de fourment rouge, mesure d'Auray, par fondation faicte des ducs de ce pays et duché de Bretaigne, payable par les mains des repceveurs ou fermiers du Roy en sa dicte chastellenie d'Auray, chacun an, aux termes de la Sainct-Jean en juin et de Noël, à chaque jour par moitié. »

Quant aux particuliers obligés au paiement d'une rente assise sur leurs biens, ils sont trop nombreux pour que nous les nommions ici ; ce sont pour la plupart des bourgeois d'Auray et d'Hennebont.

Le commandeur du Saint-Esprit mentionne ensuite la juridiction lui appartenant à Auray, dans les termes qui suivent :

« Plus ledit chevalier a accoustumé de faire tenir ses plaids le lendemain des jour et feste de saincte Elisabeth, qui est le

____

(1) En 1575, le commandeur Louis du Botdéru avait aussi rendu aveu pour la « mestairie noble de Kerangoff, en Locmariaquer » qui ne figure pas dans l'aveu de François d'Elbéne.

vingtiesme jour de novembre (1) sans aucune intimation ny assignation ; quels plaids se tiennent près et au devant la porte et entrée du jardrin de ladite chevalerie où ses hommes et subjects sont tenus comparoir et déclarer respectivement les rentes et debvoirs qu'ils luy doibvent par devant un seneschal, procureur et greffier de sa court, quels il est en possession d'instituer, ô pouvoir de juger et condamner entre luy et lesdicts hommes et subjects. »

Enfin l'aveu de François d'Elbène se termine par la déclaration du service religieux qu'il est tenu de faire faire dans l'église du Saint-Esprit d'Auray :

« Et pour tout ce que dessus doibt ledict chevalier la servitude que on doibt faire et qui se fait en l'église dudict Sainct-Esprit : entretenir quatre chapelains pour dire tous les jours une messe basse (2) et une grande messe à haulte voix à neuf heures du matin, et vespres à chant. »

En résumé, le total des revenus de la commanderie d'Auray — en ce qui relevait du roi — atteignait environ cent livres d'argent, deux cents vingt perrées de grain et quatre-vingt chapons. Mais il faut y ajouter les revenus de la foire de sainte Elisabeth et les biens qui relevaient d'autres seigneuries que celles du roi (3).

Par lettres du 30 décembre 1434 — avons-nous dit — le duc Jean V avait établi, en faveur du Saint-Esprit d'Auray, cette foire se tenant le jour de la fête de sainte Elisabeth, en novembre, à l'ouest et tout auprès des bâtiments de la commanderie. Le champ de foire sur lequel on éleva une croix dite de Sainte-Elisabeth, est occupé de nos jours par une place où se tient encore un marché. A la suite des « plaids » tenus le lendemain de la foire et où les vassaux venaient renouveler leurs aveux en payant une rente, le régisseur des biens du

---

(1) Cette fête tombe en effet le 19 novembre.

(2) D'autres titres portent « deux messes basses les lundi, vendredi et samedi. »

(3) C'est ainsi qu'on signale en 1754 comme appartenant au Saint-Esprit d'Auray un bois taillis rapportant annuellement 10,000 fagots — les droits de mutation de baillées ou fermes, assez considérables — environ 200 livres de beurre, etc. (*Archives d'Ille-et-Vilaine*, C. 2156).

Saint-Esprit donnait un repas aux juges de la commanderie (1).

Disons pour finir que le commandeur du Saint-Esprit d'Auray percevait des rentes en argent et en grains dans quinze paroisses dont voici les noms : Saint-Gildas d'Auray, Brech, Pluneret, Crach, Locmariaquer, Plougoumelen, Belz, Mendon, Carnac, Plouharnel, Plœmeur, Plœmel, Vannes, Bourg-Paul-Muzillac et Hennebont (2). Le tout rapportait au commandeur environ 4,000 livres de rente.

Comme on le comprend facilement, ces beaux revenus excitèrent bien des convoitises lorsque les Frères-Hospitaliers du Saint-Esprit eurent cessé d'habiter Auray.

« En 1643, par exemple, les Carmes déchaussés de Vannes tentèrent d'expulser les « supérieurs et officiers » de la commanderie, afin de s'établir à leur place et de fonder un hospice. Tout le clergé de Vannes s'opposa à ce dessein, de même que la communauté de ville d'Auray ; il n'y avait pas lieu, disait-on, de renvoyer les « prêtres » du Saint-Esprit qui, suivant les clauses de leur fondation, célébraient chaque jour l'office divin « très bien, très dévotement, avec édification, vivant en gens de bien, sans reproche. » Les Carmes ne se tinrent pas néanmoins pour battus, et, quelques années plus tard (1654), ils prenaient clandestinement possession de la chapelle du Saint-Esprit, menaçant de s'y maintenir malgré les habitants d'Auray. La communauté de ville renouvela son ancienne opposition ; les Carmes durent céder ; mais leurs tentatives eurent, d'ailleurs, un excellent résultat en ce sens qu'elles éveillèrent l'attention des commandeurs engourdis par une longue prospérité, sur les obligations que cette prospérité même leur imposait et sur la nécessité de modifier le but de leur institution, de telle sorte qu'on ne pût à l'avenir en contester l'utilité. C'est donc sans doute à partir de ce moment que, réalisant le projet des Carmes, la commanderie du Saint-Esprit d'Auray ouvrit ses portes à quelques pauvres infirmes (3). »

(1) Rosenzweig, *Annuaire du Morbihan*, 1872. — Tous les vassaux du Saint-Esprit devaient se rendre aux plaids de la Sainte-Elisabeth sous peine de dix livres d'amende.

(2) *Archives du Morbihan*, E suppl. 61, GG, 30.

(3) Rosenzweig, *Annuaire du Morbihan*, 1872.

Malheureusement, peu de temps après, l'Ordre du Saint-Esprit de Montpellier fut, comme nous l'avons dit, supprimé par Louis XIV, et ses biens furent donnés aux chevaliers de Saint-Lazare ; les Frères Hospitaliers du Saint-Esprit protestèrent et finirent par être rétablis et remis en possession de leurs biens par le grand roi ; mais on comprend combien dut souffrir de ces tiraillements la commanderie d'Auray. Dans les premières années du XVIIIe siècle, il n'y a plus de pauvres en cet établissement, et la maison affermée sert à loger des grains et autres récoltes. La commanderie est, à cette époque, l'objet d'un procès entre l'abbé Mignon, qui en perçoit les revenus, et frère Michel de France de Vandeuil, religieux de l'Ordre hospitalier du Saint-Esprit de Montpellier, à qui un arrêt du Grand Conseil du 28 septembre 1715 adjuge définitivement le bénéfice du Saint-Esprit d'Auray, à la charge d'y rétablir et d'y entretenir « l'hospitalité. »

« Si les habitants d'Auray conçurent quelque espoir de cette décision, il fut de courte durée. A peine le nouveau commandeur était-il installé, que la communauté de ville entamait contre lui un long procès relativement à la propriété d'un terrain voisin de la commanderie qu'il prétendait avoir été autrefois le cimetière du Saint-Esprit, et sur lequel il avait abattu quelques arbres (1). La perte de ce procès, à la suite duquel la communauté fut contrainte plus tard, par ordonnance de l'Intendant, de payer à Michel de France une somme de plus de 840 livres, eût suffi pour indisposer la population, si d'autres griefs plus réels n'eussent d'ailleurs tourné contre lui tous les esprits. Quoique la commanderie portât le nom de « maison hospitalière, conventuelle et magistrale » du Saint-Esprit, quoique le commandeur ne tînt ce bénéfice considérable qu'à la condition d'exercer l'hospitalité, il ne recevait, en réalité, ni pauvres de la ville ni passants étrangers ; à peine y trouvait-on quelques enfants. D'un autre côté, les fondations étaient mal desservies par suite du manque de chapelains, les édifices tombaient en ruines, faute de réparations néces-

____

(1) *Archives du Morbihan*, E. suppl. 61, GG., 30. — De cet ancien cimetière subsiste encore un mur dans lequel on remarque deux baies à cintre brisé qui sont probablement des vieilles tombes-arcades.

saires, et frère Michel ne songeait qu'à gaspiller les revenus de la maison. La communauté de ville se plaignait depuis longtemps, mais en vain, de cet état de choses ; lorsque le commandeur mourut en 1747, elle s'adressa à l'intendant de la province et à l'évêque de Vannes, demandant le rétablissement d'un véritable hôpital (1). »

On ne fit point droit à la requête des habitants d'Auray, et frère François Pépin fut pourvu du bénéfice du Saint-Esprit ; ce commandeur habitait Paris, et s'occupait, comme nous l'avons dit, assez singulièrement de sa commanderie ; il y entretenait seulement un chapelain nommé Habel et un chantre laïque pour desservir, vaille que vaille, les fondations anciennes, quoique celles-ci comprissent alors plus de 900 messes, outre la messe chantée de chaque jour. Il y logeait et nourrissait gratuitement quelques jeunes gens pauvres de condition. Sa commanderie, disait-il, était indépendante, ne relevant d'aucune autre maison (2).

Du temps de ce commandeur, en 1659, le commissaire des guerres installa provisoirement un hôpital militaire dans les bâtiments de la commanderie d'Auray ; trois ans plus tard, la chapelle du Saint-Esprit servit elle-même de dépôt d'artillerie ; c'était la ruine à bref délai de cet établissement religieux.

Sur les entrefaites, l'Ordre hospitalier du Saint-Esprit fut en 1762 définitivement supprimé par le Saint-Siège, et, en 1773, le Roi concéda à l'Ordre de Saint-Lazare le bénéfice de la Commanderie d'Auray, tout en confiant l'administration de ses biens à l'évêque de Vannes.

Sur une nouvelle requête du bureau d'administration de l'hôpital-général d'Auray, Mgr Sébastien Amelot, évêque de Vannes, autorisé par un arrêt du Conseil d'Etat, prononça en 1777 le décret d'union de la Maison du Saint-Esprit et de tous ses biens à cet hôpital général ; ce décret fut confirmé par lettres patentes du 31 octobre de la même année. Mais en même temps, cédant aux instances du clergé de son diocèse, l'évêque de Vannes se réserva sur les revenus de la Comman-

(1) Rosenzweig, *loco citato*.
(2) *Archives d'Ille-et-Vilaine*. C. 2156.

derie une rente de 700 livres, destinée à l'entretien au séminaire de cette ville, pendant leurs études de philosophie, de
trois jeunes ecclésiastiques à son choix. Le 16 décembre suivant, la communauté de ville d'Auray fit prendre possession
des biens qui lui avaient été concédés.

A partir de cette époque, le vieil établissement des Frères
hospitaliers du Saint-Esprit devint « l'hôpital général de la
Commanderie du Saint-Esprit », et subsista de la sorte jusqu'à
la Révolution française.

Il ne reste aujourd'hui de la Commanderie d'Auray que sa
chapelle du Saint-Esprit, « merveilleuse par la dimension de
ses baies », malheureusement bouchées depuis qu'on a transformé en caserne ce beau temple, la gloire architecturale
d'Auray. Ces fenêtres ogivales — de proportions extraordinaires — n'ont pas moins de 8 mètres de hauteur sur 3 de
largeur ; celle du chevet, encore plus gigantesque, haute de
12 mètres et large de 6, présente à l'extérieur des retraites et
des colonnettes, ainsi qu'une ligne de sculptures en oves sur
le mur, des deux côtés de la retombée de l'arc (1). Avant que
le vandalisme eût atteint ces magnifiques baies, quelles splen-
dides verrières devaient s'y trouver, selon l'usage constant
du moyen-âge !

L'église du Saint-Esprit n'avait pas de portail à l'Ouest ;
son entrée principale se trouvait au sud : de forme ogivale,
une jolie porte s'ouvrait sous un beau porche carré, voûté en
pierres, sur croisées d'ogives retombant sur des colonnettes
à chapiteau feuillé. L'édifice entier est rectangulaire, construit en grand appareil et flanqué de contreforts surmontés
de pittoresques gargouilles en pierre sculptée ; il présente
encore au midi une gracieuse tourelle polygonale renfermant
un escalier. L'intérieur du temple, long de 40 mètres sur 12
environ de largeur, est divisé en cinq travées ; la nef se
trouve séparée du chœur par de vastes arcades ogivales por-
tées sur des colonnettes cylindriques formant faisceau ; enfin,
la magnifique charpente en cintre brisé passe, aux yeux des
connaisseurs, pour un vrai chef-d'œuvre en son genre. Comment a-t-on osé dénaturer une construction aussi harmonieu-

(1) Rosenzweig, *Répertoire archéologique du Morbihan*, 3.

sement composée, en la divisant par étages pour y installer
des dortoirs et des salles de travail ?

Ainsi disparaissent les œuvres de l'homme ; mais cette belle
église du Saint-Esprit nous donne, en terminant cette étude,
une haute idée de ce que fut à l'origine la commanderie d'Auray.

On ne connaît encore qu'imparfaitement les œuvres hospitalières du moyen-âge en Bretagne ; nous en savons assez
pour être convaincus du grand nombre d'établissements cha-
ritables fondés par nos ancêtres à cette époque ; mais nous
sommes toujours bien ignorants sur la manière dont étaient
tenus ces hôpitaux, maladreries et léproseries qui pullulaient
littéralement sur notre terre bretonne ; la charité, d'ailleurs,
n'a-t-elle pas toujours été en honneur parmi nous ? et existe-
t-il d'autre province où le pauvre mendiant soit traité — nous
pourrions dire honoré — comme en Bretagne ; n'a-t-il pas sa
place au foyer de chaque ferme et à la table de tout labou-
reur ? Et dans nos pardons si religieux et si pittoresques, les
pauvres ne sont-ils pas regardés comme les amis privilégiés
de Dieu et de ses Saints ? Cette charité, ce soin du pauvre mendiant ne date pas d'hier chez nous : c'est elle qui donnait jadis
naissance aux ports d'aumône où l'on faisait passer gratuitement les fleuves aux voyageurs indigents ; c'est elle qui faisait surgir de terre ces hôpitaux comme le Saint-Esprit
d'Auray, dont le principal édifice était l'église, parce que
Dieu seul inspire l'amour du malheureux. Laissons donc de
côté ce que nous savons des années de décadence de l'Ordre
du Saint-Esprit ; à cette époque, nous le répétons, l'œuvre
avait fait son temps. Mais transportons-nous par la pensée
aux jours de gloire et de prospérité de notre Commanderie
d'Auray : alors qu'elle commandait à cinquante autres maisons
hospitalières, alors que quatre chapelains fondés par nos ducs
de Bretagne y soignaient, sous la direction du commandeur,
les malades du pays et les pauvres étrangers traversant
Auray ; alors qu'un office divin solennel se célébrait dans cette
magnifique église en l'honneur du Divin Esprit, alors, enfin,
qu'on y priait si bien tant de bienheureux, dont les figures
étincelantes de beauté remplissaient les merveilleuses verrières du temple, semblant eux-mêmes s'unir aux assistants
pour consoler les misérables et bénir leurs bienfaiteurs.

Arch. 9

Considérée à ce point de vue, l'église du Saint-Esprit d'Auray — quelque maltraitée qu'elle soit — réjouit encore le cœur d'un breton. Elle témoigne non-seulement de l'amour des beaux arts, mais encore de la foi et surtout de l'esprit charitable qui animaient nos pères ; elle rappelle le double et grand souvenir de nos anciens souverains qui la fondèrent, des Frères hospitaliers qui la desservirent ; elle demeure une preuve incontestée de la vieille charité bretonne ; car si l'on a pu dire avec raison : Bretagne est poésie, il est permis d'ajouter : Bretagne est charité !

L'abbé GUILLOTIN DE CORSON,

Chanoine honoraire.

FRANÇOIS DE LA COULDRAYE

SÉNÉCHAL D'HENNEBONT

I

La jolie ville d'Hennebont a perdu son importance militaire, et c'est heureux pour elle : elle ne subira plus les horreurs d'un long siège, comme en 1342, quand ses murs abritaient Jeanne de Montfort ; elle ne verra plus le sang couler dans ses rues, comme en 1375, quand Du Guesclin l'emporta à la tête de l'armée française, et fit massacrer jusqu'au dernier les Anglais, ses défenseurs ; elle ne sera plus battue du canon comme en 1590, quand le prince de Dombes, puis le duc de Mercœur l'assiégèrent.

En même temps Hennebont a vu diminuer son importance commerciale. C'est dans son port que les habitants de la plus grande partie des arrondissements actuels de Lorient, Pontivy et même Loudéac, venaient autrefois chercher les vins d'Aunis et de Gascogne (1). Rappellerai-je le prodige dont le port d'Hennebont fut témoin le 22 septembre 1379 ? Ce jour-là, Jean IV, rappelé par la Bretagne, s'embarquait à Southampton ; et, comme pour annoncer son heureuse venue, la mer, dit-on, vint trente-deux fois « entre le lever et le coucher du soleil » battre joyeusement les murs que son héroïque mère avait si vaillamment défendus (2).

---

(1) Notamment aveux de la seigneurie du Quelennec (commune de Merléac).

(2) Lobineau, hist. p. 423. Morice n'en dit mot et Lobineau ne s'en porte pas garant. Alain Bouchard ne mentionne pas ce prodige.

Au point de vue judiciaire, la ville d'Hennebont n'a pas moins perdu. Jusqu'en 1789, elle a été le siège d'une cour (c'est-à-dire d'une juridiction) royale dont le ressort avait l'étendue d'un arrondissement actuel, et qui peut être délimité comme suit : Tracez une ligne partant de l'embouchure de la rivière d'Etel, passant à l'ouest de Landevant et à l'est de Baud, remontant vers le nord jusqu'à Perret et au Blavet, pour redescendre vers le sud-ouest en suivant l'Ellé depuis Plouray jusqu'à la mer, voilà à peu près le ressort de la sénéchaussée d'Hennebont.

Plusieurs des anciens sénéchaux d'Hennebont ont appartenu à des familles nobles. Je n'en citerai que deux. Rolland de la Villéon, que le duc Jean IV, en guerre avec Clisson et le vicomte de Rohan, chargeait d'une mission de confiance, en 1387 (1) ; et Pierre de Quenec'hquivillic (1526) (2) fils d'Amaury, secrétaire du duc François II en 1488 (3), conseiller de la duchesse Anne, qui assista au mariage de la duchesse avec Louis XII (1499) et fut président des Grands jours, en 1513.

A la fin du xvie siècle et au commencement du siècle suivant, pendant près de cinquante ans, l'office fut successivement occupé par trois sénéchaux du nom de La Couldroye ou La Couldraye. Levot a cru que les deux premiers étaient père et fils : nous verrons qu'ils étaient cousins ; c'est le troisième qui fut fils du second.

Le nom patronymique de cette famille, écrit originairement *La Couldroye*, s'est écrit ensuite la *Couldraye* ou *Coudraye*, avec ou sans *l* ; mais, au moins pour le xvie siècle, il faut se tenir à l'orthographe *La Couldraye*. Nous allons voir l'un d'eux signer ainsi ; et, quand il latinise son nom, il écrit *Coldraius*.

Ces La Couldraye semblent originaires de la vicomté de Rohan, peut-être de Pontivy ou Noyal ; nous les trouvons aux xvie et xviie siècles possessionnés à Kergaro en Melrand, à Kerboutier en Noyal-Pontivy, enfin dans la paroisse de Plumeliau au lieu de La Boulaye.

---

(1) Morice, Pr. III, col. 555.

. (2) Id. III, col. 968. Il avait épousé Amice de Rosmadec. Généal. Réformation de 1668.

(3) Morice, Pr. III. col. 606.

. Cette famille avait-elle des liens de parenté avec une famille de même nom possessionnée aux paroisses de Plœmeur, Surzur, Sarzeau et Saint-Gildas de Rhuys (1), et que nous trouvons à Gestel (1644), à Guidel (1682). C'est ce que nous ne pouvons dire ?

Les La Couldraye de Noyal et Plumeliau avaient-ils la noblesse ? Il ne paraît pas. Au commencement du XVIe siècle ils prenaient ou se laissaient donner le titre d'écuyer ; mais ce n'est pas d'aujourd'hui qu'est née la manie des titres. Les La Coudraye de Plœmeur, qui prenaient le même titre, furent déboutés à la dernière réformation. Les La Couldraye de Noyal et Pluméliau n'ont pas produit.

Quoiqu'il en soit, les uns et les autres comptaient au nombre des familles distinguées du pays..

Les La Couldraye dont nous nous occupons étaient, au moins depuis le commencement du XVIe siècle, attachés à la maison de Rohan. Aux premières années du XVIe siècle, nous trouvons un La Couldraye, Raoul de son prénom, secrétaire du vicomte de Rohan. Le 12 octobre 1506, il signe en cette qualité la quittance que Jean, vicomte de Rohan, donne au Roi et à la Reine de la dot de Marie de Bretagne (2). Le 28 janvier 1511, le même signe la donation faite par le vicomte à l'hôpital de Landerneau, fondé en 1336, par son ancêtre Hervé de Léon, seigneur de Noyon (3).

Ces relations avec la maison de Rohan semblent s'être continuées ; et, environ cent ans plus tard, deux La Couldraye, le père et le fils, écriront une histoire de la maison de Rohan.

En 1536, nous trouvons Nicolas de La Couldraye possesseur de la Boulaye. Le même, ou son fils de même nom, est, en 1586,

(1) M. de Courcy, *Nobiliaire.*

(2) Morice, pr. III. col. 881. Le traité de mariage de Marie de Bretagne, fille du duc François Ier, avec Jean de Rohan est de 1455. (Lobineau, p. 656). Elle devait recevoir 100,000 écus d'or pour tous droits de succession. En 1501, le vicomte de Rohan prétendit n'avoir reçu que 45,000 écus, et se mit à réclamer la succession en immeubles de Marguerite de Bretagne, sœur aînée de Marie, et première femme de François II, et les meubles des ducs François Ier, Pierre II, et Arthur. Des arbitres condamnèrent Anne de Bretagne à payer 100,000 écus d'or. C'est de cette somme que le vicomte de Rohan donnait quittance définitive. Lobineau, p. 826-27.

(3) Morice, pr. I. col. 1376-20.

mentionné comme sieur de Kergaro. Marié à Marguerite Nicolazo, puis à Henriette Raoullet, Nicolas eut plusieurs enfants, notamment :

1° Un fils dont nous ne savons pas le prénom de manière certaine (1) ;

2° François, qualifié plus tard sieur de la Boulaye. C'est le second des trois sénéchaux La Couldraye, et c'est lui qui sera le sujet de cette étude.

II

Le premier de ces trois sénéchaux, Jean, était « licentié aux loys », il avait obtenu ses provisions le 17 septembre 1573 sur la démission de Me Jean Hubin (2) : il fut reçu et prêta serment le 31 octobre suivant (3).

Mais les troubles survinrent. Le 10 août 1589, Jérôme d'Aradon, seigneur de Quinipily, recevait sa nomination par Mercœur comme capitaine d'Hennebont ; et le surlendemain il apprenait la mort du Roi Henri III : coïncidence fatale ; c'est pour chacun le moment de se déclarer ! Bien qu'il se dise « choisi par les habitants pour leur commander » d'Aradon prend ses précautions contre eux ; et, le 15 août, il arrive à

(1) Jérôme, que nous trouvons sieur de Kergaro, en 1636, semble petit-fils du Nicolas de 1536. De son mariage avec Michelle le Jallé, il a le 22 octobre 1631 (Reg. de Noyal), une fille nommée Perrine qui porta Kergaro à son mari Jérôme Jan. — Sa femme était veuve en 1639.

· Marie La Couldraye, marraine à Noyal, le 9 Juillet 1586, est dite à l'acte *fille de Nicolas.*

(2) Reg. des enregistrements du parlement, ·VII, fo 36, ro. Ne faut-il pas lire *Huby*, nom d'une famille considérable du pays de Vannes et Hennebont, alliée aux La Couldraye ? Un Jean Huby, procureur du roi à Hennebont, fut, nous allons le voir, pris par Mercœur comme otage des habitants (Décembre 1590). Est-ce le même qui avait été nommé conseiller au parlement, en 1573 ? M. de Courcy (II, p. 36) l'admet. Je ne le crois pas. Comment, nommé conseiller au parlement en 1573, aurait-il été procureur du roi à Hennebont, en 1590. C'est le conseiller Jean Huby qui présenta les lettres nommant Saint-Luc lieutenant général (22 août 1592) et les lettres nommant Vendôme gouverneur de Bretagne (26 août 1598). (Morice III, 1646, 1691).

(3) Reg. d'enreg., VII, fo 37, ro.

Hennebont en appareil de guerre avec trente-trois chevaux et
« nombre de noblesse (1). »

D'Aradon entre dans la ville presque en vainqueur ; mais le
premier magistrat, le sénéchal, n'est pas là pour le recevoir :
il a passé à l'île de Groix (2).

Le 24 avril 1590, le prince de Dombes tirait contre Hennebont « sept cents coups de canon moins un », et malgré sa
vigoureuse résistance, d'Aradon était contraint de capituler (3).
Au mois de novembre suivant, Mercœur arrivait devant Hennebont avec les Espagnols. Cette fois, six cent quarante-quatre
coups de canon étaient tirés ; et, la brèche ouverte, le capitaine du Pré obtenait une capitulation honorable pour lui et
ses troupes. Mais quelles onéreuses conditions pour les habitants ! « Les officiers de justice et autres réfugiés paieront
vingt mille écus pour être exempts de tout pillage et rançons
qu'autrement on leur pourrait demander... (4) »

Jean de la Couldraye avait sans doute repris ses fonctions
après l'entrée du prince de Dombes à Hennebont ; la clause de
la capitulation allait-elle être sa sauvegarde ? Hélas ! non. En
effet, une requête présentée au parlement par ses héritiers
nous apprend que leur père avait été cruellement traité par
les Ligueurs, retenu prisonnier pendant dix-huit mois, et contraint de payer une grosse rançon. — Jean de la Couldraye
ne remonta pas sur son siège.

Ses héritiers firent valoir les pertes que leur père avait
subies en punition de son dévouement au Roi, et présentèrent
requête au parlement « afin d'être, à titre d'indemnité, pourvus
de l'office paternel. » (5) Par arrêt du 21 mai 1596, le parle-

(1) Mémoires de Jérôme d'Aradon (Morice, hist. II, p. CCLIX.

(2) Ce renseignement est donné par M. Jégou : *Le port de Blavet et Jérôme
d'Aradon*. Société polymathique du Morbihan, 1865, p. 4-24. L'auteur ne
nomme pas le sénéchal, mais ce ne peut être que Jean de La Couldraye.

(3) Mémoires de Jérôme d'Aradon, CCLIXV. — CCLXVIII.

(4) Jérôme d'Aradon, p. CCLXVIII. — Prendre et rançonner les gens, même
les plus paisibles, cela semblait tout simple. — Quelques pages plus haut,
Jérôme d'Aradon écrit : « Mon frère de Camors alla à Carhaix pour prendre le
sénéchal (Kerampuil) et le procureur qui étaient du parti des Huguenots
nonobstant qu'ils avaient signé l'Union... » (p. CCCLXIII). Il les amène à
Vannes, et Kerampuil paie pour sa rançon 2250 écus d'or soleil.

(5) Je dois les renseignements suivants à M. Saulnier, conseiller à Rennes.

ment décida que « le Roi serait supplié de conserver l'office aux exposants et d'agréer leur présentation de François de la Couldraye, cousin de leur père. »

Ce vœu fut exaucé, et, par lettres du 7 novembre 1598, le Roi donna provision à François de la Couldraye, « avocat, est-il dit dans les lettres, en notre cour du parlement de Bretagne. »

III

Nous avons sur François de la Couldraye des renseignements qui ont presque le caractère de *l'authenticité*. Je veux parler de la notice que La Croix du Maine, son contemporain, lui a consacrée dans sa *Bibliothèque Françoise*, imprimée en 1584 (1).

Il serait bien surprenant que La Couldraye n'eût pas été personnellement connu de La Croix. Celui-ci né au Mans était compatriote de Jacques Peletier, le grammairien : or, La Croix nous apprend que « La Couldraye fut disciple de Jacques Peletier tant ès mathématiques que ès autres sciences (2). » Peletier et La Croix étaient liés comme compatriotes et littérateurs. Dès lors comment Peletier n'aurait-il pas servi d'intermédiaire entre La Croix et La Couldraye ?

L'énumération des œuvres de La Couldraye donnée par La Croix semble bien la copie d'une note remise par La Couldraye lui-même. Ajoutez que la notice ne contient aucune de ces appréciations dont La Croix n'est pas avare. Toutes ces œuvres sont manuscrites, La Croix ne les a pas vues ; comment, sans La Couldraye, pourrait-il en dresser la longue liste ? Nous pouvons donc prendre comme émanant de La Couldraye les renseignements imprimés par La Croix.

Or La Croix nous apprend que La Couldraye était né à Pontivy (3). Nous chercherions en vain son acte de naissance ;

(1) La Croix du Maine, 1. p. 253 (Ed. de 1782).

(2) On sait que Peletier conseilla à Joachim du Bellay l'emploi du sonnet emprunté à l'Italie. : (Goujet, XII, p. 124.)

(3) On lit au Dict. d'Ogée, II, p. 373. « Pontivy s'honore d'avoir donné le jour à Fr. de la Coudraye, sénéchal de Hennebont vers 1693, auteur de quelques productions littéraires, entr'autres l'*Amour déplumé* et les *Questions problématiques des pourquoi d'amour.* »

La date 1693 est erronée d'un siècle. D'après Kerdanet, les *Questions pro-*

mais un acte authentique que nous verrons plus loin nous apprend que La Couldraye était né vers 1557.

Après des études complètes à l'école de Jacques Peletier, La Couldraye prit ses grades en droit à Rennes : en 1579, à vingt-deux ans, il avait le titre d'avocat en parlement : ce qui ne veut pas dire, comme on le croit quelquefois, qu'il exerçait la plaidoirie à Rennes, siège du parlement, mais seulement qu'il avait prêté le serment d'avocat devant le parlement de Rennes (1). Il y a toute apparence que, son serment prêté, La Couldraye revint à Pontivy.

Mais la plaidoirie devant la cour de la vicomté de Rohan laissait des loisirs au jeune débutant. Il consacrait ces loisirs aux Muses : il aimait à s'égarer avec elles dans les solitudes et les bois qu'il a chantés ; et souvent·elles le conduisirent vers le manoir de Kerboutier, paroisse de Noyal. Ce manoir appartenait alors à Arthur Le Flo (2). Celui-ci avait une fille nommée Briande, que, quelques années plus tard, il allait donner à La Couldraye.

Nous ne pouvons indiquer la date de ce mariage. Ce que nous savons seulement, c'est qu'un fils nommé Jacques, né en 1592, ne paraît pas l'aîné. Outre ce fils nommé Jacques, nous connaissons un autre fils nommé François, comme son père, et qui semble être l'aîné, et une fille nommée Renée.

Les époux La Couldraye habitaient sans doute Pontivy. Du moins est-ce là que, le 29 septembre 1592, ils firent baptiser leur fils Jacques, dont Jacques Briand, sieur de Vaudurant, et Nicolas de la Couldraye, sieur de Kergaro, son aïeul, furent parrains, avec Julienne de la Couldraye, femme de Gilles du Bahuno, écuyer, sieur de Limoge, et Marguerite Le Flo,

----

blématiques sont de 1543 : à ce moment, La Couldraye n'était pas né. Levot suppose que les *Questions problématiques* pourraient être du premier sénéchal La Couldraye, qu'il croit le père, et qui était le cousin de François ; mais il ne donne pas ses raisons.

(1) Le parlement avait été définitivement attribué à Rennes à l'exclusion de Nantes, par lettres de Charles IX du 4 mars 1561, qui furent confirmées par un arrêt du 2 mars 1580.

(2) M. de Courcy, II. p. 389. Le général Le Flo appartenait à cette famille. Au temps du mariage de Briande Le Flo, une Le Flo épousait David de Cléguernec, chevalier, seigneur de Meslien, et cent ans plus tard, en 1687, Guillaumette Le Flo épousait Pierre du Botderu, seigneur de Kerdrého.

femme de noble homme Jacques Huby, sieur de Kerguern, et tante paternelle de Briande.

Voici quelques autres dates fournies par des actes authentiques (1). — Le 17 février 1610, les époux La Couldraye signent ensemble le contrat de mariage de Françoise Huby, cousine-germaine de Briande Le Flo, avec Jacques du Bouetiez. — Le 10 avril 1611, Briande tient sur les fonts à Saint-Gilles d'Hennebont, avec Jacques Huby, le premier enfant né de ce mariage. — Le 6 février 1617, François de la Couldraye marie sa fille Renée à n. h. Pierre Charpentier, sieur du Tertre (2).

« Le mardi dixième jour de juillet 1619, décéda n. h. François de la Couldraye, sieur de la Boulaye, sénéchal d'Hennebont, âgé de soixante-deux ans environ, et fut enterré le mercredi suivant (le lendemain) dans l'église du couvent des Carmes à Hennebont. »

Au lieu de sénéchal faudrait-il lire *ancien* sénéchal ? ou bien, comme il se fit assez souvent au dernier siècle, François de la Couldraye, en gardant son titre, aurait-il obtenu pour son fils la *concurrence* en même temps que la survivance ? (3) Quoiqu'il en soit, un acte de baptême de la même paroisse donne, dès le 1er juillet 1618, le titre de sénéchal à François de la Couldraye fils (4).

Voilà les deux sénéchaux de la Couldraye que Albert Le Grand, leur contemporain, signale comme père et fils (5).

(1) Actes de la paroisse Saint-Gilles de Hennebont.

(2) Je reçois la copie de cet acte de la main d'un ami. D'après cet acte, il n'y avait pas d'église de Saint-Gilles ; « l'église de Notre-Dame-de-Paradis servant de paroisse audict Hennebont. »

(3) Ex. à Quimper les deux sénéchaux de Silguy (1757-1768). — Ils pouvaient opiner ensemble aux assemblées du présidial ; « mais les gages, émoluments et épices se partageaient entre eux. »
De même au parlement MM. Caradeuc de la Chalotais, procureurs-généraux ensemble de 1764 à 1785.

(4) Acte de baptême d'un enfant né dans la maison du Bouétiez, qui a pour marraine « Guillemette de Saint Pern, femme de François de la Couldraye, sénéchal d'Hennebont. » Il résulte d'autres actes que Guillemette de Saint-Pern était femme de La Couldraye *fils*.

(5) Albert Le Grand. *Vie de Saint Maurice*, p. 602. Ed. de M. de Kerdanet. L'auteur dit « Sénéchaux d'Hennebont et alloués de Vannes.. » Les deux

François, second du nom, ne garda pas longtemps ses fonctions. Dès le commencement de 1629, il avait pour successeur Claude Le Sénéchal, seigneur de Saint-Maudan (I).

Je n'ai pas ici à suivre la descendance de François II de la Couldraye qui n'importe pas à cette étude. Ce qui nous importe, ce sont les titres que François (premier du nom) peut avoir à la renommée.

Albert Le Grand nous apprend que les deux La Couldraye père et fils avaient écrit en collaboration une *Histoire de la maison de Rohan*. Cette histoire, qu'Albert Le Grand a vue manuscrite, n'a pas été imprimée : elle a péri pour nous, et ce n'est pas elle qui a conservé le souvenir de La Couldraye (2). Sa renommée se fonde sur une base bien plus légère..... une PUCE ! mais quelle puce !... C'est ce que nous allons dire.

IV

Au temps de la. Couldraye demeuraient à Poitiers deux dames, la mère et la fille, renommées par toute la France pour leur savoir et leur esprit, Madame et Mademoiselle Catherine des Roches.

Pasquier parlant des poètes qui parurent après le règne de Henri II, a écrit : « Avec lesquels je ne douterai d'ajouter Mesdames des Roches, de Poitiers, mère et fille, et spécialement la fille, qui reluisoient à bien escrire comme la lune entre les estoiles (3). »

sénéchaux d'Hennebont n'étaient pas alloués de Vannes ; le fils du second des sénéchaux eut ce titre.

(1) Claude le sénéchal devint peu d'années après président au présidial de Quimper, et fut remplacé à Hennebont par Louis du Perenno, seigneur de Penvern.

(2) Cette histoire, écrite sur des documents que nous n'avons plus, aurait-elle péri dans l'incendie des archives de Blain en 1792 ? Les archives de Rohan classées en bel ordre au château de Blain « contenant, dit M. de la Borderie, toute l'histoire de Bretagne depuis le xiie siècle » (A) furent solennellement brûlées « un jour de fête en présence du conseil de la commune et des citoyens assemblés », en exécution du décret du 17 juillet 1793. Duvergier VI, p. 28. V. aussi lois du 19 Juin 1792, 3 octobre 1792 et 2 octobre 1793.

(A) Notice sur Bizeul. *Annuaire de Bretagne,* 1862, p. 242.

(3) Recherches sur la France, Liv. III, Ch. VI, p. 703.

Hâtons-nous de dire que Mesdames des Roches ne songeaient, en écrivant, qu'à occuper leurs loisirs. Catherine dit à ses écrits :

> Je ne pensay jamais que vous eussiés de force
> Pour forcer les efforts de l'oubly ni du temps,
> Aussi je vous escry comme par passe-temps,
> Fuyant d'oisiveté la vitieuse amorce ;
> Et pour ce, mes escrits, nul de vous ne s'efforce
> De vouloir me laisser... car je vous le deffens.
> Où voudriés-vous aller ? hé ! mes petits enfans,
> Vous estes habillez d'une si foible escorce (1), etc.

C'est seulement en 1582, après l'*événement* dont nous allons parler, que Mesdames des Roches se décidèrent à faire imprimer leurs vers. Ils parurent, réunis dans le même volume (2).

Si heureusement douées sous le rapport de l'esprit, Mesdames des Roches avaient reçu par surcroît le don de beauté, ce qui ne gâte rien même pour les Muses.

Madame des Roches se nommait Marguerite Neveu ; elle fait dire à son mari dans l'épitaphe qu'elle lui a consacrée :

> Noble, riche et sçavant.....
> Je fus trente ans breton ; vingt et huit mon épouse
> Me retint dans Poitiers, lié de chaste amour.... (3).

L'aimable Catherine des Roches appartenait donc à la Bretagne par son père ? Illusion ! Madame des Roches fait parler son second mari François Eboissard, sieur de la Villée, qui était breton ; elle gardait, paraît-il, après la seconde union, le nom du premier mari, André Frandonet, sieur des Roches, qui était de Montmorillon, et fut père de Catherine (4).

---

(1) Goujet, XIII, p. 263.

(2) La première impression est de 1583. Plusieurs éditions ont suivi dont la dernière est de 1604. — Goujet, XIII, p. 256 à 265.

(3) Goujet, XIII, p. 256.

(4) Aucun doute sur ce point, malgré le nom de des Roches porté par la veuve Eboissard. — Un biographe contemporain nomme Catherine Mlle *Fran-donet*. Il y a un mot de trop dans l'épitaphe d'Eboissard ; c'est le mot *noble* .

Les biographes poitevins font naître Catherine des Roches en 1550. Elle aurait eu vingt-neuf ans en 1579. Il se peut qu'on la rajeunisse, qu'elle eût passé la trentaine et atteint cette « adolescence déjà mûre, » que le Tasse a chantée (1).

Quoi qu'il en soit, jamais mère et fille ne furent plus semblables et plus tendrement unies. Catherine ne put se résoudre à se séparer de sa mère, et elle prit un tel goût à ses studieux loisirs, qu'elle renonça au mariage.

Au premier rang des adorateurs que méritèrent à Catherine sa grâce et son esprit, étaient deux poètes, Claude Pellejay et Julien de Guersens.

Claude Pellejay (2), compatriote et ami d'enfance de Catherine, lui déclara sa flamme en deux livres de sonnets et de stances, et put se faire lire sans se faire écouter ; en 1571, il avait cessé cette ingrate poursuite (3).

Guersens était normand. Né à Gisors en 1543 ou 1545, et favori du duc de Joyeuse (4), Guersens avait beaucoup rimé en l'honneur de Catherine. Il fit plus : il composa une tragédie de *Panthée* (5) ; et il la donna sous le nom de Mademoiselle

Le nom *Eboissard* ne se trouve dans aucun nobiliaire breton. — Sur ce qui précède : Goujet, XIII, p. 256-265. — *Causeries d'un curieux*. T. II, p. 395 à 406. — Goujet écrit *Frandonnoit*, (p. 256) ; le biographe *Frandonet* : c'était la même prononciation.

(1) Si sa mère était, comme on l'a dit, de nouveau veuve en 1579, après avoir vécu vingt-huit ans dans sa seconde union, il est clair que Catherine étant du premier mariage était née avant 1550 : il n'y a pas de place entre 1550 et 1579 pour le premier veuvage et les vingt-huit années de la seconde union. Mais on ne peut admettre que Madeleine Neveu reçut au lendemain de la mort de son mari si brillante compagnie. Il est probable qu'elle devint veuve pour la seconde fois entre 1579 et 1583, date de la publication de l'épitaphe d'Eboissard ; et il faut nous résoudre à croire que notre compatriote Eboissard avait, comme le mari de Mme du Deffand, une situation très effacée dans sa maison.

(2) Goujet, XIII, p. 269.

(3) Goujet, XIII, p. 266.

(4) La plupart des biographes disent Guersens « gentilhomme normand ». Nous le verrons anobli plus tard. — Il prenait le nom de *Caie-Jules*.

(5) On écrit *Panthée* et *Penthée*. Quelle orthographe choisir ?... Je n'ai pas vu — je ne dis pas lu — la tragédie de Guersens. Panthée est cette épouse qui se tua sur le corps de son mari vaincu par Cyrus. Penthée est le roi de Thèbes que sa mère et les Thébaines, frappées d'aveuglement par Bacchus, mirent en pièces. Guersens a dû célébrer *Panthée*, puisque Goujet dit que le sujet est tiré de Xénophon (XIII, p. 266).

des Roches. Dépouillant ainsi sa muse de la gloire qu'il s'imaginait avoir acquise, Guersens se croyait un parangon de désintéressement et de modestie ; il n'était que follement vaniteux. Ses vers étaient très faibles ; mais il les lisait si bien, il est vrai, qu'il les « faisait passer. » Scaliger, qui a entendu Guersens lire, cite comme un miracle l'illusion qu'il produisait sur ses auditeurs (1). Quoi d'étonnant que sa lecture ait produit la même illusion sur lui-même ?

Après le don de *Panthée*, Guersens demanda Mademoiselle des Roches en mariage ; mais elle demeura inexorable, et le poète amoureux, pris de désespoir, et renonçant à se faire écouter de Catherine..... devint lecteur du Roi.

Guersens était en possession de cet office avant 1574 (2). Quelques années plus tard, il exerçait la plaidoirie à Rennes ; et, en 1579, il allait devenir conseiller au parlement.

C'est vers cette époque que, tout en rimant, François de la Couldraye achevait ses études de droit et était reçu avocat.

On juge quel bruit dut faire à Rennes l'entrée au barreau du favori du duc de Joyeuse lecteur du Roi, auteur de tant de vers et d'une tragédie ; avec quel enthousiasme elle fut saluée par La Couldraye !

Comment les deux avocats, frères en Apollon, ne seraient-ils pas entrés en relations ? Comment Guersens n'aurait-il pas entretenu La Couldraye des grâces et de l'esprit de Mesdames des Roches ? N'est-ce pas Guersens qui aura encouragé, déterminé La Couldraye à se rendre, en 1579, aux *Grands jours de Poitiers*, où (La Couldraye lui-même nous l'apprend), rien ne l'appelait que la curiosité (3) ?

En ce cas, quel service Guersens aura rendu à La Couldraye, et quel fortuné voyage ! C'est pendant ces Grands jours que parut la *Puce*, qui d'un bond allait emporter Made-

---

(1) Viollet Le Duc. *Catalogue de sa bibliothèque*, Goujet, XIII, p. 265-268.

(2) Cette date est donnée par la production faite à la Réformation de 1668. On y lit : « Officier dans la maison du Roy avant 1574. »

Il faut se garder de confondre le *lecteur du Roy* avec le *lecteur royal*, Le mot *lecteur* s'emploie souvent au sens de *professeur* : le *lecteur royal* est le professeur au collège de France ; le *lecteur du Roi* est celui qui a charge de faire la lecture au Roi.

(3) F. Coldraii propemgticon carmen, vers 13ᵉ.

moiselle des Roches à l'immortalité, et à sa suite tous ses poètes. La Couldraye va chanter la *Puce*. Comme les autres « poètes chante-puces », il restera dans la pénombre ; mais, pourtant, il recueillera un reflet des rayons qui couronnent le front de Catherine des Roches.

V

Les Grands jours allaient s'ouvrir le 9 octobre pour finir le 18 décembre. Achille de Harlay, âgé alors de quarante-trois ans et conseiller au parlement de Paris, les préside ; et autour de lui que d'hommes qui se sont fait un nom dans la jurisprudence et les lettres !

C'est d'abord Etienne Pasquier. Il s'est fait connaître jeune par des productions trop légères que lui-même traitera de *gaillardises*, mais que pourtant il n'éliminera pas de ses *in-folio*. Ses *Recherches sur la France* ont fait contrepoids et réparé le scandale de son début : son plaidoyer pour l'Université contre les Jésuites a mis le comble à sa réputation.

Barnabé Brisson, jurisconsulte et avocat à Paris. Il deviendra président au parlement, conseiller d'Etat, ambassadeur de Henri III en Angleterre. Mais son ambition le perdra : après la journée des Barricades, résistant à l'ordre du Roi, il refuse de suivre le Parlement à Tours, et il ose prendre la place d'Achille de Harlay mis à la Bastille. Mais les Seize, qui ne croient pas à sa tardive conversion, le font arrêter et pendre au palais même (15 novembre 1591).

Antoine Loisel, célèbre avocat, l'auteur des *Institutions coutumières de France* plusieurs fois rééditées, et même en notre siècle, par le procureur général Dupin.

François d'Amboise, qui suivit Henri III en Pologne, d'où il est revenu conseiller d'Etat, et qui publiera les lettres d'Héloïse et d'Abailard.

René Choppin, avocat au parlement, dont les œuvres, plaidoiries, mémoires et vers latins, formeront quatre in-folio.

Jean Binet, avocat à Beauvais, qui va attirer à Poitiers son neveu Claude, celui que Ronsard mourant choisira pour éditeur de ses œuvres.

D'autres encore nommés avec honneur par Pasquier : Jacques Mangot, avocat général à Paris ; Machefer, et surtout Odet, fils d'Adrien Turnèbe, le célèbre philologue, jeune homme de belle espérance, et dont Pasquier pleurera deux ans plus tard la mort prématurée (1).

Ce n'est pas dire assez : En arrivant à Poitiers ces jurisconsultes, tous poètes au moins en latin, sont accueillis par des jurisconsultes poètes : Nicolas Rapin, alors prévôt des maréchaux pour le Bas-Poitou, qui va charmer Achille de Harlay, et que la faveur de Harlay fera grand prévôt et plus tard lieutenant de la prévôté de Paris, en attendant qu'il devienne un des auteurs de la satire Ménippée (2) ; Scévole de Sainte-Marthe, jurisconsulte, orateur et poète, alors maire et capitaine de Poitiers (3) ; enfin Joseph Scaliger (que Pasquier nomme Lescale), non moins philologue et non moins vaniteux que son père Jules César.

Je ne mentionne pas d'autres avocats portant des noms moins connus, mais poétisant en latin ou en français, proclamés poètes par le facile enthousiasme de leur entourage, et peut-être, qui sait ?... prenant ce titre au sérieux.

On était au mois d'octobre. La nature a encore par intermittences des sourires radieux, mais qui deviennent de plus en plus rares ; les feuilles jaunissent et tombent ; novembre va venir avec ses brumes, décembre avec ses glaces ; mais qui pourrait s'apercevoir à Poitiers des premiers frissons de l'hiver,

---

(1) Voir ces pièces, t. II, p. 942, notamment : *Sur la tombe d'Odet de Turnèbe*, en vers mesurés mais non rimés (ce sont des distiques) :

> Doncq à la fleur de ton aage, ô gentil Tournèbe, tu meurs !
> Doncq la mort à ce coup, froide, triomphe de toi, etc.

Il y a aussi des vers mesurés et rimés qui, avec une difficulté de plus pour l'auteur, ne sont pas plus agréables au lecteur.

Goujet dit à propos d'un autre : Faire de pareils vers « ce n'était pas une preuve de bon goût ! » XIII, p. 6.

. (2) Rapin a lui-même fait son épitaphe où se lisent ces vers :

> Tandem Rapinus hic quiescit, qui
> Nunquam quievit ut quies esset bonis.....

Corresp. de Henri IV. T. IV, p. 409, note.

(3) Goujet, XIV, p. 326.

> Entre tous ces esprits, lumières de ce temps,
> Qui au lieu d'un hyver font renaistre un printemps
> Par les fleurs de leurs vers.... (1)

C'est au milieu de ce monde affairé et rimant que tombe La Couldraye. Il n'y est pas dépaysé. Si on rime à Poitiers, on rime en Bretagne ; et les rives charmantes du Blavet sont faites mieux que celles du Clain pour inspirer les poètes. La Couldraye n'a encore rien fait imprimer ; mais son portefeuille est plein. Il semble qu'il ait voulu imiter son maître Jacques Peletier ; comme lui, il a rimé des vers français, scandé des vers latins, traduit du latin et du grec.

En preuve, lisez dans la *Croix du Maine* la longue et minutieuse énumération des productions de La Couldraye : cette liste doit être exacte. La voici : « Il a écrit soixante sonnets amoureux et autres, — deux églogues, — un épithalame, — un poème intitulé l'*Amour déplumé* ou la *Constance d'amour*, — l'*Assiégement d'Amour*, — la *Complainte du Noyer*, à l'imitation d'Ovide, — poème sur le sujet d'une bourse, — trois hymnes chrétiens à l'imitation de Hiérosme Vida... Il a traduit quelques oraisons et épistres de Cicéron, le *Panégyric de Pline* à l'empereur Trajan, la *Vie* de Jacques Sadolet, cardinal et évêque de Carpentras, prise du latin d'Antoine Florebel ; le premier dialogue de Platon intitulé *Hipparchus* ou du *Gaing* ; trois traités d'Aristote : le premier *du Dormir* et *du Veiller*, le second des *Songes*, le troisième de la *Divination par les Songes* ; les *Demandes ou questions amoureuses*, de Nicolas Léonic ; les *Demandes ou questions naturelles*, du même auteur ».

Je sais bien que cette liste a été imprimée en 1584, cinq ans après les Grands Jours de 1579 ; mais il ne peut faire de doute que quelques-uns de ces ouvrages ne fussent déjà composés ; et, croyez-le, les œuvres poétiques de La Couldraye feront avec lui le voyage de Poitiers.

Qu'il arrive donc, il sera le bien venu. Il apporte à Poitiers l'heureuse gaieté et l'enthousiasme de ses vingt-deux ans ; il est le plus jeune de ces « nobles esprits » qui vont rimer à qui mieux. Le salon de Mesdames des Roches est ouvert à La

____

(1) Sonnet de La Couldraye à Madame Catherine des Roches.

Couldraye. Il y sera choyé : n'apporte-t-il pas des nouvelles de Guersens ?.... Nous allons voir que notre jeune avocat breton saura tenir sa place dans cet « habitacle » des Muses.

VI

Ce salon est le rendez-vous de tous les beaux esprits réunis à Poitiers (1). En ce moment, les jurisconsultes, même ceux, s'il s'en trouvait, qui ne font pas de vers latins, y seraient bien reçus. Catherine a un procès qui va venir aux Grands Jours. Ses grâces et son esprit plaident pour elle, son bon droit aussi sans doute. Le procès sera gagné et (ce qui ne peut surprendre), la reconnaissance de Catherine s'exhale en vers. Dans des *Actions de grâces à Messieurs des Grands Jours* pour leurs « sages bontés », elle nomme ses juges « Soleils de nos Grands Jours (2) » ; et, comme l'arrêt rendu est, selon la mode du temps, scellé en cire, elle finit ainsi ses *actions de grâces* :

> O combien je désire une faveur du ciel :
> C'est que lisant les vers que je vous viens d'écrire,
> Vous les puissiez trouver aussi coulans que miel,
> Car ainsi je rendrois du miel pour de la cire.

Ce dernier trait ravit l'admiration ; Pasquier aura bien soin de recueillir ces vers dans son in-folio !

(1) C'est ce qui a fait dire étourdiment aux biographes : « Leur salon était fréquenté des gens de goût : Pasquier, Scaliger, Rapin, Harlay. » On dirait que Pasquier et Harlay demeuraient à Poitiers ! Un autre nomme Pithou parmi les assidus de Madame des Roches. Pithou l'a-t-il jamais vue ?

(2) L'assimilation au *soleil* était fort à la mode au XVIe siècle. Vers 1550, Beranger de la Tour écrivait à une dame :

> Les deux soleils qui vostre face honorent,
> Propres estuys de mes traicts amoureux.

Vers 1580, Porchères chantait les yeux de Gabrielle d'Estrée. Il renchérissait et finissait ainsi un sonnet qui charma la cour :

> Toutes fois je les nomme, afin que je m'explique,
> Des yeux, des dieux, des cieux, des soleils, des éclairs.

En cet heureux temps, la Muse, moins coquette que de nos jours, ne refusait pas ses sourires à ceux qui avaient vu fuir la jeunesse. Pasquier avait cinquante ans sonnés ; non seulement il va rimer ; mais il va déterminer une *averse* de vers. Je me trompe... C'est à une *puce* que sont dues les quatre-vingt-quatre pièces françaises, latines, espagnoles, italiennes (1), produites par vingt-deux auteurs, qui remplissent quarante-cinq pages de l'in-folio de Pasquier et qui formeraient un volume.

A peine arrivés à Poitiers, Pasquier et son ami Loisel, bien qu'inconnus de Mesdames des Roches, vont leur rendre visite. Ils sont *présentés* par leur renommée. Tout en causant, Pasquier aperçoit une puce «sautelant» sur le cou d'ivoire de la demoiselle ; il la signale, il voudrait la prendre ; il propose des vers sur la Puce, il en demande en échange. Le lendemain, le valet qui porte à Catherine les vers de Pasquier lui rapporte des vers de Mademoiselle des Roches.

Pasquier enchanté de ces vers, et aussi des siens propres, ne garde pas le secret. Ces vers courent Poitiers ; l'affaire fait bruit ; tous les jurisconsultes s'en mêlent. Pasquier dans une lettre qui tient une page de son in-folio (2) rend compte de cet événement, et envoie ses vers et ceux de Mademoiselle des Roches, à son ami Pierre Pithou, le grave et caustique jurisconsulte : «Le premier, dit-il, qui, comme un vaillant guerrier, entra en lice, est l'avocat Brisson... quelques-uns de notre collège (des avocats) ont voulu aussi rompre leur bois, Choppin, Loisel, Mangot, Turnebe, Binet, Lescale (c'est Scaliger), Rapin, La Couldraye (3), Machefer...» Vite Pithou de tailler la plume : et, de la même main qui écrira plus tard des pages virulentes de la satire Ménippée, il écrit cinq vers latins où il joue gravement sur le mot de *Roches*.

(1) Mais non grecques, quoique disent les biographes : Vapereau. Dict. des littératures, p. 621. Il copie sans doute Rigoley de Juvigny, rééditeur de *La Croix du Maine,* qui dit la même chose (Vº *Magdelaine Neveu,* II, p. 73). Levot (biog. bretonne, Vº *La Couldraye,* I, p. 80) le dit aussi. Pour parler d'un livre, il serait prudent de l'avoir *lu* ou du moins *vu.*

La vérité est que dans une pièce il y a deux mots grecs.

(2) Œuvres II, p. 162.

(3) Donc La Couldraye avait dès lors le titre d'avocat.

En même temps que Pasquier écrivait à Pithou, Jean Binet écrit en vers latins un dialogue entre *Un Amant et la Puce* ; puis, jugeant apparemment ses vers insuffisants, il appelle à la rescousse son neveu Claude Binet. Celui-ci n'a rien à refuser à son oncle, qu'il pleurera plus tard en si mauvais vers ; il vole à Poitiers, il corrige les vers latins de son oncle, et il rime ou scande six pièces françaises ou latines (1).

Pendant que ces lettres courent la poste, se hâtant lentement, selon l'usage du temps, d'autres tenants entrent en lice : nommons seulement le grave président de Soulfour qui, dans une pièce intitulée *Apollon en Puce*, démontre aux plus incrédules que la Puce vue sur le cou de Mademoiselle des Roches était le dieu des vers en personne.

Enfin la contagion passant du palais dans la ville de Poitiers, s'étend même aux villes voisines ; le *Recueil de la Puce* contient des pièces de bourgeois de Poitiers, Loudun et Saumur ; et sans doute le recueil ne nous donne-t-il que le dessus du panier !

Le succès dépasse les visées de Pasquier. A la réflexion, l'avocat ne craint-il pas que cette exubérante gaieté n'effarouche le grave président de Harlay ? N'est-ce pas pour l'amadouer qu'il lui écrit un sonnet ? Il lui annonce, ce que le président ne peut ignorer, que « quelques nobles esprits » riment tout « en consultant », et il conclut ainsi :

> Sousguigne (2) d'un bon œil tant soit peu ces escrits :
> Ils attendent de toy ou la mort ou la vie :
> Si tu perds à les lire un seul point de ton temps,

---

(1) On ne peut douter que Claude Binet ne fût en ce moment à Poitiers. On lit dans les *Adieux* de la Couldraye :

> Tu quoque bellovacis dilecte Binete Camœnis.

Ce vers ne peut s'adresser qu'à un poète et non à Jean Binet, vieil avocat de Beauvais, qui avait besoin que son neveu corrigeât ses vers latins. Lire dans Goujet (XII, p. 253) l'élégie de Claude pour la mort de son oncle :

> Ainsi pour toi j'alambique mon âme
> Par l'égoût de mes yeux, etc.

(2) *Guigner*, regarder du coin de l'œil. *Sousguigner*, diminutif perdu que Pasquier a employé ailleurs : Il écrit à la duchesse de Retz (I, p. 902) :

> Esprit divin, sousguignez d'un bon œil
> Cil qui vous a sa plume consacrée....

> Ils vivront immortels dans le temple des ans,
> Malgré l'oubly, la mort, le mesdire et l'envie.

Ce jour, à l'audience, le grave Harlay est songeur et préoccupé. Sa pensée est ailleurs. Le lendemain, Pasquier a l'explication de ce phénomène : il reçoit cette réponse :

> Tu dis, Pasquier, qu'en consultant
> Sur la Puce tu fais des vers :
> Ne plains point le temps que tu perds,
> Puisqu'en perdant tu gagnes tant.

Excusez le grave et digne magistrat : c'étaient peut-être ses premiers vers ; ils auront été, il faut l'espérer, les derniers.

Mais que veut dire le président : ....« Tu gagnes tant ? » Que gagnait donc Pasquier ? Il gagnait les sourires de Catherine des Roches, le titre qu'elle lui donne de « Second Apollon », et des éloges comme celui-ci :

> Comme le clair flambeau de ce grand univers
> Ternit les moindres feux, la grâce de vos vers
> Fait mourir mes escrits et me donne la vie.

Mais les plaideurs sont-ils aussi indulgents que le président des Grands-Jours ? On en peut douter. Dans cette débauche poétique, les affaires de justice semblent reléguées au second rang par les avocats venus à Poitiers. Leur grosse affaire, c'est la louange de la Puce. N'y a-t-il pas un écho de ces critiques dans ce distique de Rapin ?

> Causidicos habuit vigilantes Curia, namque
> Illis perpetuus tinnit in aure pulex.

(La cour a eu des avocats éveillés ; car ils ont continuellement la puce à l'oreille).

Ce distique est une plaisanterie amicale : Rapin lui-même a chanté en l'honneur de la Puce (1). Mais il y a auprès de lui ces « médisants, » ces « envieux, » auxquels Pasquier vient

---

(1) Mais il a aussi composé une pièce intitulée : *Contre-Puce.*

de faire allusion. Ils osent trouver de mauvais goût ce débordement de vers sur un pareil sujet et dans ces jours solennels. Nul doute que l'adversaire de Mademoiselle des Roches ne soit de cet avis. Ces médisants, ces envieux expriment tout haut leur critique.

Pasquier, le promoteur de cette « joûte pétulante, » Brisson, qui le premier est entré dans la carrière, prennent la critique pour eux. Ils s'indignent, et leur indignation produit six petites pièces latines de Brisson, et quatre de Pasquier, que celui-ci traduit en français.

Voici une des pièces de Pasquier :

> Forte erit ut nostros corrodat nævolus ignes...
> Stulte, tace, vel tu, nævole, fac melius.

> Peut-être adviendra-t-il qu'un babouin d'envieux
> Rongnonnera nos vers ; tay toi, sot, ou fais mieux.

En voici une de Brisson :

> Verbis parce malis, quisquis legis ista ; movebis
> Si stomachum vati, mus eris atque pulex.

> Ne mesdy nous lisant, ou je veux que tu sçaches
> Que puce deviendras et rat, si tu nous fasches.

J'avoue ne plus comprendre : Comment un homme pourrait-il devenir à la fois puce et rat ? et comment le mot *Puce* peut-il être une injure dans la bouche d'un poète *chante-puce* ? Il est clair que la colère trouble l'esprit de Brisson et de Pasquier.

Remarquez cette défense portée par Pasquier et Brisson de trouver leurs vers mauvais et ce défi à tous de faire mieux ! La vérité est que les vers rassemblés dans le *Recueil de la Puce* sont bien faibles..... (Je parle des vers français, ne me permettant pas d'apprécier les vers latins...)

Ils ont pour les lecteurs de notre temps (je ne dis pas pour les lectrices qui ne peuvent y jeter les yeux) un autre défaut : Ils sont d'une *gaillardise* choquante. A ce point de vue, Rapin l'emporte sur tous les autres ; il tombe dans de grossières trivialités que ne rachète pas la forme du vers.

Dans sa pièce de début, Pasquier avait donné l'exemple de la grivoiserie ; et il s'en vante ! Il dit dans sa lettre à Pithou : « En l'une des pièces, vous trouverez les discours d'une fille sage, en l'autre d'un homme qui n'est pas trop sot ; ayant chacun de nous par une bienséance de nos sexes, joué le roole que nous devions » (1).

Dans une autre lettre au même, il dit, parlant de Mesdames des Roches : « Les après dinées elles reçoivent du monde : là on traite divers discours ores de philosophie, ores d'histoire ou de tems, ou de quelques propos gaillards » (2).

Ainsi, à cette époque, l'usage n'interdisait pas aux hommes de dire des *gaillardises*, et les femmes les plus honnêtes pouvaient les écouter sans pourtant en dire. C'est ainsi que Mesdames des Roches comprennent et pratiquent la bienséance. Catherine sait entendre les propos gaillards, elle consent à les lire, elle ne s'en offusque pas, bien plus ! elle remercie les poètes *chante-puce* : c'est les encourager à continuer (3).

VII

La Couldraye a eu, relativement au moins, le mérite de ne pas prendre ce ton. Il ne se règle pas sur le principe posé par Pasquier, admis ou toléré par Mesdames des Roches ; il se garde de suivre l'exemple de Rapin. En chantant Mademoiselle des Roches, il s'arrête à ce que permet de voir la robe,

> De ces chastes beautés concierge ;

et il donne en passant, une leçon à Pasquier :

> Il ne faut, Pasquier, que la plume
> Représente dans ce volume
> Ce que l'habit ne laisse hors :

(1) Lettres, t. II, p. 162. Un aimable et ingénieux auteur, M. Feuillet de Conches (*Mémoires d'un Curieux*), très indulgent pour Pasquier, a pourtant fait une coupure en imprimant les premiers vers à Mlle des Roches.

(2) *Id.* t. II, p. 165-166.

(3) Les conseils que La Boëtie mourant donne à sa nièce montrent assez les « folles privautés » qui étaient alors à la mode. Montaigne. Lettre Ire.

> Car la mesme pudeur honneste
> Doit voiler le front du poète
> Comme l'habit couvre le corps....

Le chant de la Couldraye sur la *Puce* n'est pas original : c'est une imitation du latin de Claude Binet. Ce latin brave quelquefois l'honnêteté ; et la Couldraye a pris soin d'adoucir ou de voiler quelques traits de son auteur.

Cette imitation est en strophes de six vers, sur deux rimes féminines séparées par une rime masculine, tombant au 3e et 6e vers. Ces strophes ont une vive allure et une heureuse facilité que n'eurent jamais les vers de Pasquier. On en jugera plus loin.

La Couldraye a dans le recueil de la *Puce* quatre autres pièces ; des *Adieux* en vingt-deux distiques latins et trois sonnets : un à Madame des Roches, un à Catherine, un à Pasquier. Les vers latins sont élégamment tournés et auraient mérité un prix au concours général au temps où l'on couronnait encore les vers latins. Les sonnets, qui nous transportent en pleine mythologie (c'était de rigueur), et qui jouen t sur le nom *des Roches* (c'était inévitable), valent mieux que la plupart de leurs voisins.

Les vers de la Couldraye semblent avoir obtenu un plein succès. Odet de Turnèbe l'appelle « gentil la Couldraye, » et Catherine, dans son *Remerciment aux poètes Chante-Puce*, lui fait l'honneur de dire :

> Le sçavant La Couldraye l'habille promptement (1)
> Ores à la française et or à la romaine.

Comme cet éloge tombant « de ces deux lèvres vermeilles » devait chatouiller le cœur de notre compatriote ; mais aussi de quels compliments ces vers étaient le prix !

Ecoutez le poète bas-breton :

---

(1) Ne faut-il pas lire *proprement* pris au sens habituel au xvie siècle de *élégamment*. Le mot *brave* se prenait alors au même sens. La Couldraye a écrit :

> Pourquoi d'un si *brave* trophée....

Ha ! mon Dieu ! le teint de sa joüe
Et la tresse d'or qui se joüe
Sur son sein en flots ondoyans,
Et ses yeux... deux flames jumelles...
Me font prendre dans leurs cordelles
Et ardre en leurs rais flamboyans....

Vois ses cheveux que l'Arabie
Ni le baume de l'Assyrie
N'égalent en bonnes odeurs :
Cheveux dont Vénus la dorée
Voudroit sa teste estre honorée
Et non des primeraines fleurs...

Comme il faut « enfin finir », la Couldraye termine ainsi sa vingt-troisième strophe ;

Et mourant d'une amour trop grande,
Je n'ai pu allonger mes chants.

Son sonnet à Catherine des Roches n'est pas moins brûlant :

Recevez mon présent, s'il vous revient à gré :
C'est mon cœur humblement à vos pieds consacré.

VIII

Le lecteur ne s'y méprendra pas. Ces exagérations sont communes aux poètes du XVIᵉ siècle et de tous les siècles. De pareilles déclarations ne tirent pas à conséquence. La muse qui a repoussé les vœux de Guersens ne prendra pas au sérieux — et La Couldraye le sait bien — les douceurs que lui-même débite à son tour. Un jour La Couldraye fera hommage du *Recueil de la Puce* à Briande Le Flo. Avec quel orgueil celle-ci admirera les vers de son fiancé imprimés en si noble compagnie ! Comment songerait-elle à être jalouse de l'admiration passionnée qui, dictant ces vers, a donné l'immortalité au nom qui va devenir le sien ?

Mais peut-être la fidèle bretonne adressera-t-elle au poète un autre reproche qu'il a mérité et que voici :

La Couldraye seul représentait la Bretagne à ce *tournois* en l'honneur de la Puce. Les *tenants* versifiaient en français, latin, espagnol, italien, chacun à sa guise. Comment La Couldraye n'a-t-il pas songé à rimer en *Breton* ? Croira-t-on que Mademoiselle des Roches, si curieuse de science, n'ait pas interrogé le bas-breton sur la langue maternelle ? Le second mari de sa mère était breton. Catherine a passé plus de vingt-huit ans dans l'intimité de son beau-père. La Bretagne avait alors, comme aujourd'hui, des souvenirs tenaces au cœur de. ses enfants absents. L'usage du breton était plus répandu que de nos jours. Comment croire que le sieur de la Villée n'entretînt pas sa femme et sa fille de son pays d'origine et de sa vieille langue ?...

Quelle saveur de nouveauté aurait eue pour ces beaux esprits. de Paris, de Beauvais, de Poitou, etc., un *sone* sur la Puce, écrit dans cette langue bretonne, que soixante ans auparavant la reine Anne aimait à parler à la cour de France, et chanté sur un de ces airs que les *chantres* et les ménestriers bretons faisaient retentir au château de Blois sur la *Perche aux Bretons* (1) !

Après trois siècles écoulés, combien aimerions-nous mieux un chant breton que le *Propemgticon Carmen F. Coldraii*, les *Adieux en vers de La Couldraye*, harmonieux, mais diffus et vides !

La Couldraye a-t-il eu peur de se singulariser ? Une mauvaise honte l'a-t-elle retenu ? Il a eu tort ! Ses vers bretons insérés à l'in-folio de Pasquier lui auraient fait une place à part parmi les poètes *Chante-puce*. Il a manqué cette place : que ce soit son châtiment !

IX

Les vers insérés au *Recueil de la Puce* sont pour nous le seul titre de La Couldraye à la renommée ; mais pour ses contemporains n'en avait-il pas d'autres ? Ses vers manuscrits n'avaient-ils pas établi sa réputation poétique ? On n'en

(1) *La poésie bretonne sous Anne de Bretagne*, par M. de la Villemarqué, membre de l'Institut. — Bull. de la Société Arch. du Finistère, X, p. 13,

peut.douter, et voici pourquoi : Dans sa lettre à Pithou, Pasquier nomme Choppin, Loisel, Rapin, etc., avocats en renom bien connus de Pithou ; en leur compagnie, il nomme La Couldraye, sans autre indication ; c'est nous dire que La Couldraye était connu de Pithou, et à quel titre, sinon comme poète ?

Quoiqu'il en soit, la seule œuvre de La Couldraye qui ait sauvé son nom, c'est la part qu'il a prise aux chants de la Puce. Ces vers ont eu l'honneur d'être insérés dans les lourds in-folio de Pasquier et les in-folio ne périssent pas.

Au dire de La Croix du Maine, La Couldraye avait traduit les *Demandes ou questions amoureuses,* de Nicolas Léonic, et les *Demandes ou questions naturelles,* du même auteur ; mais, La Croix nous l'assure, rien n'en avait été imprimé en 1584. Miorcec de Kerdanet nous renvoie à la Croix du Maine ; mais il ne l'avait pas sous les yeux quand il écrit : « La Couldraye n'a publié qu'un petit poème de l'*Amour déplumé,* des *Poésies* dans le recueil de la *Pulce,* de M. DES ROCHES. — *Questions problématiques des pourquois d'amour,* traduites de THOMÆUS. Paris, Alain LOTRIAN, 1543, in-8°. Des *Traités de métaphysique desmontrée selon la méthode des géomètres* ; 1693, in-12 (1). »

Heureux l'auteur qui peut publier deux volumes à. cent cinquante ans de distance !

La Couldraye n'a rien publié aux deux dates indiquées, et pour deux raisons contraires, mais qui se valent. En 1543, il n'était pas né ; en 1693, il était mort, et depuis soixante-quatorze ans (2).

X

Vingt-deux auteurs avaient mérité le titre de *chante-puce.* Parmi eux ne figurent pas Pellejay et Guersens. Ceux-ci n'ont

____

(1) M. de Kerdanet. *Notices chronologiques,* p. 97. L'auteur écrit la *Pulce* de M. DES ROCHES, comme si M. des Roches était l'auteur de la *Pulce,* faute d'impression évidente.

(2) Me dira-t-on que la phrase de l'estimable et savant auteur ne dit pas que La Couldraye ait lui-même publié ces deux ouvrages ? Soit ! je répondrai que le premier *publié en 1543* n'est pas de lui puisqu'il n'était pas né ; — que le titre du second publié en 1693 indique assez qu'il est cartésien : or Descartes n'a publié *la Méthode* qu'en 1637, dix-huit ans après la mort de La Couldraye ; donc ce second ouvrage n'est pas de lui.

pas pardonné à Catherine et ils font semblant de l'avoir oubliée.

La muse de Pellejay cessant de soupirer des vers d'amour s'était lancée dans la poésie politique (1).

Quant à Guersens, au moment même où Catherine recevait tant d'hommages, le 24 octobre 1579, il était admis conseiller au parlement de Rennes. Peu après, il dut résigner son titre et il rentra au barreau (2). En 1581, il obtint et fit enregistrer des lettres de noblesse (3). Quelques mois après, Bertrand d'Argentré se démit de ses fonctions de sénéchal de Rennes ; Guersens le remplaça, et il fut admis le 27 avril 1582 (4).

Le 15 juillet suivant, il vint prêter serment devant le parlement pour le duc de Joyeuse, comme amiral de Bretagne (5).

Mais il ne devait pas jouir longtemps de sa noblesse nouvelle et de son titre de sénéchal ; âgé de moins de quarante ans, il mourut, le 5 mai 1883, d'une contagion qui désola la ville de Rennes (6).

Faut-il tout dire ?... Dès grands sentiments qui remplissaient sa tragédie de *Panthée,* Guersens tomba (quelle chute !) à un poème où il célébrait l'infidélité des épouses et le bonheur des maris trompés (7) : sujet bien léger, même au XVIe siècle, et pour un célibataire même malgré lui !

Quand Guersens chantait un pareil sujet, c'était sans doute avant son mariage .....car Guersens, devenu infidèle à Catherine des Roches, se maria ; il épousa, probablement vers 1579, une bretonne, Françoise du Mesnil, et il a fait souche de conseillers au parlement de Rennes (8).

(1) Goujet, XIII, p. 269.

(2) Il avait été nommé, lui étranger à la Bretagne, à une place *originaire,* c'est-à-dire réservée aux Bretons. Il fut admis sur son engagement d'obtenir du Roi l'extinction du premier office *non originaire* qui vaquerait par décès. La condition mise à sa réception ne devant pas s'accomplir, il se démit.

(3) Lettres enregistrées le 7 août 1581 (IX, f° 56, r°). D'après la production de la Réformation, la noblesse aurait été accordée à son fils en 1587. Erreur.

(4) Reg. secrets. LVI, f° 32, v°.

(5) Morice, pr. III. Col. 1466-67.

(6) Goujet, XIII, p. 265-68. Il eut pour successeur Guy Le Meneust, qui fut admis le 18 décembre 1583. (Enreg. VIII, f° 111, v°.)

(7) Goujet, XIII, p. 268.

(8) J'infère la date environ 1579, de la date de la réception de son fils comme conseiller au parlement, en 1611. Il lui fallait au moins vingt-sept ans. Il y a eu deux autres Guersens conseillers, l'un en 1678, l'autre en 1698.

XI

Quatre années passèrent, et, en 1583, les poésies sur la Puce parurent réunies en un volume (1). Depuis, Pasquier prit soin de réimprimer ces poésies dans ses œuvres complètes.

Il fit le même honneur à une trentaine de pièces écloses en 1583, sur un sujet non moins frivole mais moins gracieux que la Puce, *la main de Pasquier*. Aux Grands-Jours de Troyes, en 1583, Pasquier s'était fait peindre, et le peintre avait fait son portrait *sans mains*. La main absente — qui l'aurait jamais cru ? — allait inspirer trente-deux poètes latins et français !

En insérant complaisamment ou coquettement ces vers dans ses œuvres complètes (2), Pasquier les a sauvés de l'oubli. Etait-ce bien la peine ? En latin, on eût nommé toutes ces pièces *nugæ fugaces*, bagatelles d'un moment, fleurs éphémères et sans parfum, qui nées le matin ne verront pas le soir. Goujet ose les nommer des *niaiseries ;* et, moins galant que Pasquier, il déclare que « les poésies de Mademoiselle des Roches sur la Puce ne valaient pas la peine d'être conservées » (3). Il ne devinait pas que, après trois siècles révolus, le *Recueil de la Puce* serait réimprimé.

La Puce a reparu en 1870 (4), et sous la forme la plus élégante qu'elle ait jamais eue. Mais cette édition, aussitôt épuisée, est aujourd'hui difficile à trouver. Voilà, j'espère, l'excuse de cette réimpression faite pour la Bretagne des pièces du « Chante-puce » breton.

(1) Goujet, XIII, p. 263.

(2) *La Main*, ou Œuvres poétiques faites sur la main d'Estienne Pasquier aux Grands Jours de Troyes, 1533. T. II, col. 1001 et suiv.

(3) XIII, p. 265.

(4) Jouaust. *Cabinet du Bibliophile.*

J. TRÉVÉDY,
Ancien président du Tribunal de Quimper.

PIÈCES DE FRANÇOIS DE LA COULDRAYE

EXTRAITES DE

LA PUCE, *ou Jeux poétiques françois et latins, composez sur une Puce aux grands jours de Poitiers, l'an 1579, dont Pasquier fut le premier motif* (1).

I

IMITATION DU LATIN DE CLAUDE BINET A EST. PASQUIER

PAR FR. DE LA COULDRAYE (2).

Pourquoy loüez-vous tant Orphée ?
Pourquoy d'un si brave trophée
Honorez-vous, Poëtes saints,
Le bruit de sa lyre sonante,
Sa voix aussi douce-coulante
Que le miel des picquans essaims ?

Pourquoy vostre Chanson sacrée
Qui aux Rois et aux Dieux agrée·
Sonne tant le loz d'Arion ?
Pourquoy vantez-vous le miracle
De l'Ogygien habitacle
Basti par la voix d'Amphion ?

Et toy, PASQUIER, qui par tes carmes
Coulans de Permesse nous charmes,
Arrosez du Nectar des Dieux,
Pourquoy d'une docte faconde
Vas-tu chantant à tout le monde
Saphon l'honneur des siècles vieux ?

---

(1) *Œuvres complètes de Estienne Pasquier*, éd. d'Amsterdam, 1722. T. II. col. 945-946. — Les pages de cet in-folio sont partagées en deux colonnes qui portent chacune un numéro. Je reproduis exactement le texte. Le lecteur reconnaîtra que l'éditeur de 1722 a rajeuni l'orthographe de l'auteur.

(2) Col. 968.

Hé ! pourquoy dis-tu que sa grace
Toutes autres Dames surpasse
En beauté, vertu et sçavoir,
Puisqu'en cette belle ROCHETTE
Ainçois cette belle Rosette,
Le Ciel ses trésors nous fait voir ?

Cette Clanière Naiade,
Cette montaignière Oréade
En sagesse, en grace, en beauté,
En vertus, en mœurs, en doctrine
Surpasse la troupe plus digne
Du mont des neuf Sœurs fréquenté.

Ha ! mon Dieu ! le teint de sa joüe
Et la tresse d'or qui se joüe
Sur son sein en flots ondoyans,
Et ses yeux, deux flames jumelles,
Me font prendre dans leurs cordelles,
Et ardre en leurs rais flamboyans.

Voi ses cheveux que l'Arabie
Ny le baume de l'Assyrie
N'égalent en bonnes odeurs :
Cheveux dont Vénus la dorée
Voudroit sa teste estre honorée
Et non des primeraines fleurs.

O beaux filets d'or de Minerve !
Mon âme se plaist d'estre serve
De vos nœuds mignardement tors ;
Il luy plaist bien d'estre contrainte
Par vous d'une si douce estrainte
Quittant la prison de son corps !

Sur tout, la neige blanchissante
Sur son front bien poly m'enchante,
Et ce beau pourpre Tyrien
Qui fait vermeiller son visage,
Et ce double flambeau volage
Du petit Dieu Cythérien.

Or si ces deux lèvres vermeilles,
Plus douces que n'est des abeilles
Le miel et le thym Hyblean,
Me permettoient un baiser prendre
Plus sucré que la rose tendre
Qui croist au champ Pestanean (1) !

Mais que dirai-je de la Grace
Du reste de sa belle face
Et de son fourchelu menton,
Ressemblant une poire franche
Qui va meurissant sur la branche
Sous l'abry d'un jeune bouton (2) ?

Ce beau col de marbre où Zéphire
Entre mille rameaux soupire
Un sang chaudement amoureux,
Par une volontaire force
Desrobe mon cœur et l'amorce
Sous l'apast d'un mal doucereux ;

Et fait que je porte une envie
O Puce, au bonheur de ta vie,
Mais non plus Puce, à mon advis ;
Ains Amour, qui par fine astuce
Dessous le teint noir d'une Puce
N'aguères admirer te fis.

Mais puisque d'une pudeur vierge
De ses chastes beautez concierge
La robe ne doit à nos yeux
Permettre de voir, ny qu'on sçache
Ce que jalouse elle nous cache
Compaigne du bonheur des Dieux,

---

(1) L'auteur veut dire aux champs de Pœstum, ville de Lucanie, célèbre par ses roses, comme la ville et le mont Hybla, en Sicile, étaient renommés pour leur miel. — Au lieu de *Pestanean*, La Couldraye aurait-il écrit *Pestomean*. comme je l'ai lu ailleurs ?.... La première orthographe suit exactement la forme latine :

Cathaque *Pæstanas* vincat odore rosas. *Ovid.*

(2) *Bouton* ne se comprend pas. Ne faut-il pas lire *coton* ?

Il ne faut, PASQUIER, que la plume
Représente dans ce volume
Ce que l'habit ne laisse hors :
Car la mesme pudeur honneste
Doit voiler le front du Poëte
Comme l'habit couvre le corps.

Quant à moy, brulant de la flame,
Dont son bel œil mon cœur entame,
Je n'en puis longuement parler ;
Mais toy, en qui le Ciel assemble
Les graces et vertus ensemble
Pour les Dieux mesmes esgaller,

Tu peux mieux les Graces connoistre
D'elle, que Minerve a fait naistre,
Merveille unique de ce temps :
Il suffit, pourvu qu'elle entende
Que mourant d'une amour trop grande,
Je n'ay peu alonger mes chants.

II

FR. DE LA COULDRAYE

A MES DAMES DES ROCHES, MÈRE ET FILLE (1).

Un clair jour de l'esté, le pasteur de Ménale,
Son caducée en main, ses aisles aux talons,
Fendoit l'air d'un long vol és azurez sillons,
Puis, las de son travail, sur Poitiers il dévale.

Il y vit deux soleils que le soleil n'égale,
Lors qu'il espand ses raîz au plus creux des vallons,
Sur les hauts monts chenus, sur les noirs tourbillons
Des eaux où se noya le sot fils de Dédale.

(1) Col. 995.

Arch.   11

C'estoient deux beaux rochers, ainçois deux diamants,
Deux perles, deux rubis, deux riches ornemens
Du monde, où les neuf sœurs faisoient leurs habitacles.

Ha ! dit-il, qu'à bon droit les neuf Pucelles ont
Pour ces Roches d'aymant quitté leur double mont,
Pour faire sur le Clain désormais leurs miracles !

III.

Le mesme La Coudraye a Madame Cath. des Roches (1).

Vierge dont les escrits, le sçavoir et la vie
Et les sages discours à bon droict tant vantez
Estonnent tout le rond des cercles argentez,
Où les Dieux immortels leur demeure ont choisie :

O Vierge, astre luisant au ciel de ta patrie,
Unique parangon de tes rares beautez,
Que la muse, la grace et les saintes bontez
Chacunes de leur mieux ont ornée à l'envie,

Entre tous ces esprits, lumière de ce temps,
Qui en lieu d'un hyver font renaistre un printemps
Par les fleurs de leurs vers, chantres de vostre gloire,

Recevez mon présent, s'il vous revient à. gré,
C'est mon cœur humblement à vos pieds consacré :
Estant vaincu par vous, il aura la victoire.

IV.

Le mesme La Couldraye a E. Pasquier (2).

Pasquier, l'oracle saint du grand sénat de France,
Vos graces qui n'ont rien au monde de pareil,

(1) Col. 996.
(2) Col. 996.

Tiendront-ell' à mesprit qu'au jour de leur soleil
J'oze approcher l'obscur de ma foible ignorance ?

Si le flambeau du Ciel en sa claire apparence
Librement monstre à tous les rayons de son œil,
Et si d'un antre umbreux, caverne du sommeil,
On peut voir la clarté du jour en asseurance :

Vous que le ciel forma sur le pourtrait de Dieu,
Si la facilité trouve en vous quelque lieu,
Permettez-moi de grace œillader vos lumières :

Et ne soyez fasché si de vostre beau nom
J'honore mes escrits ; la perle de renom
S'enchasse bien souvent en moins riches matières.

V.

F. Coldraii propemgticon carmen (1).

Ergo agite, ô Phœbi et Musarum diva propago,
    Quam mihi conjunxit non moriturus amor ;
Ergo age, Brissoni, lumenque decusque Senatûs,
    Unica Pictonici gloria lausque soli.
Ergo age, Paschasi, sociorum clara tuorum
    Laus, et amicitiæ gloria prima meæ.
Tuque novem sacræ cui admôrunt ubera Musæ,
    Turnebe, Aonii lausque decusque chori ;
Tuque Jovis summi præpesque volatilis ales,
    Tu quoque Leucadio Mangote chare deo,
Vos quoque quos patriæ visendæ sustulit amor
    Pictonicis nymphis pectora chara mihi ;
·Tu quoque Bellovacis dilecte Binete camænis,
    Et reliqui vates coquista turba mihi.
Ambosi, Loërique simul, quos Musa tenellis
    Virgineo in gremio fovit ab unguiculis.

(1) Col. 986.

Castalio dilecta deo pia turba, valete,
    Alitibus faustis syderibusque bonis.
Seu vos Parisiis oblectet Sequana lymphis,
    Seu vos possideat curia rauca patrûm ;
Seu vestro adventu crebrescat principis aula,
    Seu vobis tumeant templa sacrata Deûm ;
Seu vos per sylvas et devia lustra ferarum
    Inter semideos rustica vita juvet ;
Seu vobis libeat defendere jura clientum,
    Seu trepidos doctâ voce juvare reos ;
Sive sinu in niveo teneræ spirare puellæ
    Dulce ubi sit multum vivere, dulce mori :
Denique quæ tellus, quæ unquàm vos foverit aura,
    Nolite immemores vivere, queso, mei.
Certè ego (si possunt aliquid præsagia vatum)
    Auguror has aliquod pondus habere preces.
Ipse equidem vobis cælestia numina juro,
    Quos et Avernalis proluit unda Deus ;
Hanc animam passuram extrema pericula fati
    Antè ego quàm vestrûm non memor esse velim.
Ergo agite, ô Phæbi et Musarum sancta propago,
    Quam mihi conjunxit non periturus amor.
Utque solebamus longo sermone jocari,
    Dum Clani ad ripas degeret alma Themis :
Siclicet absentes, dent mutua carmina Musæ,
    Et peragat linguæ littera scripta vices.
Castalio dilecta Deo pia turba, valete,
    Alitibus faustis syderibusque bonis.

NOTES

SUR LES

ANCIENS VITRAUX

DE LA CHAPELLE DE BURGOH, EN GRANDCHAMP

———

Depuis longtemps chacun s'accorde à reconnaître l'intérêt très grand qu'offre pour l'histoire locale et pour les paroisses, l'étude raisonnée des anciens vitraux, et j'aurais été heureux de pouvoir présenter aujourd'hui au Congrès un travail sérieux sur cette question du programme, sur *Les anciens vitraux du pays vannetais*. Le peu de temps dont j'ai pu disposer depuis quelques mois et mon peu de compétence en la matière, m'ont à regret mis dans l'impossibilité d'y songer. J'appellerai donc seulement ici l'attention de nos historiens et chercheurs bretons sur le vitrail, autrefois très remarquable, d'une chapelle d'un pays de Grandchamp. Il n'est personne à Vannes et aux environs qui ne connaisse, au moins de nom, la très curieuse chapelle de Notre-Dame de Burgoh, si intéressante par sa position pittoresque au milieu des immenses landes de Coulac. Il n'y a pas jusqu'à son isolement qui ne semble y attirer le visiteur. On croirait volontiers qu'elle ne fut édifiée là jadis que pour devenir en quelque sorte la sentinelle avancée et la gardienne de ces bataillons qui devaient de nos jours se déployer tant de fois à ses pieds. Construite au XVIᵉ siècle en grand et moyen appareil, en forme de croix latine, elle présente plus d'un détail intéressant. Les curieux personnages et les animaux fantastiques qui non seulement en ornent l'extérieur, mais encore grimacent à l'intérieur sur ses sablières ; ses nombreux écussons, les noms de ses architectes, Jehan Thebault (1528) et Jehan Laïec (1538), inscrits en lettres gothiques sur sa charpente, tout cela mériterait un sérieux examen et devrait valoir à ce monument une monographie, que lui consacrera un jour, j'espère, quelqu'un de nos travailleurs bretons. Mais il est une partie de cette vénérable chapelle qu'il importait surtout de ne pas laisser dans l'oubli, nous avons nommé ses anciens vitraux qui viennent de disparaître. Représentant des scènes de l'Ecriture Sainte avec des personnages de 0^m 30 environ, ces vitraux encastrés dans des fenêtres à cintre brisé avec meneaux à arcades plein cintre superposées, portaient la date de 1615, et bien qu'en fort mauvais état, ils gardaient encore l'empreinte de plusieurs curieux écussons appartenant à leurs donateurs ou aux descendants de ceux-ci. Tout récemment, à l'occasion de tirs de guerre exécutés au camp de Coulac, d'importantes réparations ont été exécutées à la chapelle qui en avait fort besoin ; mais, hélas ! elles ont eu leur mauvais côté, et nous avons à déplorer la disparition complète de ces vitraux, qui, arrachés de leurs fenêtres, ont été remplacés par de simples carreaux blancs. Ont-ils été complètement détruits ou simplement emportés à Grandchamp et conservés à la cure ? Nous aimerions à le penser, mais devons-nous l'espérer ? Nos renseignements ne nous ont point encore permis d'éclaircir ce point. Quoi qu'il en soit, un officier de nos amis, aussi modeste qu'érudit (1), ayant bien voulu relever pour nous, avant leur disparition complète, les armoiries qui les ornaient, je suis heureux de les pouvoir donner ici, telles qu'elles se voyaient encore au mois d'octobre 1891, lorsque le devoir militaire nous appela à séjourner près de ce monument.

Les écussons du vitrail de la chapelle de N.-D. de Burgoh.

Le vitrail placé dans la grande fenêtre ogivale du chevet de l'église contient trois écussons savoir :

(1) M. Morel, lieutenant au 116e régiment d'infanterie.

ÉCUSSONS DU VITRAIL
DE LA CHAPELLE DE BURGOH

I

II

III

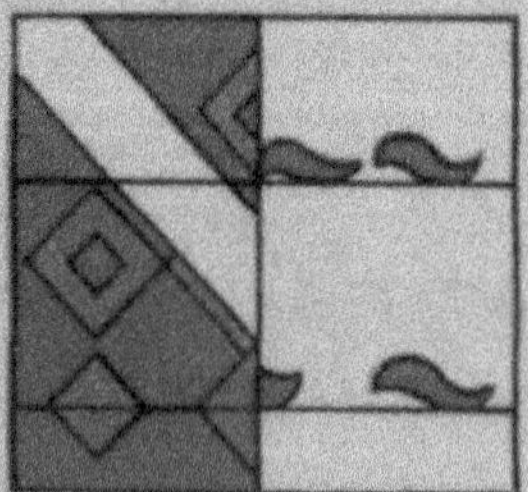

LITH. R. PRUDHOMME
ST BRIEUC

I

Au sommet du compartiment de droite un écusson carré :

« Parti au 1 : *d'or à la croix d'azur*, qui est : LA FEILLÉE ; au 2 : *de gueules à neuf macles d'or, à la bande d'argent brochant*, qui est ROHAN : »

Note. — La croix du vitrail n'est pas dentelée, sans doute à cause des difficultés d'exécution. Elle devrait être dentelée si on se fie à trois autres écussons semblables, sculptés l'un sur granit, les deux autres sur bois, et situés respectivement, en dehors au chevet, à l'intérieur sur une sablière et sur une clef de voûte.

II

Cet écusson plus grand que les deux autres est placé au sommet du compartiment central du vitrail. Il porte :

« Parti au 1 : *de gueules à neuf macles d'or, à la bande d'argent brochant*, qui est ROHAN ; au 2 : d'un coupé : le 1 : *vairé d'or et d'azur, au chef échiqueté d'or et de gueules*, le 2 : *de gueules à la fasce cousue de sable accompagnée de 3 roues d'argent* qui pourrait être BECHEU.

Note. — Le haut de ce vitrail étant endommagé, il est difficile de déterminer si le chef est bien échiqueté, il pourrait être palé. Je n'ai pu d'ailleurs le voir d'assez près. Une petite pièce du chef est d'azur.

III

Au sommet du compartiment de gauche du vitrail est un écusson carré :

« Parti au 1 : *de gueules à neuf macles d'or, à la bande d'argent brochant*, qui est ROHAN ; au 2 : *d'argent à 6 merlettes de gueules*, qui est, croyons-nous, de KERAUDREN, très ancienne famille en Pluneret. Or, si l'on examine l'emplacement qu'occupent ces différents écussons et les dates des diverses parties de l'édifice, on trouve :

1º Que l'écusson nº I existe seul sur l'édifice proprement dit, savoir : sculpté sur pierre au chevet, sculpté sur bois sur une sablière du chœur et sur une clef de voûte dans le chœur, ce qui permet de l'attribuer sans hésitation au fondateur de l'édifice dont les dates donnent comme époque de sa construction les années comprises entre 1528 et 1538.

2º Que les écussons nºˢ II et III n'existent que sur le vitrail daté de 1615.

3º Que sur ce vitrail, l'écusson nº I tient la place d'honneur et qu'il est de plus grandes dimensions que les deux autres.

4º Que l'écusson nº III dont le premier parti est le même que celui du nº II, se trouve à sa droite tandis que l'écusson nº I dont le deuxième parti est le même que le premier parti de l'écusson nº II, est à sa gauche.

De ce qui précède, il est donc permis de conclure : que l'édifice fut construit vers 1528 par les possesseurs de l'écusson nº I ; que le vitrail fut placé en 1615 par le possesseur de l'écusson nº II, qui doit être un membre de la famille de la femme du premier fondateur. Le donateur aura placé en outre près de son écusson des armes qui pourraient être celles d'un de ses frères, et, en souvenir de la construction primitive, celles du fondateur de 1528.

Or si l'on admet que la chapelle Notre-Dame de Burgoh fut bâtie de 1528 à 1538, comme l'attestent les dates placées sur les sablières, par les possesseurs de l'écusson nº I, dont les armoiries appartiennent : parti au premier : *d'or à la croix engreslée d'azur*, à la Maison de LA FEILLÉE ; et parti en deuxième : *de gueules à neuf macles d'or à la bande d'argent*, à la Maison de ROHAN, on arrive à établir par la généalogie de ces familles, quels furent les constructeurs de l'édifice. Il est dû à Messire François de la Feillée, vicomte de Plouider, marié à haute et puissante dame Cyprienne de Rohan-Pouldu, dame du Gué de Lisle, dont la fille unique, Renée de la Feillée, dame du Gué de Lisle, dernière héritière du nom, épousa François de Rieux, comte de Rochefort, seigneur d'Assérac. Quant aux deux autres écussons, il nous a été jusqu'à présent impossible, malgré de nombreuses recherches, d'en découvrir les deux titulaires. Tout ce que l'on peut dire, c'est qu'ils appartenaient certainement à la famille de Rohan, et que ce fut un de ses membres qui, en plaçant ce vitrail, continua l'œuvre pieuse de François de La Feillée et de son épouse, la Dame du Gué de Lisle.

Telles sont les courtes notes que nous sommes heureux de communiquer aujourd'hui au Congrès, puissent-elles sauver de l'oubli quelques détails curieux de notre histoire locale.

Mᶦˢ DE L'ESTOURBEILLON.

L'INCENDIE

DU.

COUVENT DES CARMES D'HENNEBONT

En 1743

———

Le couvent des Carmes d'Hennebont, fondé au XV⁰ siècle par le duc Jean V, se trouvait jadis situé au haut de la ville close, là où sont établies aujourd'hui les dames Ursulines. La monographie complète en a été écrite au milieu du siècle dernier par le P. Alexis de Sainte-Anne, prieur du monastère à cette époque, et n'a jamais été publiée. On ne la soupçonnait même pas, quand un de mes frères en a récemment découvert le manuscrit dans les papiers d'une ancienne famille d'Auray, à laquelle il s'est allié. J'ai pensé qu'il y avait intérêt à faire connaître cette monographie qui a été dressée sur pièces originales avec la conscience la plus scrupuleuse. Les documents originaux ont aujourd'hui disparu, et ce serait une bonne fortune pour l'histoire de retrouver de pareilles études pour tous les couvents de Bretagne.

Je me suis donc décidé à la publier tout entière en y mettant seulement un peu plus d'ordre, mais sans toucher aux pièces originales ; et j'en extrais aujourd'hui, pour l'Association Bretonne, un épisode fort dramatique qui intéresse au plus haut point l'histoire des mœurs locales à cent cinquante ans de distance des nôtres. Je laisse la parole au P. Alexis de Sainte-Anne, et je reproduis textuellement son récit.

René KERVILER.

Relation du P. Alexis de Sainte-Anne.

« Avant de commencer cet abrégé historique, je veux faire
observer à la postérité, et rappeler à la mémoire du lecteur
que le couvent des Carmes d'Hennebont pouvait être mis au
rang des plus riantes maisons de notre province, tant à cause
de sa situation avantageuse dans une des gracieuses villes de
Bretagne, qu'à raison de ses facultés. Il pouvait compter tous
les ans sur 1,200 livres de bonne rente tant en argent qu'en
grains, toutes charges déduites, et 2,400 livres de casuel
provenant de la sacristie. La communauté était alors composée de huit Religieux prêtres et de quatre domestiques, savoir :
Fr. *Alexis de Sainte-Anne*, Prieur ; Fr. *Damase de Saint-
Bruno*, Sous-Prieur ; Fr. *Yves-Marie de Saint-Jean-Baptiste*,
Définiteur ; Fr. *Allain de Saint-Mathieu* ; Fr. *Juvenal de Saint-
Joseph* ; Fr. *Marie de Saint-Laurent*, Procureur ; Fr. *Toussaint
de Saint-Joseph*, Sacriste ; Fr. *André Corsin de Saint-Jean*,
Secrétaire... un cuisinier, deux jardiniers, un serviteur de
messe.

Depuis l'origine de la fondation de ce couvent on a pu
remarquer, dans le cours de cette histoire, que presque tous
les supérieurs ont travaillé avec zèle à en réparer les ruines,
à en augmenter les bâtiments, à en embellir et perfectionner
les dehors, à en liquider les biens, et à faire de nouveaux
acquets, et ménager de nouvelles fondations, de sorte qu'on
pouvait sans flatterie regarder cette maison comme une des
plus belles demeures de la province ; estimés et honorés généralement des citoyens, en réputation dans le diocèse et chez
nos voisins, utiles au public par les services qu'il en recevait,
soit pour la confession, soit par les prédications. Dans ce
temps-là la Communauté comptait trois bons et excellents
prédicateurs ; le R^d Père *Juvenal de Saint-Joseph*, ancien prédicateur, qui avait rempli avec honneur, avec applaudissement
et avec fruit, les chaires de plusieurs cathédrales ; le R^d Père
Yves-Marie, ancien lecteur de Théologie ci-devant Prieur de
ce couvent, et définiteur actuel, également savant et élégant
prédicateur, qui a paru dans les chaires-cathédrales de

Vannes, Saint-Brieuc, et destiné pour le Carême prochain de Saint-Malo 1745 ; le Père *Marie,* à la vérité jeune prédicateur qui commence à paraître avec grâce, et qui promet beaucoup pour la suite. Les autres Religieux assidus au confessionnal et qui ont la confiance non-seulement des meilleurs citoyens et Dames de la ville, mais encore des Religieuses de la Joye et des Ursulines. Le R. P. *Alexis de Sainte-Anne,* lors Prieur de ce couvent (1) s'efforçait de marcher sur les traces de ses prédécesseurs pour le bien temporel de la maison ; pendant les dix premiers mois de son triennal qui précédèrent ce fâcheux accident, il comptait déjà 800 livres de réparations faites tant pour meubler les infirmeries et chambres d'hôtes, qu'en vitres, fenêtres, et autres meubles, soit pour la sacristie, soit pour l'usage ordinaire.

Tel était l'état florissant de cette communauté, lorsque par la permission divine, et selon les justes, quoique impénétrables jugements de Dieu, le 22 mars 1743, à cinq heures du matin, on s'aperçut avec la dernière consternation que le feu, excité par un vent de Nord-Est, ravageait avec furie le principal corps de logis situé à l'Est, lequel contenait tous les lieux réguliers, cuisine, office, bibliothèque, réfectoire, chapitre, sacristie, chœur, dortoir garni de chambres des deux côtés, et nos greniers garnis. La violence des flammes fut si grande, qu'elles se communiquèrent presque aussitôt à l'église et aux chapelles. Tout fut réduit en cendres dans l'espace de cinq ou six heures, sans qu'on pût y apporter le moindre retardement. Tout ce qu'on put faire pour sauver le couvent d'un incendie général, fut de découvrir la moitié d'un corps de logis situé au Nord, qui contenait le grand dortoir des religieux, à l'extrémité duquel et proche le feu, étaient les archives de la maison, qu'on sauva par les fenêtres de la chambre avec tous les risques imaginables, puisque les sacs, les chevrons et les ardoises tombaient pêle-mêle ; elles furent longtemps dispersées en ville, sans savoir à qui on les avait confiées, et ce ne fut qu'après des recherches exactes qu'on les recouvra, du moins en partie.

Cependant après des travaux immenses on arrêta le progrès

______

(1) L'auteur même de la relation.

du feu de ce côté là et au bout de l'église, ayant l'attention
d'y placer nombre d'ouvriers qui coupèrent deux grands mon-
tants de la charpente de l'église, et découvrirent le bout d'un
autre corps de logis situé à l'Ouest. Quant aux chapelles qui
sont le long de l'église du côté du Sud, elles furent sauvées de
l'embrasement quant à la charpente, mais elles furent extrêmement endommagées pour les couvertures. Pour celle de
Saint-Joseph, à côté du sanctuaire, elle fut totalement
détruite, et il n'en demeura que les murs.

Le premier soin du P. Prieur, à son réveil, fut de courir à
la sacristie pour enfoncer les armoires, chercher la clef du
Tabernacle, afin de sauver le saint ciboire et un reliquaire
d'argent doré qui renferme un fragment de la vraie croix de
Notre-Seigneur. Il se chargea donc de ce précieux fardeau
qu'il porta sans aucune cérémonie à l'église paroissiale, tandis
que d'un autre côté on démeubla la sacristie pour sauver les
ornements et l'argenterie, qu'on distribua à ceux qui se présentèrent. Après avoir déposé dans le Tabernacle de l'église
de Notre-Dame de Paradis, le saint ciboire et le reliquaire,
le P. Prieur revint promptement au couvent pour y donner
ses ordres. En effet, ayant trouvé quantité de personnes occu-
pées après une mauvaise pompe, qu'on peut regarder comme
la cause de l'embrasement de l'église, étant trouée de tous
côtés, et absolument insuffisante pour arrêter le feu, il essaya
en vain de faire couper la charpente de l'église vers le milieu ;
le feu qui commençait à s'y communiquer, n'eut pas plutôt
gagné le faîte, qu'en moins de trois minutes on le vit à l'autre
extrémité. Il fallut donc abandonner l'entreprise, et travailler
à sauver le reste du couvent, qui courait les mêmes risques,
de sorte que je vis le moment qui menaçait un incendie général (1). Tout semblait même y concourir, la violence du vent,
le défaut d'eau, la rivière étant entièrement basse, la fatigue
et l'épuisement des travailleurs qui commençaient à perdre
courage à la vue de mille dangers qui se présentaient à chaque
pas, et la confusion et consternation générale.

Cependant il tâcha de ranimer leur courage abattu, et de

____

(1) On voit que le narrateur emploie pour lui-même, tantôt la troisième,
tantôt la première personne.

trouver quelqu'un de bonne volonté. Il y trouva en effet *M. de Kersalo* qui sauva lui seul la charpente de l'aile du cloître le long de l'église qui était tout en feu. *M. Callando*, marchand de cette ville, monta avec intrépidité sur le bout d'église au-dessus de l'orgue, avec une hache à la main pour se faire jour et couper la charpente. Son exemple fut suivi de braves gens qui effectivement par leur adresse et par un travail opiniâtre firent la part au feu, et en arrêtèrent le progrès.

Enfin, par la miséricorde de Dieu, l'ange exterminateur ayant remis l'épée dans le fourreau, on commença un peu à respirer vers les dix heures du matin, et l'on ne s'occupa plus qu'à sauver quelque meuble et quelque bois de charpente à demi brûlés, de la fureur des flammes. Il est aisé de concevoir que dans un pareil désastre on brisa, on bouleversa tous les meubles de la maison, sans qu'il restât un clou et une cheville dans sa place ordinaire ; et de là combien de choses distraites, égarées et volées. Tandis que l'on était occupé à ces différents travaux, et à sauver quelques poutres de l'ancien réfectoire, on trouva le tronc du petit garçon de la sacristie tout rôti et nullement reconnaissable, sous les ruines de sa chambre, où il fut suffoqué par les flammes. Il fut le seul qui ait eu un pareil sort. On pria MM. les prêtres de la ville de l'enterrer le soir du même jour.

La nuit étant arrivée la milice bourgeoise fit un détachement de 25 hommes pour faire la garde, ayant à leur tête un officier accompagné d'un Religieux qui veilla avec eux, précaution nécessaire pour empêcher le vol et les accidents du feu, auxquels on donna à boire comme on avait donné aux ouvriers le soir de l'incendie. Cependant un chacun s'empressa de nous donner un logement en ville. Nous demeurâmes ainsi trois semaines entières en pension par les rues, mangeant et buvant tantôt dans un endroit, tantôt dans un autre.

Le lendemain de l'incendie qui arrivait un samedi dans la semaine de la Mi-Carême, le R^d Père Prieur ayant été voir le couvent à cinq heures du matin, et considérant qu'il y avait encore à craindre que le feu ne se rallumât et ne causât quelque nouvel accident, à cause d'un grand vent qui s'était levé la nuit, et qui excitait des flammes du milieu de l'incendie, courut sur le champ chez M. l'Alloüé et chez M. le Maire pour les prier de permettre qu'on fît battre la générale par la ville, afin d'avoir du monde pour empêcher que le feu ne se communiquât à ce qui nous restait de bâtiment ; ce qu'ils lui accordèrent sans nulle difficulté, de sorte que le monde s'assembla de rechef pour continuer les travaux et jeter de l'eau sur l'embrasement, tandis que les autres rapportaient nos meubles dispersés çà et là dans le jardin, pour les mettre à couvert de la pluie dans nos deux dortoirs qui nous restaient. Pendant ces deux jours on distribua une barrique de vin blanc de Bordeaux aux travailleurs, qui réussirent enfin à éteindre tellement le feu, qu'il n'y eut plus rien à craindre pour les suites dès le samedi au soir.

Comme le lendemain 24 arrivait le quatrième dimanche du Carême, et qu'il devait se faire une revue générale des Gardes-côtes, le R^d Père Prieur alla prier MM. *de la Béraye* (1), Lieu-tenant-Colonel, et *de Kerderf*, major général de la garde-côte dans le département du Port-Louis, d'engager les paysans de venir, par corvée à l'alternative, nous aider à transporter les vuidanges et décombres de la maison, ce qu'ils accordèrent de la meilleure grâce. Pour cet effet le P. Procureur alla à Lorient prier M. *Godeux* (2), alors directeur de la Compagnie, de nous prêter des cariguelles ou brouettes avec des pioches, des pelles et autres ustensiles, ce qu'il nous accorda très cha-ritablement.

Le mardi suivant, 26, lendemain de l'Annonciation, il arriva au couvent sur les huit heures du matin une cinquantaine de garde-côtes, leur lieutenant à leur tête, pour commencer les opérations de nos décombrements, auxquels on distribua de la soupe et une bouteille de vin de Nantes chaque jour à un chacun. Nos dames et demoiselles d'Hennebont s'empressèrent à l'envi à faire leur cuisine et à leur distribuer la soupe et le vin, ce qu'elles continuèrent avec zèle pendant dix jours con-sécutifs, de la même manière, de sorte qu'on vint à bout de dégager toute la maison de toutes les décombres, qui furent transportées au bas de notre Rochepadern.

Cependant, nous prîmes des ouvriers de toute espèce pour

_____

(1) Couëssin.
(2) Godeheu.

travailler aux réparations les plus urgentes du couvent ; couvreurs, charpentiers, maçons, terrasseurs, menuisiers et serruriers, ce qui continua jusqu'à la Pentecôte, de façon que dans cet intervalle on couvrit d'ardoises trois chapelles, l'extrémité de l'église au-dessus de l'orgue joignant une aile de bâtiment à l'ouest, au-dessus des infirmeries, qui fut pareillement réparée, avec les deux ailes du cloître qui sont à l'est et au sud, et la moitié du corps de logis situé au nord. On pratiqua pareillement une cuisine et une salle pour manger, dans deux petites pièces au-dessous des infirmeries, qui ne servaient de rien auparavant, et qu'il fallut refaire à neuf.

Il est aisé de juger à quelle somme montèrent ces réparations immenses. Trois ou quatre jours après notre incendie, nous sollicitâmes une quête par la ville pour nous aider à fournir ces dépenses. M. *de Kersalo* et M. *Audouïn de Restinois*, lieutenant, eurent la bonté de s'en charger, et la firent monter à onze ou douze cents livres qui furent employées à cet effet, conjointement avec un remboursement de deux mille livres de constitut, qui nous avait été fait trois semaines ou un mois avant notre incendie.

Quant à l'office divin, il fut interrompu dans notre église jusqu'au Jeudi-Saint, que le Révérend Père Prieur célébra une basse messe dans la chapelle Saint-Yves, qu'il avait fait réparer et orner, à la fin de laquelle il donna la Communion pascale à ses religieux et à ses domestiques. Cela n'empêcha pas que dans cet intervalle nous n'allassions tous les jours dire la sainte messe à la chapelle de la congrégation des artisans, observant de dire les messes d'heure en heure pour la commodité de la ville close, et ce avec permission de M. *Gautier*, prêtre et directeur de cette chapelle.

Tandis qu'on était occupé aux réparations de nos chapelles de saint Yves, de la Très Sainte Vierge et des Anges Gardiens, pour les mettre en état d'y pouvoir célébrer les divins offices, le Révérend Père Prieur écrivit à Mgr *de Jumilhac*, évêque de Vannes, qui était alors à Paris, pour l'informer de l'accident qui venait de nous arriver, et pour obtenir de Sa Grandeur les permissions nécessaires dans pareilles circonstances. Sa réponse, en date du 3ᵉ Avril 1743, est des plus consolantes, nous témoignant la part qu'il prenait à nos malheurs, et nous

faisant offres de service auprès des ministres de Sa Majesté,
comme on le verra dans la suite de cette histoire. Il nous
donna en outre de lui-même une permission de faire une
quête générale dans son diocèse. Ce fut en conséquence de
cette lettre que le Révérend Père Prieur s'adressa pareillement à MM. les grands vicaires à Vannes, dans un voyage
qu'il fit exprès, afin de conférer avec eux sur différents points
essentiels, et entre autres permissions, il obtint celle de faire
rapporter solennellement le Très Saint Sacrement de l'église
paroissiale où il avait été mis en dépôt, dans notre chapelle
Saint-Yves, qui avait été préparée pour cet effet, et où l'on
avait dressé un petit Tabernacle.

Le jour destiné à cette cérémonie étant arrivé, le clergé
séculier et régulier y fut convoqué. Ce fut sur les trois heures
après-midi, le Samedi-Saint, que les Révérends Pères Capucins
se trouvèrent en corps à l'église paroissiale, et notre communauté pareillement. Le Révérend Père *Durand*, Prieur des
Dominicains de Vannes, prédicateur du Carême, marcha sous
notre croix, et il eut la bonté de porter en rochet et en étole
le reliquaire d'argent doré. La procession étant prête à
marcher, M. *Sivien*, recteur d'Hennebont, fit la politesse à
M. *Mérac*, recteur de Saint-Caradec, de porter le Très Saint
Sacrement. Nous marchâmes les premiers, ayant cédé pour
cette fois le pas aux Révérends Pères Capucins, ensuite le
clergé qui chante des hymnes du Très Saint Sacrement ; une
très grande affluence de peuple suivit la procession jusqu'aux
Carmes. Le Révérend Père Prieur se trouva à la porte de son
église revêtu d'une chape, et l'encensoir à la main pour recevoir son Dieu. Passons sous silence les sentiments dont il
était pénétré, ses larmes l'annonçaient assez. Toute la ville
assista à cette pompe avec la plus vive piété et la plus tendre
compassion, et reçut la Bénédiction du Très Saint Sacrement
par les mains de M. de Saint-Caradec.

Cette cérémonie ne fut pas plutôt achevée, que nous com-
mençâmes à réciter l'office canonial à voix commune, n'ayant
plus aucun livre de plain-chant, ayant tous été entièrement
brûlés. On eut la bonté de nous prêter un petit Graduel
Romain portatif sur lequel nous avons chanté jusqu'ici nos
grandes messes. Nous avons également chanté complies les

fêtes et les dimanches ; mais ni vêpres ni matines. L'office a
toujours été continué depuis sans interruption. Le lendemain
de cette cérémonie, qui se trouvait le saint jour de Pâques,
nous nous rassemblâmes tous ensemble pour manger dans
notre petite salle l'Agneau Pascal. Quiconque lira ceci dans
les siècles futurs prenne part à nos chagrins, et se donne de
garde d'insulter à des malheureux, de peur d'attirer sur lui-
même la vengeance du Seigneur.

Comme il était du devoir du Révérend Père Prieur de ne
rien négliger pour réparer les pertes immenses causées par un
pareil incendie, il écoutait volontiers tous les conseils de ceux
qui avaient à cœur nos intérêts. M. *la Pierre*, baron *de la
Forêt,* grand-maître des Eaux et Forêts de Bretagne, lui conseilla de s'adresser à la cour pour essayer d'obtenir d'elle une
coupe de bois dans les forêts du Roi voisines d'Hennebont, à
l'effet des réparations de l'Eglise. M. *Robert,* son secrétaire,
écrivit lui-même la supplique, à laquelle on attacha une attestation authentique des trois Etats de la ville, signée de vingt
Messieurs des plus notables. Le Révérend Père Prieur écrivit
en même temps des lettres à M. *Baudry,* conseiller d'Etat, à
Mgr l'Evèque de Vannes à Paris, et au Très Révérend Père
Michel, ex-provincial et prieur des Carmes des Billetes, auquel
il adressa ce paquet pour le remettre à leur adresse, vers le
commencement du mois d'avril 1743. Mgr *de Jumilhac,* évêque
de Vannes, ne négligea rien pour faire réussir ce projet. Il
parla, il sollicita, mais toujours sans succès, Les guerres
étaient trop allumées dans l'Europe pour pouvoir obtenir
quelques secours de la cour, entièrement occupée à des affaires
plus importantes. Mgr de Vannes lui manda le 6 de juin les
démarches qu'il avait faites, en lui envoyant sous la même
enveloppe la lettre que M. *Orry,* contrôleur général, lui avait
écrite à ce sujet le 25 mai précédent. On sentit aisément par
le contenu de ces lettres, que nous ne devions pas beaucoup
espérer de ce côté là ; et en effet, on ne put rien obtenir.

Cependant comme il est à propos dans de pareilles circonstances de ne pas se rebuter, et de chercher tous les moyens
humains que la prudence et le zèle peuvent suggérer, afin de
ne pas tenter le Seigneur, et pour n'avoir rien à se reprocher
du côté de sa négligence ; le Révérend Père Prieur frappa à

d'autres portes. Il en écrivit donc à M⁅ᵉʳ⁆ le Cardinal *d'Auvergne,* dont il avait lieu d'espérer quelques secours par lui-même, soit au moyen de ses sollicitations. Ce cardinal étant venu faire un voyage en Bretagne au mois d'octobre 1742 et passant par Hennebont pour aller à Lorient, il fut reçu dans cette ville avec pompe, et on lui rendit tous les honneurs comme à un Gouverneur de province. Il nous fit l'honneur de préférer notre Eglise pour y entendre la sainte messe le dimanche lendemain de son arrivée, elle subsistait alors dans sa beauté (en effet il n'y avait pas dix-huit mois que le Révérend Père *Yves-Marie* l'avait fait réparer et blanchir du haut en bas). Son Eminence parut contente et très satisfaite des attentions et des honneurs qu'on lui avait rendus. Ce fut donc en consé-quence de cette réception et de ses offres de service qu'on prit la liberté de lui écrire et de lui représenter pathétiquement notre désastre. Il y répondit effectivement et en parut touché, mais toujours dans le style de cour, et tout fut inutile.

Cette voie étant fermée, le Révérend Père Prieur pensa, que s'il n'obtenait rien des étrangers qui n'avaient aucune préémi-nence dans notre Eglise, et qui n'avaient d'autre intérêt que celui que la compassion peut inspirer pour des malheureux ; du moins ceux qui jouissent des droits honorifiques, seraient plus prompts à nous secourir pour la propre conservation de leurs privilèges, mais il s'y méprit ; ils ont été également sourds à toutes nos sollicitations, et de tous ceux qui ont des chapelles dans notre église, et autres droits prohibitifs, il n'y a eu que *M. de Saint-Georges-Villeneuve,* à qui appartient privativement à tout autre la chapelle ducale de Saint-Yves, qui nous ait donné 45 ou 48 livres, et encore a-t-il fallu que nous ayons fait les réparations de la chapelle et de son tom-beau qui peuvent bien monter au moins à cette modique somme.

La postérité croira sans doute que nous devons avoir reçu des autres communautés de notre ordre et surtout de notre pro-vince d'amples contributions pour favoriser nos réparations. Non ; je le dirai à notre honte, de vingt-cinq couvents que nous avons dans notre province de Touraine, il n'y en a eu que quatre qui se soient zélés pour le bien commun. Sçavoir le couvent des Billetes dont nous avons reçu en présent mille livres, sans compter les soins et les démarches infinies que le

très Révérend Père *Michel*, prieur de Paris, s'est donné et a
fait pour nous dans nos demandes à la cour. Le couvent de
Sainte-Anne nous a donné cinq cent livres (il aurait pu faire
davantage à raison de ses facultés, et des services que nous
lui rendons à ses principales festes, aussi bien que pour les
arrérages de 100 livres par an qu'ils nous donnaient autrefois,
et qu'ils ont retranchez depuis plus de 30 ans). Le couvent
de Saint-Pol de Léon nous a donné 100 livres sans compter
les frais qu'il en a coûté au Révérend Père *Sébastien* dans le
voyage que le Père Prieur d'Hennebont fit dans ce pays trois
mois après l'incendie pour obtenir de Mgr *de la Bourdonnais*
une quête dans son diocèse, ce qu'il accorda seulement pour les
principales villes de l'évêché de Léon ; la quête put nous valoir
une cinquantaine d'écus, tous frais faits. Le Révérend Père
Henry, Prieur de Josselin, nous envoya 15 ou 16 livres de quête.
Le Révérend Père *Hilarion*, vicaire des Carmélites, envoya
30 livres d'aumônes, qu'on lui avait données à appliquer à
son intention, et à sa volonté ; quelques autres religieux ont
donné la valeur de 48 livres. Quand aux autres couvents, la
plus part des supérieurs n'ont pas seulement daigné répondre
à nos lettres. Nous n'avons pas plus sujet de nous louër de
nos deux communautés des Carmélites de Rennes et de Ploërmel qui ne se sont vantées de rien ; tandis que celle de Naza-
reth de Rennes, avec laquelle notre province est brouillée
depuis près de vingt ans, nous a donné gratieusement cinquante écus d'aumône et nos religieuses d'Hennebond autant
pour le moins. Je suis bien aise d'informer ici la postérité de
l'indifférence monstrueuse que nous avons les uns pour les
autres, et de la mollesse de notre gouvernement, preuve non
équivoque de la décadence de notre Réforme.

Les secours les plus considérables que nous ayons reçus
dans ce fâcheux accident sont tirés des quêtes du diocèse, et
de la ville d'Hennebond, qui s'est distinguée pour le rétablissement de notre monastère. La maison de ville assemblée le
9ᵉ décembre 1743 nous accorde gracieusement cinq cents
livres sur les deniers d'octrois, en conséquence de la permission que M. *Le Houx*, maire de ville, demanda à M. l'Intendant de Bretagne, auquel il envoya notre placet, dont il reçut
la réponse favorable qui nous accordait ce subside.

Malgré néanmoins l'insensibilité de nos Fondateurs, le Révérend Père Prieur pensait à la conservation de leurs droits respectifs, pour prévenir toutes les chicanes qu'ils auraient pû avoir entre eux dans la suite, et dont infailliblement nous aurions reçu le contre-coup. Pour cet effet, il présenta une requête à M. *Le Millioc*, alloué d'Hennebond, en date du 9 avril 1743, dans laquelle il réquerait qu'il plût à MM. les Juges ordonner en présence des parties intéressées et dûment appelées par bannies publiques, en présence de M. *Hervé*, substitut de M. le Procureur général, il serait fait état et procès-verbal de l'incendie arrivé le 22 mars 1743, et des droits honorifiques qui peuvent exister dans leur église. En conséquence du fait communiqué à M. le substitut et des conclusions en conformité, le terme fut assigné par bannies publiques aux principaux endroits de la ville, au 15ᵉ du mois de juillet 1743. Le terme échu, fut dressé acte et procès-verbal, tel que nous le conservons dans nos archives avec les autres pièces y jointes.

Les choses ainsi réglées et ce qui nous restait de bâtiments pour nous loger étant à couvert des injures du tems, il était question de commencer le grand ouvrage de l'Eglise. Les fonds à la vérité étaient peu considérables pour l'entreprendre, mais comptant plus sur les trésors de la divine Providence que sur nos facultés, et nous abandonnant aveuglément et avec foi et confiance à cette bonté toute puissante du Seigneur, nous mîmes la main à l'œuvre. D'abord nous ne pensions qu'à couvrir la moitié de l'église. Pour cet effet, le Révérend Père Prieur s'adressa à M. *Bonnet*, entrepreneur à L'Orient, et qui se disait de nos amis ; — le Père Prieur et le Père *Marie*, après en avoir conféré avec la communauté et obtenu son consentement, partirent pour L'Orient afin de terminer cette grande affaire. Ayant donc vu le plan de charpente qui nous fut présenté et accepté, ils convinrent de travailler par économie, c'est-à-dire de prendre les bois nécessaires pour la construction de cet édifice, moyennant un prix raisonnable, et de nous servir des ouvriers qu'il nous indiquerait, aux conditions qu'il aurait la vüe sur les ouvriers, et une espèce de direction dans l'ouvrage, conjointement avec la communauté, laquelle s'obligea de payer à fur et à mesure audit sieur *Bonnet* et les ouvriers et les matériaux qu'il fournissait. Nos conventions réciproques étant acceptées et signées par un billet double de part et d'autre, et l'ouvrage garanti pour an et jour, seulement pour 13 fermes de couverture de l'église, les ouvriers commencèrent à travailler à Lorient même, dans les chantiers de M. *Bonnet*. Pendant ce tems-là, on fit relever et eschausser les murs de l'église de trois pieds tout autour, et on fit faire une corniche de Tuffau du côté du cloitre ; ces différents ouvrages finis, on fit venir par batteau les différentes pièces de charpente et des mâts pour les eschafaux.

Le jour étant venu pour placer la première ferme et mettre la première cheville, le Révérend Père Prieur célébra une messe du Saint-Esprit dans le cloitre, qui nous servait d'église depuis quelque tems, à laquelle assistèrent tous nos charpentiers ; et ce, pour obtenir de Dieu qu'il n'arrivât aucun accident pendant l'emplacement de la charpente, ce qui a produit l'effet si ardemment désiré ; la messe étant finie, le célébrant monta en aube et en étole pour bénir et placer la première cheville, au son des cloches et en présence d'un grand nombre de personnes distinguées de la ville.

La charpente de cette moitié d'église fut mise en place vers la fin de septembre de la même année, et entièrement couverte d'ardoises vers la mi-novembre, sans qu'il soit arrivé le moindre accident aux ouvriers. Cet ouvrage ne fut pas plutôt fini et payé, qu'on plaça une cloison de planches de sapin, derrière laquelle on étendit une grande voile, qu'on avait obtenüe de MM. de la Cie des Indes, qui servit de pignon tout l'hiver, et qui nous mit à l'abri des mauvais tems de la saison. De sorte qu'ayant fait humainement tout ce qu'on pouvait pour rendre notre église moins incommode, on a toujours continué de venir assister à nos offices. et partager avec nous les incommodités du séjour. Et nous ne nous sommes pas tant aperçus de la diminution de notre Casuel que nous l'aurions pensé.

Le désir ardent que nous avions de voir la maison de Dieu rétablie, et une belle occasion qui se présenta alors nous fit faire un effort qui parut aux gens de peu de foi une témérité manifeste. Les Dames Religieuses de l'abbaye Royale de la

Joye obtinrent dans ce tems-là une permission de la Cour de mettre en vente une grande partie de leur forêt, adjacente à leur monastère. L'adjudication s'en fit à Rennes, en présence de M. le Grand-Maître. Nous essayâmes en vain d'obtenir le dixième de cette adjudication, destinée aux pauvres communautés religieuses. On écrivit à ce sujet à Mgr le Cardinal *de Rohan,* grand aumônier de France, en lui envoyant en même tems une requête en bonne et düe forme, avec une attestation de la ville, lesquelles furent présentées à Son Eminence par le Très Révérend Père Prieur des Billettes, à qui il fut répondu que l'intention du Roi était que ces sortes d'aumônes devaient être données aux pauvres communautés de Filles. Il fallut donc en passer par là ! Cependant, voyant que cette forêt était à notre bienséance et à notre proximité, nous jugeâmes à propos de ne pas laisser échapper cette occasion.

Nous traitâmes en effet avec les adjudicataires pour la fourniture du reste de notre charpente, sur le prix de 24 sols le pied cube, tout rendu dans notre cour, quitte de tous frais, et ce durant le terme de six mois. Le marché fut conclu et mis par écrit, signé de notre main. Et cinq cents livres payées d'avance. C'était la somme que nous avions obtenüe par les degrés d'octroi. Après avoir choisi sur les lieux les pièces qui nous convenaient, et les avoir marquées, on les fit charoïer sur le champ pour les mettre en œuvre.

Nous eûmes recours aussitôt à notre premier maître charpentier nommé *La Grée,* avec lequel nous passâmes le marché pour la façon des charpentes sur le pied de trois sols par pied courant, sans compter sa nourriture et son logement. Les choses ainsi réglées il arriva ici vers la fin de janvier 1744, pour commencer à travailler à cet ouvrage, qu'il finit vers la fin de mars suivant, avec toute la diligence possible. Cet achapt de Bois n'empêcha pas le Père Prieur de faire une quête de bois aux environs, Il eut de *M. Le Gouvello de Locoyarn* sept petits chènes. *M*me *du Plessis* nous envoya deux gros pieds de chaténier pour faire des billetes. M. le marquis *de Pontcallec* nous donna treize beaux chataigniers pour le même usage et sept petits chesnes du bois d'émonde. M. *du Boitiez* nous envoya vingt douzaines de belettes de sapin toutes travaillées ; tous ces bois nous ont infiniment servi et

bien epargné de l'argent. La charpente fut construite dans
notre cour, à dessein de profiter nous-mêmes des coupeaux et
de faire servir les bois qu'on nous avait donnés, ce qui
ménagea à ce couvent au moins huit à neuf cent livres. Il
était question de monter la charpente ; mais quelques ouvrages
pressés empêchèrent notre maître charpentier de la placer
plustot que le mois de juin suivant. Ce qui fut exécuté en
moins de trois semaines avec le même bonheur que la première
fois ; après lesquelles les couvreurs d'Hennebond montèrent
sur la charpente qu'ils finirent de couvrir entièrement à la
fin du mois d'août. De sorte que nous eûmes la consolation de
voir notre Eglise toute couverte, dix-huit mois après l'incendie par un effet de la Providence la plus marquée ; c'était
l'objet le plus considérable et le plus intéressant pour nous,
le prix de ce grand ouvrage approche de dix mille livres, ce
qui nous a tout-à-fait épuisé.

L'intérieur de l'église coûtera encore beaucoup d'argent,
mais ces ouvrages se feront par parties. On a fait venir de
Rennes par obédience du Très Révérend Père Provincial, le
Sr *Noel*, laic vitrier de sa profession, qui depuis un an travaille
aux réparations tant du couvent que de l'Eglise. Et nous
espérons qu'à Pâques prochain tous nos vitraux seront placés.

Il reste une sacristie à réparer entièrement, et ma désola-
tion est de ne pouvoir y parvenir dans mon Triennal. Le désir
que j'en avais me fit faire exprès le voyage de Rennes pour
solliciter quelques secours d'argent auprès de Nos Seigneurs
des Etats de Bretagne. Avant de partir je sollicitai une nouvelle attestation de la Ville, qui fut signée par les plus notables des trois ordres, que j'attachai au pied de la requête que
je présentai aux Etats. Après en avoir fait tirer plusieurs
copies, j'en distribuai à Mgr le Maréchal *de Brancas*, commandant de la province et gouverneur de Nantes, à Mgr *de Sauzai
de Crissé*, évêque de Nantes et président du Clergé, à Mgr le
duc *de Rohan*, prince de Léon, président de la Noblesse, à
l'audience desquels je fus présenté par M. *La Pierre*, baron
de la Forêt, grand maître des eaux et forêts de la province.
M. *du Descots*, premier commis de la Commission me présenta
pareillement à M. *Baillon*, sénéchal de Rennes, président du
Tiers-Etat, à qui je délivrai une pareille copie. M. *de Jumilhac*,

évêque de Rennes, eut la bonté de me présenter et de me recommander de la manière la plus gracieuse à M. *de Quélen*, Procureur-général-syndic des Etats qui devait présenter notre requête à l'Assemblée et en faire un raport avantageux. Mais les circonstances de la guerre, les grands et extraordinaires subsides que le roi demanda à la Bretagne ayant épuisé tous leurs fonds, il ne resta plus rien ni pour les gratifications ordinaires, ni pour les nouvelles pensions, ni pour les aumônes, ni pour les besoins publics de la province. En sorte que notre requête eut le sort de toutes les autres, et ne fut même pas présentée aux Etats, M. *de Quélen*, voyant l'inutilité de cette présentation. Voilà le succès de toutes mes démarches. Nous ne devons plus désormais compter sur les secours étrangers, après avoir épuisé toutes les ressources et fait toutes les tentatives qu'une prudence humaine a pu suggérer. Il ne faut plus s'appuyer que sur la divine et admirable Providence dont on doit attendre avec confiance et avec foi les moments... »

La monographie du P. Alexis de Sainte-Anne se termine ici. La révolution approchait et le couvent des Carmes allait subir le sort commun : mais plus heureux que bien d'autres, il abrite aujourd'hui une communauté d'Ursulines, et la chapelle reconstruite avec tant de dévouement ne sert point, comme celles de Nantes ou de Rennes, de magasin à vins ou à ferraille.

LE COUVENT DE CORDELIERS

DE

NOTRE-DAME DE GRACES

PRÈS GUINGAMP

De conventu Guingampi (1).

Ad ingressum inferioris Britanniæ extat urbs Guingampensis, muris fortissimis circumcincta totiusque ducatus Penthuriæ (2) primaria, circa cujus mænia olim extitit amplissimus conventus versus Aquilonem, sub nomine sancti Francisci, cujus patronus ecclesiæ fuerat divus Ludovicus episcopus Tholosanus, in diæcesi Trecorensi et prioratu et parrochia Sancti Salvatoris, quem ad summam et ultimam perfectionem conduxit illustrissimus princeps Guido secundus comes Penthuriæ, filius Arthurii secundi, Britannorum ducis, cum jam, anno Domini 1283, die quarta octobris, illuc appulissent fratres ac patres nostri, et ab eo tempore sub pauperculis tectis habitassent, concurrentibus etiam non vulgari caritate tum nobilibus cum civibus urbis et territorii Guingampensis. Communiter illic morabantur quatuordecim sacerdotes et prædicatores utriusque linguæ, ultra copiosum numerum juvenum. Et idcirco ob eorum devotionem et divini officii sinceram observantiam, permoti nobiles ac cives multi

(1) Cf. D. Morice, *Preuves*, I, 1068.
(2) *Sic,* sans abréviation.

hunc locum pro sepultura elegerunt, quidam in habitu sancti Francisci et mulieres aliæ in habitu sanctæ Claræ sepulti ; in medio chori sub lapide marmoreo quiescebant corpora ducum et comitum ac cujusdam Ludovici episcopi Sancti Brioci. Sed præcipuum obtinuit locum illustrissimus dominus Carolus Blesensis, comes Penthuriæ et dux Britanniæ, de regia Galliæ stirpe ortus, qui ob merita vitæque sanctitatem et austeritatem post obitum colitur ut sanctus ; et in sanctorum numerum creditur relatus a successore Gregorii XI, et id probat delegata commissio patri et fratri Radulpho procuratori ejusdem conventus Guingampensis qua Romam adiret, impetraturus ab Urbano 5°, summo pontifice, præfati ducis canonizationem.

Urbanus igitur, qui de vita et miraculis dicti Caroli diligenter inquirerent, commisit episcopum Briocensem, abbatem Majoris Monasterii juxta Turonem et abbatem Sancti Albini Andegavensis ; quibus adjunxit Gregorius XI archiepiscopum Rothomagensem. Hujus quoque canonizationis amplissima extant testimonia, qua de re consulendi sunt gravissimi historiæ Franciæ et annalium scriptores, Froissardus ; Guaguinus lib. 9 et Paulus Æmilius ; Du Tillet in suo *Chronico ;* Polidorus Virgilius, *Historiæ Anglorum* lib. 19, et moderni Thevet et Belleforest in sua *Cosmographia.*

In eodem conventu Guingampi divus Yvo, Britonum patronus et pauperum advocatus, habitum tertii ordinis sancti Francisci sumpsisse declaratur, et locum illum sæpe sæpius visitabat.

Habebantur illic multæ sanctorum reliquiæ, præsertim sancti Ludovici, episcopi Tolosani, de costa sancti Christophori martiris, de sancto Marco papa, sanctorum Eleutherii, Pontiani, Nerei, Achillei et Pancratii, sanctæ Doroteæ, sancti Viti, sancti Petri exorcistæ, sancti Marcellini, sancti Laurentii martiris, sanctorum Protasii et Gervasii, sanctorum Cosmæ et Damiani, sancti Mathei apostoli, sanctæ Mariæ Magdalenæ, sanctorum apostolorum Petri et Pauli, de brachio sancti Bartholomæi, de purpurea vestæ Salvatoris, de corda sancti Francisci, et aliorum sanctorum quorum nomina Deus ipse novit. Eæque omnes per Reverendissimum episcopum Terracensem visæ et approbatæ fuerunt. Quas omnes conventui Guingampensi dedit Henricus, ducis Britanniæ filius, ea lege quod de ipsis reliquiis nullo unquam tempore aliquis fratrum alienare aut distribuere præsumiat; et ipsius donationis litteræ conscriptæ sunt ab eodem Henrico, anno Domini 1388. Item veræ Crucis Dominicæ particula auro, argento et lapidibus prætiosis ornata. Item, de spinea Corona Christi in vase cristallino contenta. Omnes hæ sacræ reliquiæ etiamnunc in ecclesia fratrum integre conservantur; sed, anno Domini 1562, suis aureis et argenteis thecis exutæ et spoliatæ, ob necessitatem ducum et principum Penthuriæ ad bella properantium in hereticos Calvinistas universum Galliæ regnum devastantes.

At vero, postquam hic sacer locus multis annis, nempe trecentis et octo, ab suis fundatione et erectione in omni sanctitatis et paupertatis evangelicæ studio stetisset, igne consumptus et solo æquatus est, nimirum cum Galliæ regnum in partes plurimas divisum esset truxque bellum inter principes et eorum cives ac civitates ageretur. Tandem eo venit eorum furor ut, obsidione civitatis facta, partim cives partim et hostes, ejectis omnibus patribus ac fratribus, cuncta igni dederunt, anno Domini 1591, mensis junii die nona; et nunc arant boves ubi olim sacra misteria celebrabantur.

Postremo, cum predicti conventus patres sic ejecti ac fugaces ob rabiem hostium nullum haberent locum ubi divinis officiis vacare possent, tandem a piissimo et illustrissimo Philippo Emanuele a Lotharingia, principe Romani imperii et duce a Mercurio et Penthuria, et sub authoritate regia ducatus Britanniæ generali gubernatore, et a Maria a Luxemburgo ejus uxore, aliaque Maria de Bauquaire, domina de Martigues et ducissa de Penthevre et de Guingamp, quandam capellam, a dicta urbe de Guingamp mille passus vel circa distantem obtinuerunt, sub titulo Nostræ Dominæ de Gratia piorum Christi fidelium eleemosinis ex lapidibus quadratis cum altissima turri, egregio opere, authoritate serenissimæ Annæ ducissæ Britanniæ et reginæ Franciæ, Ludovici XII regis uxoris, id apud illam agente et pium hoc opus promovente venerabili patre fratre Petro Bilsich, Franciscano dicti conventus Guingampensis, anno Domini 1506, extructam. Ita quippe Providentia, quæ suavissime omnia dispensat, præsciens hoc cœnobium bellorum flammis conflagraturum et funditus evertendum, meritis sanctissimæ Deiparæ ac pia cura et sol-

licitudine religiosi hujus patris, futuris ejus ordinis fratribus
suis sedibus magna injuria pulsis et profligatis, alteram hanc
mansionem et locum quo exceperentur paratum esse voluit.

Verum ne rursus turbarentur aut ejicerentur a prædicto
loco fratres, utraque Maria de Bauquaire et Luxembourg,
zelo et pia devotione in ordinem ductæ, reverendo patre ac
magistro fratre Petro Brossaix Dinannico, doctore Parisiensi,
hujus conventus tunc gardiano, hoc apud illas illustrissimas
principes procurante, Romam miserunt ad summum pontifi-
cem Paulum quintum, qui suo diplomate donationem approbat
et roborat, anno primo sui pontificatus, apud Sanctum Petrum,
Romæ, anno Domini 1605. Accessit etiam authoritas Henrici 4ⁱ,
Gallorum regis, et supremi Senatus Armoricæ patriæ. Quibus
actis et datis, pacifice inhabitant illic duodecim sacerdotes
et octo juvenes. Et hæc sunt de conventu Fratrum Minorum
de Guingamp, cujus amplissimo et amœnissimo ambitui muris
cingendo nunc frater Franciscus Feutri, provinciæ Turonicæ
deffinitor et dicti conventus gardianus, horum indagator,
suam commodat operam.

Ainsy signé en l'original : F. FEUTRI *qui supra.*

Ego Ludovicus Hinault, baccaloreus Sorbonicus, vicarius
Guingampensis ac publicus authoritate apostolica notarius,
præter ea quæ ipse vidi de iis quæ supra posita sunt, de
omnibus litteras vidi certam fidem facientes. In cujus rei
fidem propria manu subscripsi die 16ᵃ junii anni Domini 1621.

Ainsy signé en la minutte et original : L. HINAULT.

Et nos nobiles proceres ac cives civitatis Guingampensis
attestamur hæc vera esse quæ supra scripta sunt. Ob cujus
veritatis testimonium his singrapha nostra apposuimus die
et anno ut supra.

Ainsy signé pareillement en la minutte et original : PECHIN,
secrétaire de deffunt monseigneur de Mercœur, intendant de
ses affaires et de mesdittes dames de Mercœur et de Martigues
en Bretagne, et conseiller aux Conseils de monseigʳ le Duc
de Vendosme, possédant à présent lad. Duché de Penthèvre.
CHARLES DE LA BOESSIÈRE, 1621. GUILLAUME DE LA BOESSIÈRE,
sénéchal de Guingamp. Y. LOGUELLO, alloué et baillif. JEAN
BINET, lieutenant dud. Guingamp. HENRY DE BOTLOY. Noble
homme ROLLAND, greffe civil dud. Guingamp. JUHEL, sieur du

Rocher, ayant esté l'un des maires de cette ville de Guingamp. RUEN, maire esté en l'an 1593. L. LE GASCON, escuier sr de Ruscol ; JOURIN, maire a esté de Guingamp l'année 1608. FALLEGAN, mair esté. VALLAYE, mair esté l'an 1603. L. EVES-NOU, mair esté. P. CALLAYS, notaire de Guingamp. CLUET. CHAILLOU, notaire et procureur dud. Guingamp. L. LE GOFF, notaire et procureur en la cour de Guingamp.

Collationné par nous, notaires royaux à Rennes, *sur autre collationné* à une grosse originalle de l'acte des autres parts nous aparue par le révérend père dom Urbain Cébille, prebtre, religieux profez de l'ordre de sainct Benoist, congrégation de Saint-Maur, procureur de l'abbaye de Saint-Mélaine lez Rennes, et luy rendu avec le présant transompt, ce 17e octobre 1692. Interligne *sur autre collationné* approuvé.

(Signé) Fr. URBAIN SÉBILLE.

DU TEMPLE,
Notaire royal.

MOINNERYE,
Notaire royal.

[Archives des Côtes-du-Nord, série H, fonds des Cordeliers de Guingamp.)

TABLE DES MATIÈRES

PREMIÈRE PARTIE

COMPTES-RENDUS DES SÉANCES

DEUXIÈME PARTIE

MÉMOIRES